U0115580

师者，传道授业解惑也。

万卷诗书宜子弟
十年树木长风云

语文教育家口述实录贺 柳斌

著名教育家、教育部原总督学、原国家教委副主任柳斌题词

大國名師
功在千秋

当代中国语文教育家口述实录 戊戌金秋月

郭振有 恭贺

教育部原副总督学、中国教育学会原常务副会长郭振有题词

丛书编委会

总顾问：

柳斌（著名教育家，教育部原总督学，原国家教委副主任）

学术顾问：

郭振有（教育部原副总督学，中国教育学会原常务副会长）

技术顾问：

范海涛（哥伦比亚大学口述历史专业硕士，口述实录畅销书作家）

编委会主任：

顾之川（浙江师范大学教授，中国教育学会中学语文教学专业委员会原理事长）

编委会成员：

王晨（民进中央出版传媒委员会原副主任，中国语文报刊协会会长）

程翔（中国教育学会中学语文教学专业委员会学术委员会主任，著名语文特级教师）

陈军（中国教育学会中学语文教学专业委员会学术委员会副主任，上海市市北中学校长，著名语文特级教师）

刘远（中国教育学会中学语文教学专业委员会语文名师教研中心副主任，语文报社党总支书记、社长）

任彦钧（中国教育学会中学语文教学专业委员会语文名师教研中心主任，语文报社总编辑）

邓静（语文报社副社长）

贾文浒（语文报社总编辑助理，《语文教学通讯》小学刊主编）

王建锋（《语文教学通讯》高中刊主编）

彭笠（《语文教学通讯》初中刊主编）

李爱东（语文报社新媒体中心主任）

师国俊（《语文教学通讯》小学刊执行主编）

当代中国语文教育家口述实录（第一辑）

主编 任彦钧 刘 远

周一贯 口述

周一贯 口述 季科平 整理

『一以贯之』的语文教育生命观

广西教育出版社

中国·南宁

周一贯先生

总序

　　数学大师华罗庚先生有一句名言："语文天生重要。"关于语文这种天然的重要性，本丛书编委会主任顾之川教授曾从三个层面进行精准阐述。

　　1. 对个人来说，语文关乎个人全面发展。一个人的修养、气质、精神的形成，离不开语文，所谓"腹有诗书气自华"；其学识、思维、思想，更要靠语言文字的应用能力、文学审美能力和深厚的文化积淀。

　　2. 对社会来说，语文直接影响到人与人之间的交流与沟通，是个人参与社会的重要手段。无论是与别人的沟通合作，还是参与社会活动、承担社会责任，都需要较强的表达交流能力。

　　3. 对国家来说，语文关乎国家安全与国家尊严，也往往代表着国家形象。……基础教育中的语文教育是国家语言战略的重要内容，体现着国家的文化软实力。语文固然是中小学阶段的一门学科，是中考、高考的必考科目，但语文更是我们的民族之魂、文化之根、精神之源，是实现国家认同、国际理解的基础。①

20世纪80年代以来，随着真正具有现代意义的语文学科地位、性质、特点、功能、作用的日渐厘清，在我国，无论是在中小学语文教学第一线，还是在高等院校语文教育研究领域，抑或是在语文教材研制、语文报刊出版、语文考试改革等方面，都涌现了一批贡献非凡、令人敬仰的语文教育家。他们深悉语文教育之于个人发展、社会发展和国家发展的重要性，一直抱持着神圣的使命感、崇高的责任心、源源不断的爱和激情，并为之孜孜矻矻，上下求索，谱写教改新篇，播撒智慧火种，培育时代英才。

遗憾的是，迄今业界虽然从不同维度对这批语文教育家的业绩、学说等进行了多元研究，却几乎没有人系统地观照或发掘他们作为当代中国语文教育发展的见证者、观察者、思考者、探索者的心灵史、生活史和学术史，从而导致我们不但对他们丰富多彩的生命历程缺乏动态把握，而且对当代语文教育波澜壮阔的改革潮流缺乏深度体认。更遗憾的是近年来，他们中不少人已驾鹤西去，健在者也都进入古稀乃至耄耋之年。当此之际，以口述实录的形式，对这些生命之树常青的语文教育大家的所见所闻、所思所想进行盘点、梳理、总结，既可弥补当代中国语文教育史料的不足和缺憾，也可让当代中国语文教育研究变得更具现场感和厚重感。

基于以上认识，2018年9月，根据广西教育出版社的提议和部署，我们正式启动"当代中国语文教育家口述实录"丛书的策划和编写工作，并在北京邀请部分专家、作者代表和国家级媒体记者，隆重举行了本丛书编写研讨会。

会上，我们初步确定了入选本丛书的首批语文教育家名单，遴选标准如下：

1. 入选者在语文教育界有着卓越建树和广泛影响力。

---

① 顾之川：《顾之川语文教育新论》，陕西师范大学出版总社，2016，第4—5页。

2.入选者以中小学名师为主体，适当兼顾高校学者、出版家、考试命题专家等。

3.入选者年龄为70周岁以上，且目前依然保持良好的记忆力、表达力和身体状态，能配合口述实录工作，能提供较为完备的相关资料。

4.入选者可以物色到得力人士，承担口述实录任务。

与此同时，我们也对口述实录任务承担者的资质等提出具体要求：

1.热爱语文教育事业，熟悉当代中国语文教育发展历程。

2.能近距离接触入选本丛书的语文教育家，并能与其愉快交流和深度沟通。

3.具备对笔录、录音、录影等所得史料进行整理、加工、核对、增补的能力。

为确保本丛书的权威性和专业性，我们郑重邀请著名教育家、教育部原总督学、原国家教委副主任柳斌先生担任总顾问，邀请教育部原副总督学、中国教育学会原常务副会长郭振有先生担任学术顾问。他们不仅亲临本丛书研讨会，而且欣然命笔为本丛书题词。此外，我们邀请哥伦比亚大学口述历史专业硕士、口述实录畅销书作家范海涛女士担任技术顾问，并在本丛书研讨会上对首批作者进行了专业培训。在此一并表示衷心的感谢！

我们还需要真诚感谢各位入选的语文教育家、口述实录任务承担者、编委会成员以及广西出版传媒集团、广西教育出版社有关领导和工作人员，正是大家齐心协力、精益求精，才有了本丛书的高品位、高质量和成功问世。

当今，语文教育已经大踏步跨入新时代。愿入选本丛书的语文教育家的心灵史、生活史和学术史，能在当代中国语文教育界继续发挥先导和鞭策作用，果如此，本丛书的出版便有了启迪智慧、激励人心的意义，也有了登高望远、继往开来的意义。

由于本丛书的编辑出版是一项具有抢救历史、填补空白特点的浩大工程，任务重、难度大，尤其是预先遴选的语文教育家年事已高，有的不得不中途延后，有的甚至溘然长逝，因此，我们只好一再调整计划，工作中也难免存在种种疏漏和失误，敬祈读者充分谅解并不吝指正。

"当代中国语文教育家口述实录"编委会

2019 年 9 月

人生在世，身处不断流淌的生命长河，每天都可能收获意想不到的欣喜。正如我读完相识相知半个多世纪、自以为十分了解的周一贯先生的这部书稿，却惊异地发现，坐在面前的，竟是一位需要刮目相看的"陌生的老熟人"。

是的，长我5岁的周一贯是我的老熟人。这位我国当代小学语文教育界（简称"小语界"）的杰出领军者，是我在学界认识最早、最久的朋友。记得10年前纪念他从教60周年时，我曾特地为他写过一篇评论。我说：此生有幸，能与这样的老师共时、共事又同行，可谓获益匪浅。与他共时，那是一种时运；与他共事，则是一种缘分。共时，同一个时代，共一片蓝天，可以设身处地，互通声息；共事，同一个单位，共一个部门，可以互助合作、促膝研讨。作为同行知己，即使不再同校共事，也可以惺惺相惜、心心相印。多年来，我们经常互相切磋，交流论著，组织活动，奖掖后进，一起办成了不少有意义、有影响的好事。熟稔莫逆，可谓知音。

然而，就是这样一位老熟人，如今面对季科平这位正高级特级教师热切而深入的追问，毫无保留地敞开了心扉，让我们看到了他因长期低调而深藏不露的成才秘妙。正是凭借着这些秘妙，多年来，他不断地突破"高原期"，一次次展示着令人惊艳的"陌生化"，让人们耳目为之一新。

在这部书稿里，周一贯以其朴实、自信而睿智的口吻，通过答问，叙说并论述了他"一以贯之"的语文教育生命观，将他毕生忠诚从事教育及虔诚研修所得的成果，归结到自幼萌生、少壮力行、盛年充盈、晚年精进的生命学说之中。这一连续不断、"一以贯之"的语文教育思想，不但成为我国小语界学术研究成果中一抹耀眼的亮色，更成为当代语文教育领域极具人文情怀和时代气息的一个宣言。

生命观，是人们对于人类自身和自然界一切生命的一种态度，它包含人生观，是世界观的重要组成部分。其实，中西方文化都把生命作为一个重要的范畴，因为它关乎人类的终极关怀。西方文化侧重于体现以知识为中心的科学主义，因而理解生命凭借的是科学的、探究式的思维方式。例如苏格拉底的"认识你自己"和黑格尔的"绝对精神"等，都体现了理性和逻辑思辨的精神。而中国文化侧重于体现以生命为中心的人文主义，理解生命凭借的是价值意义上的人文关怀。例如梁漱溟认为中国文化的重点是解决生命的问题，冯友兰认为中国哲学是关于人安身立命的学说，牟宗三也认为中国文化的核心是生命的学问。

至于语文教育生命观，我想应该是一种从根本上着眼于参与语文教育活动的学习者和引导者生命成长和发展的语文教育态度。有学者认为，语文的世界是生命的世界，语文教育的过程是生命的过程。顾黄初说："生命始于交流，交流促进思维，思维催生感悟，这是生命历程的三大标志，而这一切都得凭借语言（言语）。这就是我的语文教育生命观的要义。"周一贯同样认为，"语文是人类的生命家园，成功的语文教育必须从生命观上去建构，而成功的语文课堂又必然会是学生

'生命流'的汇聚和激荡。在这里，'生命体'是根本，学生就是一个个鲜活的'生命体'。"他说："坚守生命课堂的主流价值——全体学生的学习和发展，比什么都重要。"他认为，语文课堂不是让教师讲深讲透的平台，而是要让每一个学生的"生命体"呈现真实的"生命态"，燃起旺盛的"生命欲"，激发蓬勃的"生命力"，汇成奔腾的"生命流"，真正让语文课堂充满学生的生命活力。周一贯还认为，作为现代教育理念指导下的学生，他的学习机制不应只是被动接受。有些地方，他要质疑；有些讲述，他有意见；有些说法，他还要反驳。这样的学生，就不是被动接受知识的"容器"，而是鲜活的、有独立见解的"生命体"。周一贯谦虚地说："我的这种语文教育生命观的主张，并非完全来自系统的课程理性，而是对一辈子从事农村语文教育的一种自我体验。"

周一贯旗帜鲜明地将生命观的主体定位于师生，在主张致力于学生生命成长发展的同时，还强调了语文教师生命成长发展的重要性。他说，"我的语文教育生命观的一个基本观点是：教师自我生命的专业修炼，永远是语文教育成功之道最重要的基石……真正的成功的专业修炼，都源自自我生命的不懈追求"。因为"语文教育是需要用生命从事的事业"。他之所以十分强调"教师专业修炼的个性化"，是因为"教师的专业修炼是追寻个体生命发展的必由之路"。值得钦佩和赞赏的是，身为教师的他，由于身体力行，因而能无比自豪地宣称："正是在关爱学生生命发展的课堂上，我才感觉到自己旺盛生命力的跃动。"

周一贯的语文教育生命观，无疑是符合教育哲学原理和时代进步要求的正确的教育思想，是理论和现实相观照、教育主客体相统一的正确的教育主张。

我与周一贯因熟识而相知，因相知而共勉。诚然，见贤思齐，是人们共同的心愿。那么，我们应该向他学习什么呢？

周一贯"一以贯之"的语文教育生命观，平凡却又壮丽地融会了他的人生。这中间，他的经历、成就和贡献我们是很难与之相比的。例如，在他身上，我发现了小学语文教育领域的许多"中国之最"：

从教年龄最小的教员，正规学历最低的名家，执教时间最长的老师，教研论著最多的专家，培养名特教师最众的导师，退休后成果最丰的学者，坚持语文教育生命观最久的教育家……他毕生沉浸于语文天地的那种志趣、风尚、理想、精神……当是我们在师资队伍建设中最值得学习的典范，例如，他的坚守，他的勤勉，他的求新，他的热忱……

坚守，勾画了他生命的底线。

世上能坚守岗位的不乏其人，但像他那样自 14 岁起就"一以贯之"从事小学语文教育事业，长达七十年之久的，并不多见。他自勉道："一个人，一辈子，做好一件事，勤奋做人，低调处世，'吾道一以贯之'。"由此可见他对教育事业，尤其是对农村语文教育矢志不渝、坚如磐石的执着信念和高尚志趣。他认为："一个真正的专业人员，生命未到尽头，总会对自己的专业情有独钟，不放弃，不抛弃。"他立足于县级以下的农村乡镇，为此还主动放弃了可以调入城市工作的难得机会，把一辈子都奉献给了农村教育事业。人们常说，生命在于行动，行动体现生命。周一贯为语文教育坚守了一辈子，也行动了一辈子。他曾明确表示："事业与生命同在，一息尚存必当守望教育。"他坚守至今，行动至今，心无旁骛，执着痴迷，令自己的语文教育生命始终充满活力。周一贯能坚守语文教育，正是社会使命和个人志趣高度统一的抉择。

勤勉，充实了他生命的底气。

世上勤勉努力的不乏其人，但像他那样以初中学历"一以贯之"勤奋自学、勉力著述，获得如此丰硕成果的，并不多见。他的坚守，正是为了更好地勤勉奉献。我常说，在周一贯的故土"名士之乡"绍兴的历史上，陆游"六十年间万首诗"，马一浮著述宏富……而周一贯在勤勉治学上并不亚于历史先人。他人如其名，自从与语文教育结缘，在一贯勤于"目耕"和"舌耕"的同时，更一贯勤于"笔耕"，编著出版了上百部教学用书，这在全国语文教育界无出其右者。尤其退休以后的 20 多年，他的一系列著作仍不断问世。我在为他另一部论著作序时曾说，面对他的新作，难免会想到一个有趣的问题：出书百部以上的高产作家有哪些？我知道肯定有，但除却文艺界，在从事教学研究的学者之中，出书百部以上的，还鲜有所闻。然而，眼前的这部新作，竟是周一贯的第182部。加上1500余篇教研文章，周一贯出版、发表的语文教育研究成果字数竟逾4000万！他视勤奋自学和勉力著述为生命，这种勤勉的精神为他充实了生命的底气。常年不息的孜孜以求，常人不及的累累硕果，使这位古都绍兴的小学语文特级教师实至名归，顺理成章地成为驰名全国的语文教育家。

求新，见证了他生命的底蕴。

世上求新创造的不乏其人，但像他那样善于思考、在小语界源源不断地提出富有新意的创造性见解的，并不多见。他的勤勉，正是为了更好地求新创造。他的每本书、每篇文章、每次发言，总会有不少新意。这并不容易。在被称为信息时代、网络时代、数据时代或智能时代的今天，知识更新神速，科技发展迅猛，一些原有的常识和原理被颠覆。有人甚至说，目前人类所获得的信息，90%以上是近几年产生的！在日常生活中，更出现了各种堪称奇思妙想的科技成果。在这样一个瞬息万变的新时代，老人中除了知识更新较快者，许多人已很难适应。而周一贯，一位八旬老人，竟能通过各种信息渠道把握小学语文教育的现状和走向，每年为小学语文教育刊物提供一年来语文教育改革和研究的综述与评价，提出具有针对性的见解，实在是难能可贵。这种见解和才能，折射和见证了他生命的底蕴。诚如潘新和先生所说，"周老师这么多年来，提出过很多真知灼见……在人文性和工具性争论激烈的背景下，提出了'一分为三'的观点，这个观点我觉得很有价值，这种真知灼见，反映了一种教育的智慧，就是把对立的'二'，融合为一个发展性的'三'，这个'三'就是学生的发展、学生的自主学习"。周一贯的求新精神，是一种时代精神。他自幼积累的知识，在一辈子从事的语文教育生命活动中，都通过求新，化作了对语文教育生命奥秘的深层探究和对语文教育生命开发的创造发明。

作为一名学者，即使满腹经纶也不能没有创造。几年前，在同他一起参加的一次会议上，我曾说道，我们平时经常要求学生"读万卷书，行万里路"，这从增长学问的角度来说虽然无可非议、值得倡导，但是从增长学问的最终归宿而言，它却有着很大的局限。因为我们为人处世，最终目的不光是增长学问，还应像周一贯先生那样，将创新作为一种理想，不断升华，探索发展，造福于教育事业。我们不能止步于"读万卷书，行万里路"，而应当在此基础上，努力做到"读万卷书，行万里路，探万物秘，造万民福"。我们不光要多读书，多见识，更要多探秘，多创造，从而在人文、科技领域以及经济和社会发展中取得更辉煌的成就，为民族，为后代，为世界做出更大的贡献。

热忱，映衬了他生命的底色。

世上热忱相助的不乏其人，但像他那样不计付出，乐于提携，培养了这么多小学语文教育名优师资的，并不多见。他的求新，正是为了更好地热忱树人。他的热忱出于他的爱心，出于他自觉承担的生命责任。他退休后曾在7所学校任顾问，穿行于城市与农村之间，或指导教改实验，或探讨办学方略，或带教青年教师……20多年来，他通过担任学校或教研机构顾问、担任名优教师专修班导师、招收入室弟子、开办讲座、辅导教研、个别指导等形式和途径，培养和扶植了一大批小学语文骨干教师，其中任名优教师专修班导师的时间不少于3年，结业的学员达157人，连同历来带教的青年教师，总数达300余名。他还协同有关机构和组织，在国内诸多著名学者和名师的大力支持下，热忱地在当地举办了许多与"越语文"有关的教学研讨活动，包括在"千课万人"等规模较大的全国性研讨活动中，广泛推介"越语文"示范课、观摩课，组织开展"越语文"名师工作坊全国性的课堂教学观摩、展示，认真组织全国性的"越语文"大课堂观摩，筹建"越语文"陈列馆，规划和开展"越语文"研究专家指导委员会的工作……周一贯这种因爱心而激扬的热忱，成为贯穿他一生的崇高精神，映衬并显现了他生命的底色。通过多年努力，他所指导、培养的许多教师现在已成为小学语文教育名师、学科带头人、高级教师、特级教师，乃至正高级教师。而他自己虽是高级教师、特级教师，却因当时退休年龄已到而不及评更高的职称。然而，他却窃喜自己带出的弟子均有所成就。这都是他心底的骄傲，因为他们都是他语文教育生命的延伸。有人说："一个教师最大的悲哀，就是教出来的学生超不过自己！"周一贯是小语界的一座高峰，但他却热切地盼望指导、培养的学生们能超越自己，而且也欣喜地看到一批年轻的后学正在奋发努力。也只有这样，我们的教育事业才能不断发展。为此，我们必须让有信仰的人讲信仰，让优秀的人培养更优秀的人，让好老师不断涌现，从而在语文教育的天地里，迎来更多像他那样的优秀教师。

今天，尽管周一贯先生被我戏称为"陌生的老熟人"，但需要对他"刮目相看"却是真的。在未来的岁月里，可以预期，他仍将不断为我们带来令人耳目一新的惊喜。我在祝愿他学术之树常青的同时，衷心祝福他健康长寿！

2020 年教师节于古越廊桥风和苑

（王松泉，二级教授，中国高等教育学会语文教育专业委员会学术委员会名誉主任，教育部全国高校教师网络培训中心特聘教授，浙江省高师语文教育学研究会名誉会长，绍兴文理学院原中文系主任，全国优秀教师）

前言

周一贯

　　我在早年的一篇文章中曾抒发过这样的心曲：我国 10 亿人口，8
亿在农村；83 万所小学，97% 在农村；1.3 亿小学生，92% 在农村……
小学语文教育的大头在农村，没有农村语文教育的质量，就没有全国
语文教育的质量。农村语文教育这片土地有着几千年农耕文化的深厚
积淀，是充满希望的田野……想想我从部队转业时就选定了当一个农
村小学语文教师，冥冥之中好像就是我生命的抉择。

　　在我的农村教师生涯里，也不是没有机会去城市。自 1982 年始，
我身在农村却受聘于杭州市区的浙江教育学院《教学月刊（小学版）》，
任兼职编辑，每月以邮件往返的形式编稿。1983 年编辑部与绍兴县
教育局联系，想调我去杭州编刊，因家庭的原因我不愿去。1991 年，
我接受浙江省教委聘请，任浙江省义务教育教材小学语文科编委会副
主任，有关部门也想调我去杭州专职编浙江省九年义务教育语文教
材，但因为我刚任绍兴县教研室副主任，领导当然也不同意我调离。
于是这辈子我就一直在县以下的农村耕耘语文教育，没有什么大红大

紫，一直安心于江南水乡绍兴的田野平畴，不求闻达，静待花开。这种心态多少与从事语文教育的实践和研究有些联系。挚爱语文自然会用心以专、用情以切，如此不免见素抱朴、虚情恬淡，容易进入一如老子所言"致虚极，守静笃"的境界。

汉语是中华民族通用语，乃家国文化之载体、社会文明之媒介，更是每一个个体生命的思维活动、精神成长之所依。人类生命的存在与表现，离不开基于听说读写的吸纳与积淀、表达与交流。归结起来就是：语文是人类生命的家园。阅读的本质不在于学生能否全盘接受课文的内容，而在于能否对课文内容做思考、质疑、比较、批判，从而获取阅读的能力与精神生命的营养。作文的本质也不是以虚言组装一篇考试可以得高分的文字，而是要说真话、表真情，还要在写真事的基础上通过作者自审反思，实现"求善"和"尚美"。语文课堂不是展示教师"讲深讲透"的平台，而是要让每一个学生的"生命体"呈现真实的"生命态"，燃起旺盛的"生命欲"，激发蓬勃的"生命力"，汇成奔腾的"生命流"，真正让语文课堂充满学生的生命活力。语文教育不能只陷在"一分为二"的泥潭里，在文与道、师与生、教与学、讲与练的碰撞中耗尽心力，而是要立在"一分为二"之后再"合二而一"，复归于生命的统一之"三"，实现"三生万物"。而上述一切，当然首先又在于教师对自身语文生命的专业修炼。

我的这种语文教育生命观的主张，并非完全来自系统的课程理性，更多的是对一辈子所从事的农村语文教育的一种自我体验。

宏大的国家化的公共记忆，自然至关重要，但历史同样需要带有个体温情的私人记录，它可以从另一个视角反映汹涌澎湃的改革大潮和来之不易的新时代之万千气象，看到中华语文教育发展的生命轨迹和中国语文人各各不同的奋斗的生命屐痕。

我的生命，一辈子绿在希望的田野上！

2018 年国庆于容膝斋

目 录

在当今小学语文教育界，周一贯先生堪称传奇人物。他从教70多年，一直扎根农村教育的沃土，退休后更是弦歌不辍。他只有初中学历，却已出版教学著作180余部，发表文章1500多篇，仅在绍兴市就培养出有师承关系的特级教师12人。

70多年来，周先生始终与小学语文为伴，人生的体验、专业的修炼，让周先生深深地悟得并形成了自己的语文教育生命观。可以说，语文教育生命观就是周先生"一以贯之"的追求。

从2018年金秋十月到2019年阳春三月，在书香满溢的容膝斋里，80多岁的周先生欣然接受了弟子季科平一次又一次的访谈。他深情回顾了自己难忘的童年生活、求学经历、从军体验、专业发展、教改探索等，尤其是紧紧围绕语文教育生命观，展开了具体而生动的叙说。

现在，就让我们满怀敬意，一起走进周先生的传奇人生！

周一贯先生与季科平（右）合影

第一章　始于童年的生命拷问

体弱多病带来"弱势"的自卑

季科平（以下简称"季"）：周先生，您好！您已经83岁高龄了，却依然身板硬朗，语音洪亮，精气神十足，让我们后辈好生仰慕。先生的身体一直都这么好吗？

季科平（右）与周一贯访谈

周一贯（以下简称"周"）：哈哈，不是的！我从出生开始，就体弱多病，是个"病秧子"。在兄弟姐妹中我排行第四，却比我的弟弟还"无能"。他跑跑跳跳，玩玩闹闹，充满了活力。我可赶不上他，基本上没能力和他们一起玩。那时孩子的游戏也挺多，什么"官兵捉强盗""抢四方""老鹰抓小鸡""丢手帕""跳房子""滚铁环"等，但全是"体力活"，若要胜出，都必须反应灵、跑得快。参与这些游戏，我自然常常落败。因为身体条件不相称，就很少会有人与我搭档。小孩子都是心直口快的，加上我的敏感，特别怕被人冷落，自然就不太有兴趣玩了，这就更加重了我对"弱势"的自卑。印象特别深刻的是水乡孩子最爱钓鱼钓虾，我三哥和五弟也常常乐此不疲，但我不能参加，心里虽然也喜欢，可没有这个能力。他们钓了鱼虾回来，为餐桌增添佳肴，我自然是其中的享用者，但心里往往不是滋味，感受到一种"弱势"的无奈。

也许是自小长相还算比较可爱，因而人缘不错。无论是父母，还是兄弟姐妹，对我都特别好，不但没因为我体弱而有些许的亏待，反而照顾有加。记得小时在家乡的崇圣小学上学，离家有五六百米，一般的孩子都能自己步行上学。可我刚上一年级时，每每由大姐背着我去（她上五六年级），即便现在回想起来，还会为自己感到羞愧。

季：那么，您童年产生的那种"弱势"的自卑，对后来的生活有影响吗？

周：有许多事道理也许很简单，但现实却复杂、丰富得多，生命的发展更是如此。因为体力不够，我很少和同伴、兄弟一起玩，就常待在家里。好在我家有不少书，其中也有适合孩子读的。据说在老家萧山坎山，周家是个望族，开的当铺就占了半条街。那时，家族里办了自己的学塾。这学塾还挺现代的，有图书，有风琴，有一式的课桌椅。后来因战乱不办了，校产自然也分到了各家。估计我家的一些儿童读物就是这样来的。当然，更多的是章回小说、笔记小说之类的杂书。我不参与玩耍的时间，大多就花在读这些闲书上。我最喜欢读儿童读物，我的两位哥哥、一位姐姐读过的教科书，我也喜欢翻翻看看。章回小说开始看不懂，但对其中的人物绣像特别感兴趣，从印画到描画，什么"水浒一百零八将"、《三国演义》中的诸多并不陌生的人物（多从听故事、收集香烟画片、看戏中知晓），都喜欢一一描下来，集起来。我不仅喜欢读书，还喜欢画画。

常言说："上天给你关上一扇门，就会为你打开一扇窗。"这话的意思其实正点明了生命的奥秘所在，生命要求生存和发展的能量是极大的，这方面的"不行"，往往可以为那方面的突围创造条件。所谓"车到山前必有路，船到桥头自然直"。生命力的丰富和强大，真的是难以言表。它耐不住太久的幽闭和封锁，总在哪里寻找着可以突出重围的缺口。

我的童年就是这样。现在想来，在"弱势"的自卑之中，已经开始积聚可以"强势"的血脉。自然界对每个生命所给予的发展机遇都是公正的。人与人之间确实会有许许多多的差异，这并不是上苍的厚此薄彼，因为比差异性更大的是各种发展的可能性。童年时期我对读书和画画的喜好，既是"弱势"之无奈，又是个体获得发展的另一条新路之起点，甚至关系到我之后 69 年对语文教育生命观的求索。生命在冥冥之中给人的启示，竟然是如此的神秘和奇妙！

严重偏科的小学生活

季：您从小爱好读书和画画，对您以后的学习生涯产生很大影响吧？

周：是的。进入小学后，我的语文成绩超好。那时的语文叫国语，国语成绩好，就是一切都好。当时学校好像不怎么重视算术（数学）、常识，体育、唱歌更不必说了。那时，班里要出班刊（贴在墙上），选登写得好的作文，我个人的就几乎占了三分之一。我的国语老师是女的，姓甘，对我特别好。因为班刊上我的作文太多了，甘老师就给我起笔名，像"四儿""原子"（我的字是"道原"）之类。

学校举行作文比赛，我总可以拿一等奖。记得有一次我被选送到区里参加演讲比赛，拿了大奖。乘船归来时已是半夜，冬天的夜晚在水乡乘船特别冷，甘老师一直抱着我，我完全可以感受到她的体温。甘老师对我的关照与呵护，真的就如自己的母亲一般。当时我母亲已去世多年（在我五岁时离世）。这次演讲比赛令我终生难忘的不是获得了奖项，而是好像重新获得了母爱。这使我在朦胧中觉得，其实老师跟父母是差不多的。

我的国语成绩好，但算术却学得一塌糊涂。一、二年级并不差，在三年级时，不知哪个环节出了问题，落下来后，就不喜欢听算术课了，做习题便难以应付。五、六年级时我是学校的学生会主席，又担任了五、六年级这个复式班的班长，在同学中威信很高，算术作业却都是应付了事。这样的偏科学习，一直陪伴我度过了小学阶段。

季：没想到您的算术成绩如此不好，它会影响您的学习情绪吗？

周：影响倒也不大。也可能是因为那时语文学科的重要性是别的学科无法比拟的，如果我语文成绩很差，但数学成绩很好，可能就不一样了。当时就因为是语文成绩特好，我比别的同学知道得更多，更会表达，就特别引人注意。记得读二年级时，一次国语老师问课文中的一个词——"似乎"是什么意思，班上其他人答不出来，问到我时，我便脱口而出："似乎"就是"好像"的意思。这么一个小问题，要是放在今天，绝大部分二年级的小朋友都可以回答出来。可是，在那时的农村小学，竟让老师觉得我很了不起。不久，全办公室的老师都传开了，说我真的很有国语天赋。就这样，一个相当偏科的小学生，只因为国语学得好，就能当学生会主席和班长，成了品学兼优的好学生。

我在三、四年级就开始读章回小说，最早读的是《荡寇志》，其实就是《水浒传》的后续部分，写梁山泊众好汉由盛转衰而逐步被官军剿灭的故事，是污蔑农民起义的。我之前断续听过一些有关水泊梁山的故事，读《荡寇志》时同样对好汉们怀着由衷的敬意。我读这部书时几乎有三分之一的字词完全不认识，有三分之一的字词虽读不准它们的音，但知道它们的意思，只有三分之一的字词是基本认识的。但这并不影响我大致了解书里的故事情节，而不减少读的兴味。之后又读《三国演义》，因为这方面的故事原先了解得更多，读来便更有味道。六年级时，我读《石头记》(《红楼梦》)，还读过《隋唐演义》《官场现形记》等。此外，边读边翻的多是一些杂七杂八的笔记小说。

现在想来，读书真的很重要，尽管当时选书不严，读书的方法也不对，更无人指导，但对我的帮助还是很大。生命的成长是离不开思考、表达和交流的，现实生活当然很重要，但当时我的天地实在太小了。读书其实就是超时空地和作者交流，和书中形形色色的人物交谈，即使读者再幼稚，他也会去认知、去思考，而且这种认知和思考是完全超越了时间和空间的。即使只是一知半解，叠加起来，懂得就多了；就是不懂的部分，其实也已经引发了读者的揣摩和猜测。何况原先不懂的，以后可能忽然在不经意间就豁然开朗了呢。

换一个角度看，我在童年能有幸读那么一些闲书，是受益于因身体不好而产生的"弱势"生命状态；而不良的偏科倾向，又让我痴迷于读书，没想却带来了意外的好处。我知道童年的多病是不幸的，使人很受伤，但生命发展的各种可能，谁都无法避免。它也许是厄运，但并不等于就没有希望。生命在成长过程中的各种可能性，造就了它的丰富性和生动性，从而构筑起的现实生活才能如此多姿多彩，如此气象万千。

我一辈子所探究的语文教育生命观，其实就启蒙于我童年的生命境况，应该说语文对生命的滋润和慰藉，就开始于我的童年时代。

少年时期的周一贯（1949 年）

不足半年就辍学的初中生

季：之后您去县城上了初中，初中您还偏科吗？

周：小学毕业后，我和三哥都考上了绍兴县城里的越光中学。他是高中一年级新生，我是初中一年级新生。初中的学习生活，真的没有给我留下多少印象，因为读的时间太短。我们是 1949 年春季入学的，到 5 月间因临近解放，越光中学又是一所教会办的私立中学，就早早停课解散了。这样算起来也就是读了两个月时间。在越光中学，我的国语成绩不错，数学还是不行。那时，因为从农村到了县城里，又住宿在学校，每到星期天就跟着我三哥和同学到处疯玩。家里的那些书是不会带到学校去的，又没钱到书店去买喜欢的书，也就趁这个机会，到处闲逛了。

季：从 1949 年 5 月回家，到 1950 年 3 月参军，这将近一年的时间您在做什么？应该又读了不少书吧？

周：对，倒是这差不多一年的时间，对我来说，记忆是颇为深刻的。当时，家里的生活相当困难。我三哥比我大三岁，懂事也早。他主动去找了一份当教师的工作，多少也可以补贴一点家用。我因为还比较小，没有工作能力，就只好待在家里。这时候我开始对古诗词产生了兴趣，起因是在越光中学时，住在大宿舍里，十几个同学中也有高中学生，听他们吟诵"去年今日此门中，人面桃花相映红。人面不知何处去，桃花依旧笑春风"等，我已能听懂大概的意思，觉得这诗写得真好。辍学以后待在家里，我就开始翻检古诗词方面的书。可惜这方面的书，只找到了一部《李太白集》，是宋刊本影印，购书者还写着题记"民国十八年（1929年）四月二十七日购于高邮"。这是那时我家藏的图书中至今保存下来的仅有两套书中的一套。另一套《康熙字典》是光绪丁未年（1907年）上海鸿文书局的石印本。现在想来真是太可惜了，当时我为什么不多保留几套古籍呢？

为了能多学到一些古典诗词，我便开始从《石头记》(《红楼梦》)等章回小说、笔记小说和旧的国文教科书中寻找，一首一首抄录在一个本子上，随时都可以翻开来念念。辍学在家的日子里，我还开始做起"书房梦"来，想拥有一个自己的书房。于是，我在房间北边靠窗放了一张旧的梳妆台，上面铺陈了家里能找得到的文房四宝、清供小品。旧式梳妆台的两个抽屉，都分类放了书、本子、文具等；抽屉的四周内壁上还贴上了剪下来的或手写的格言警句。后来觉得窗子没窗帘不雅，又找来一块旧布，缝上几个圆环，做成了半截窗帘（布太小）。于是，在这样的书桌上或读书，或写字，或画画，觉得特别的神清气爽。之后容膝斋书房梦的实现，其实胚芽就萌发在这个时候。记得余秋雨先生说过：一个文人的其他生活环境、日用器物，都比不上书房能传达他的心理风貌。这话说得很深刻。辍学在家，不但触动了我的书房梦，也固化了我的语文情结，也许在那时，我心里就深深埋下了做一辈子语文教师的种子。

容膝斋

季：坐在您的容膝斋里，特别想听听您具体地讲讲您的"书房梦"。

周：我是一个一直有着书房情结的农村教师。这里不妨先来说说我与容膝斋的故事。我认为教师与书有着血肉相连的关系，称教师为"教书先生"不无道理。做教师的教书、爱书、看书、买书、写书、藏书，便有了对书房的企盼。其实，书房不只是个人的精神巢穴、生命禅床，我的"书房梦"的过程又何尝不是从教69年"天翻地覆慨而慷"的历史见证和温暖记忆?

1950 年 3 月，新中国诞生的礼炮刚刚响过，14 岁的我就参加了中国人民解放军，在部队居然还当上了文化教员，为战士扫盲。后来，我因病转业到地方，当了一名小学教师。从此，我一直在绍兴县农村小学教语文。感谢政府在 1954 年送我去嵊县初级师范学校轮训了两年，取得了初师毕业的文凭，它成了我的最高学历。当时，根本不可能有书房。宿舍就在学校里，校舍又多是祠堂、寺庙，能有一个铺位就相当不错了。在无法奢求书房的生存环境里，我在床边的桌子上，用包上纸的砖头作柱，上搁一块木板，便成了我心仪的书架。之后我又自己用废弃的木条、木板，钉了个更像样的书架，似乎就是梦中书架的升级版了。

1962 年我结婚了，有了一个单人寝室和一个旧的四层书架，能把所有的书都排列起来，真是不胜欣喜。我抓紧自学，没有别的目的，只想成为一个优秀教师。于是，一些教育梦想的种子也悄悄地融进了书本的字里行间，只等阳光一照耀就能发芽。然而，好景不长，"文化大革命"开始了，我的许多书被上缴、封存。这样，剩下的书不到 20 本，"书房梦"也就成了泡影。

一声春雷，历史掀开了新的一页。党的十一届三中全会引领中国进入了改革开放的新时代。个人的命运总是与国家、民族的命运紧密地联系在一起的。我的那些被封存的书回来了，书架劫后重生也更添丰姿。

在提高小学教育普及率的过程中，如何提升当时以民办教师为主的师资队伍素质成为当务之急。我从抓"教材教法过关"入手，让教师懂得"教什么"（教材）和"怎么教"（教法）。我的书架派上了大用场。翻检小学各科教材教法研究的藏书，找寻有效而又简捷、有趣而又实用的讲课思路，晨晓深夜、青灯长卷，我忙碌在书架之前和案桌之上。

1984 年，我调到绍兴县教育局教研室任副主任，好不容易分到了 40 平方米左右的一处住房。虽然居住条件有了极大的改善，但一家五口住在一起，自然不可能有独立的书房。所幸这住房有一个向北的后阳台，我便装窗封闭，勉强放下了一个书架和一张小小的写字台。椅子是放不下了，我便找了一个窄窄的包装箱，竖起来作座椅，才可以把双膝勉强塞到写字台下。我为终于有了可以独处的书房而欣喜万分！有了书房，便想给书房起个名。坐在包装箱上，我忽然想到陶渊明在《归去来兮辞》中的一句话："倚南窗以寄傲，审容膝之易安。"室小仅能容膝，易于安身，足矣，便欣然命名"容膝斋"，自己书写后刻在一方木板上，挂于书架上方，真有说不出的得意。在世事纷扰、人心浮躁的岁月里，人们都在寻找属于自己的精神家园。精神家园不在大小而在有无，有容膝斋可供目耕心织、起早熬夜，于愿已足，夫复何求？这应该是我在当时颇为得意的理由了。

以后，生活条件越来越好，子女长大立业，家居人口越来越少，而住房却越来越大。盛世重才，我有幸成为特级教师和绍兴的专业拔尖人才。独立的、真正的书房不但有了，而且越来越像样。我的好几本专著都以容膝斋为封面背景，引起了一位远方朋友的质疑：如此气派的书房，简直有点儿豪华，为什么还称容膝斋？确实，生活变了，条件好了，物态的容膝斋已成过去，但心灵的容膝斋却不可抛弃。室仅容膝而足以安贫乐道的精神，已成为我的生命标记。著名作家何满子先生曾经说过："人心之不同各如其面，折兑一下，也可说文人之不同各如其书斋。"在早已是不仅"容膝"的宽敞明亮的书房里，我一直得以自勉的是永远的"容膝"精神。退休以后我依然守望着事关国家荣辱、民族兴衰的教育，这是我的毕生信念。退休给了我更富裕的时间耕耘，

　　以长年之积淀，梳理出一篇又一篇的经验谈、一本又一本的论著，展示生命独有的才情。

　　抚今忆昔，我的命运和情感选择，似乎一直和我的"书房梦""教育梦"起起落落地游走在大时代的骚动与机遇之中，见证着我 60 多年语文教育生命之旅的发展历程。从个人的有梦到圆梦，从"书房梦""名师梦"的播种到阳光雨露下发芽拔节、开花结果；从国家的和平崛起到和谐社会……似乎都可归于人性向善。我总想在这辈子能够报效人民、报效祖国，报效伟大的中国共产党。

周一贯在容膝斋

14 岁从军翻开了新的一页

季：从周先生的文章中读到过，您 14 岁就参加中国人民解放军了。当时您还那么小，怎么就能入伍了呢？

周：我参军入伍时绍兴解放还不到五个月。那时，全国解放区迅速扩大，舟山等沿海岛屿有待解放，各地的土匪还没有清剿，部队兵员正处在奇缺的时期。所以参军入伍根本不论年纪，也无需体检。那时实行的是志愿兵役制，有志愿者便可入伍。青年学生入伍，部队更加欢迎。

那时节，三哥和我，还有一个初中同学都辍学在家。于是我们常结伴去附近的小学玩，有一次在学校里遇上了一位挎盒子枪的解放军同志。出于对军人的敬仰之情，我们便和他聊上了，他叫黄泉芳，是从第三野战军总部下来的，在附近的一个俘管所当所长。他非常关心我们的生活和思想，就如一位亲大哥。一说二说，我们就说到了可不可以当解放军的事。他满口答应让我们入伍，并由他来介绍安排。就这样，几天后，我们就在近处的驻军里入了伍。当时三个人中我是最小的，才 14 岁。之所以会去从军，虽然有投身革命的浪漫情怀，但也是为了谋生。因为当时的家境十分困难，一日三餐难以为继，一家子若能减少两张嘴，多少总会好一点。

生命的顽强，更多地会体现在它适应现实生活的能力上。

入伍以后有一段时间，我们三个人住一间房。部队的文书叫黄泽民，好像是具体管我们的。黄泽民同志也是一个文化人，待我们很亲切，和我们很聊得来。黄泉芳同志的驻地也不远，他时不时来看我们，问我们习惯不习惯。驻军首长叫管慕周，和蔼得就像我们的父亲。当时我觉得凭这名字，他应该是一个有学问的人。其实不然，他识字不多，看来这颇有历史情怀的名字，也许就是请村里的老秀才给起的。后来，我在翻读一本《绍兴解放四十周年纪念专辑》时，才无意间发现黄泉芳、黄泽民同志都有回忆文章在其中。原来，黄泉芳同志是第三野战军总部派下来到浙东游击区开展对敌斗争，以迎接全国解放的。他身经百战，负过重伤，胸部留下了后遗症。黄泽民同志年纪不大，但也出生入死，在浙东游击战场上立过战功。

尽管我的部队生涯短得不能再短，但我从这些人、这些事中得到的收获，远胜过我在学校里学到的、感受到的那些知识。社会处处是学校，人间何事不语文。一个还不谙世事的少年，在投入革命洪流之后，他所体验的世界，又岂是旧章回小说中的世故人情能比的？显然，现实生活已为我翻开了新的一页。

老班长的教导

季：您从军三年，谁对您的帮助最大？

周：其实，我在部队里也不是一开始就成为自觉的战士的。记得入伍不久，我调到部队的医务所工作。医务所有很多小学或初中学历的"小年轻"，他们活泼开朗，有空的时候喜欢在一起打打闹闹，我也情不自禁地参与其中。加上当时部队里也没有什么图书馆，曾经在家里喜欢读的那些书，又不可能带到部队里去，所以闲时也没什么可以打发时间。

这时，医务所人称老班长的许崇来同志就找我谈心，反反复复告诫我：做人要有明确的人生目标，要为实现目标去不断努力、不断奋斗；糊里糊涂地过日子，是浪费生命。年轻的时候也许自己没有意识到，但当意识到了可能也就晚了……当我问他我该怎么努力时，他就告诉我：你要努力学习专业知识，先争取加入新民主主义青年团（当时还不叫共青团），以后有觉悟了再争取入党。后来，他跟我住一间房，从思想上到生活上对我的帮助就更加多了。就这样，他做介绍人，我加入了新民主主义青年团。记得有一次我问他："你为什么这么关心我？"他说，他是共产党员，帮助新战士进步是部队党组织的责任，是党组织内的分工，他负责帮助我进步。

季：解放军真好！如此无私地帮助新战士进步，让他们在迷茫中找到人生的方向。您在当时的氛围里又是怎样努力学习的呢？

周：有了方向，不愁没办法。当时我在医务所也不是当卫生员、当医生，因为我没有经过这方面的专业训练。我做的还是文书一类的杂务。我想，我该如何学习？学什么好呢？读书吧，没有书；买书来读吧，没有钱。部队里发的生活津贴，每月才几毛钱，买过日常生活用品后，就所剩无几了。怎么办？思考再三，我决定买一本字典来读。原因之一，我当时基本上是小学毕业的文化水平，虽然读了不少章回小说之类的书，但不认识的字太多。原因之二，我觉得最管用的学习还是提高语文水平，语文水平提高了，以后无论做什

参军后的周一贯（1950 年）

么工作，都管用。于是我积攒了几个月的生活津贴，买了一本字典，每天抽些时间读几页。读字典给我的帮助很大，由于之前读过不少闲杂书，虽然不认识的字很多，但因为常常"见面"，便似曾相识。现在，终于在字典里又相遇了，就能知道它读什么音，又知道它的意思是什么，一下子就像找到了一位曾经失之交臂的老朋友，真有说不出的亲切感。

我把每天新认识的字写在一个我自己制作并以美术字和图画装饰的精装的笔记本上，过一个星期就复习一遍。就是这个笔记本，还曾经感动过一位小护士。那时我因病短时间住进过部队医院。有一次我从外边回到病房里，发现那位小护士正在翻阅我置于床头的笔记本。她很不好意思。我说："不要紧，你看吧！"她看了一会，一脸钦佩地对我说："你年纪不大，志气不小，真了不起！"这可是我第一次听到一位同龄的异性对我的夸奖，之后我觉得她似乎对我特别关照。每每看到她，我内心的最柔软处总会升腾起一股最温暖的发现了知音的情意。

也许就从那时开始，我更信仰奋斗，这是生命内在力量的宣泄，也是崇高的人格力量的外溢。不久，我就出院了。尽管她送我到门口，但也就止于那最后一眸的深情回望。确实，之后我永远记着老班长许崇来同志常说的那句话："人活着，就要不断奋斗！"我读字典，就是一种奋斗，为提高自己的文化素养而奋斗。这样的一种学习，在该上学而不去上学的年龄里，似乎夹杂着一点生命的苦涩，但更多的是甘甜。每天有新认识的字，每天有学习收获，你要说它不甜也难啊！

第二章　奋发：生命是条『单行道』

识文断字，对生命如此重要

季：您在部队的那段生活，跟您转业之后选择当农村教师，锲而不舍地探究语文教育生命观 69 年，其间似乎有着内在的密切联系，您能跟我说说这种联系吗？

周：我在部队做的工作时间最长的还是文化教员。严格地说，我自己才小学毕业，正如著名作家柯灵先生介绍自己时所说的那样："我的学历只比文盲高一档。"好在当时的文化教员主要也就是组织战士学文化，扫除文盲。部队的指战员基本上是不识字的，随着国内战争的逐步结束，新中国建设时期的到来，大家觉得，最重要的莫过于能够识文断字，以适应新形势的要求，于是组织文化学习便成了部队里的一件大事。不久，我就调到一个连队去当文化教员。当时我年龄很小，看到指战员们都比我大许多，而且口袋里几乎都有两支钢笔插着，心里着实有点害怕：如果他们都有相当的文化水平，我这文化教员能扛得住吗？指导员黄凤鸣同志似乎看出了我的心事，便对我说："你大胆地订好计划，叫他们好好学文化就是了。"我说："他们应当有相当的文化水平了，不是口袋里都插着钢笔吗？"指导员哈哈大笑："你没听过这段顺口溜——'同志啊同志，钢笔插两支，叫你写条子，说是没墨水（音 sī，方言）'。他们大多不识字的，但确实很想识字、学文化，听说你要来，舍得把好不容易积攒下来的津贴去买了钢笔，都高兴好几天了。"这样，我心里就有了底。照部队里用的识字课本，大部分战士从头学起，已识的字，指导他们进一步写好、写快；未识的字就扎扎实实地一个一个认读识记。识字比较多的一部分战士，反向坐在后边，分成互不干扰的两个班。教室后边也置一块黑板，我就分两头施教，不至于互相影响。这是我从农村小学复式班学来的办法，不料大受指导员、连长的称赞，战士们也说"这个办法太好了，如果我识得快，识得多，就可以升级坐到后边去了"。

在部队时期的周一贯（1951 年）

季：教战士们学文化可真有意思。您在教他们识字的同时，一定也会有许多感受吧？

周：是的，战士们对识字的渴望，大大超过了我的预想，确实令人感动。开讲文化课的第二天，早出操之后，大家都在说笑前一天晚上说梦话的事，一个班集体通铺竟有六个人在梦里读生字，此起彼伏，还像在课堂里一样。我很为战士们学文化的热情所震惊，原来识文断字对每一个生命竟是如此重要！

为了提高识字效率，我也想了不少办法。起先，用形声字的偏旁归类法，如把"木"字旁的，声旁又特别明显的归在一起：柏、楂、杉、梅……把"氵"旁的，声旁又特别明显的归在一起：江、湖、泊、汗、涕……叫作"抓一个，识一串"。之后，我又在废纸裁成的卡片上写上"门""窗""把手""扶梯""屋檐""天井""伙房""礼堂""教室""连部"等，贴在相应的地方，叫作"走到哪，认到哪"。后来，应战士们的要求，又把全连指战员的职务、姓名用大字写成表格，贴在墙上，叫作"认同志，识名字"……所有这些，都大受战士们的欢迎。学习了一年后的春节里，大家还要求连部能搞个"学文化成绩展览会"，把战士们的写字作业、自己写的便条、书信、表扬稿，甚至检讨书，都作为学习成果展览出来。这一招大受指导员的称赞，还派人特地去买了一些学习用品，奖给展览会获好评的战士，增添了春节的欢乐气氛。至今，我还常常思考，不识字的苦处，可能是所有识字的人都难以体会的。不识字被说成是"睁眼瞎"，便是受这种折磨的真实写照。人的生命能没有"眼睛"吗？没有眼睛的生命只能在黑暗中度日如年。指战员们学习文化的热潮，便是最好的实证。也许正是有这样能触动灵魂的实证，感受到了语文与生命的密切关系，我开始确立了一生要从事语文教育的信仰。

选择当农村小学语文教师

季：从部队转业到地方，您是一开始就选择了当语文教师吗？

周：是的。当时也是因为身体不好，加上国家建设需要，地方上百废待举，急需人手，所以部队需要减员，有一大批军人复员（老弱病残），一大批军人转业（有文化、年轻，适合去地方工作）。我是转业的，在绍兴县民政局报到后，接待人给出了不少岗位选择，可以去搞工业、商业、交通、医务、教育等，我毫不犹豫地选择了当小学教师。为什么？一来我喜欢学语文、教语文，自信语文课会教得比较好；二来我当过文化教员，教战士们学文化，也算是教师职业吧；三来我总觉得语文对人的生命存在太重要了。其实我选择当教师，绝对不是偶然的，我的童年经历、童年体验，似乎都在为当教师做准备。

季：您一到学校，语文就教得很顺当吗？

周：不是，绝对不是。我第一次去的学校叫绍兴县皋埠区仁渎完全小学，开始教三年级语文。当时教师队伍里大都是旧社会留用的老教师，还没有从新中国师范里培养出来的人，而我是从部队去的，所以，我特别受器重。第一次走进教室，校长郑重地向学生介绍了我，之后就离开了。我开始上课，卖力地讲着课文，自以为讲得头头是道，一个女孩子却在和同桌嘀咕什么，声音还挺大。我十分生气，就批评她，要她认真听课。不料，她还在和同桌唠叨，我就真的来气了，要她离开教室到外面去说。孩子似乎不吃这一套，坐着不肯离开。我就想第一堂课必须立个规矩，令到必行，就下去拉她。但她生生地拉住了课桌，这一拉，就把两张课桌都拉倒了，于是课堂大乱。好在不一会儿，下课铃响了，我也就顺水推舟，下了课。

我十分生气，觉得农村的孩子太野了，不懂道理，难教。不料第二天早上，这个女孩子见到我，还挺自然地叫了一声"周老师"。我气得一晚上没睡好，她却像什么也没有发生过一样。校长知道了这件事之后，就到班级里去，批评了那个女孩子。但我却对此不断地反思，寻找答案。后来我终于明白，原来孩子跟成人是不一样的，她们幼稚、爱玩，但没有歪心思，也不会记仇。有时顶撞老师，并不是故意捣蛋，给老师难堪，其实是还不懂事。于是，我就有意识地去与那个女孩子多接触，发现她还真的是一个天真的直性子。

当这班孩子升入五年级后，还是我教语文，而且我还接任了班主任，又担任学校的少先队大队辅导员。那个女孩子也当上了班长。

之后，我离开了那所学校，调到绍兴县皋埠区樊江乡中心小学。1963 年，那时我已经结婚。当时人们的生活还很困难，口粮不够吃，蔬菜又紧缺。这时那个女孩子来看我，还捎了一袋番薯。这在当时可是充饥的好东西。我不愿收，要她带回去给自家吃。她为了要我收下，便说："今年我家番薯很多，都在喂猪呢！"我开玩笑地说："你又说错话了，你是把喂猪的东西带来给老师吃？"她不好意思地笑了，脸也有点红，连忙说："该死，该死，又说错话了。但我家里真的有，既然拿来了，怎么可以拿回去呢？"我只好收下了这袋珍贵的番薯，那可真是雪中送炭啊！

为儿童的生命插上一对翅膀

季：有人说，学好语文的关键，在于让学生对语文产生兴趣。不知周老师在这方面是如何引导孩子的？

周：说得非常正确。"兴趣是最好的老师"，此话不假。按理说，语文是最容易让人产生兴趣的，因为它跟人的生命感受、生命表达、生命交流和生命成长关系最密切。生命离不开语文，语文承载着生命。这里的关键在于语文不能局限在课文的狭小范围之内。当然，课文很重要，但正如叶圣陶先生所认为的"课文无非是例子"，而生活是海洋。

我虽然喜欢语文，但也曾经为教不好语文而发愁。这里所谓的"教不好"，不是教师不会讲课，而是引不起学生学语文的浓厚兴趣，那多半是因为儿童的生命没有插上语文的翅膀。

我曾经在一所农村小学任教。我教的是六年级语文，因为兼任学校的少先队大队辅导员，就不当班主任了。班主任是教数学的，一直跟班上来，师生关系好，学生的数学成绩也很好，而且学生好像特别爱数学，而不太喜欢语文。这让我十分犯难。这所学校算是村里的完全小学，条件比较差，既没有图书馆，连个操场也没有，当然更没有什么文娱活动了。可如果在这样的氛围里学语文，是很难让孩子对语文产生兴趣的。我得想个法子。这时，我突然想到部队里曾经有一位北方的战士自做自演木偶戏的事，这可能是个好办法。我就试着自己做了一个不太像样的杖头木偶——把木偶的头部支在一根杆子上，杆子扎上木偶的肩胛和上肢（分前臂与后臂），再用纸片、零碎的绸布做成铠甲和战袍（儿时画绣像的功夫全用上了），木偶的手中缚上一把硬纸片做成的大刀。最难的是木偶头，我先用黏土捏成，再贴上一层一层湿的废纸，干了后，把土挖掉就成。上课的时候，当我出示这位《东郭先生和狼》（课文）中的武将时，教室里一片欢呼。于是，以此为契机，我建议学生可以把课文改成剧本，用木偶来演一演《东郭先生和狼》的故事。这让学生十分高兴，纷纷要求马上动手。现在打狼的武将已经有了，再做一个东郭先生和狼就可以演出了。凑巧，学校里没什么别的乐器，但有一副锣鼓，那是"晚呼队"做政治宣传用的，现在正好用上了。

大家情绪高涨。学生们分派角色，把课文改成台词，接着又是背台词、对台词、配锣鼓，学校里顿时充满了活力。学生在无意中激发了学语文的兴趣，有两个学生已经自告奋勇地在改编两个课本剧。可惜好景不长，也许因为领导看我挺有能力，就调我去钱清区中心小学，至今想起来我还十分惋惜。但这件事说明，学语文的天地何等广阔，关键在于我们必须把语文教学从为了应试而学知识的牢笼里解放出来，把语文还给鲜活的生命、多彩的生活，让每个孩子都享有自己喜欢的语文。

季：语文就是生命的"眼睛"，就是生命的"翅膀"，它带着我们探索世界，让生命到达现实生活中不可能到达的许多地方，看到现实生活中不可能看到的许多风景。我这样理解您的语文教育生命观，您觉得是否正确？

周：你说得对，语文对于生命，不仅是耳目，更是翅膀。学语习文，就像为生命插上一双可以翱翔天际的翅膀。有了它，可上九天揽月，可下五洋观潮。先朝前世的事，你无法亲身经历，但凭借语文，你也可以去了解，去感受，这是对时间的超越；域外天空的景，你无法亲身细察，但凭借语文，你也可以去认识，去理解，这是对空间的跨越。这一点，在童年的阅读中，我就已有懵懂的感知。那时我的身体瘦弱，虽然跑跑跳跳比不过人家，却可以在同伴中享有独特的威信，就因为我会讲许多的故事，"桃园三结义""猪八戒大战流沙河"……听得大家一愣一愣的。我暗暗高兴，其实这些都是我从那些章回小说中读来的。还记得有一个星期天，我和同班的五六个同学去邻近村子的一个颇有规模的祠堂玩，看到大门上画着两员大将，一个白脸，一个黑脸，大家都不知道那两人是谁，只有我知道，便说："白脸的叫秦叔宝，黑脸的叫尉迟恭，这两个都是唐朝的大将。"伙伴们就要我讲关于他们的故事。我就为大家讲了两位门神的几个故事片段，以及为什么他们会成为门神的传说。那是我从《隋唐演义》里看来的，是很普通的故事，可小伙伴们却听得出了神，不断地夸我懂得真多。所以当时我就想，如果不读这些闲书，我又哪里会知道得比别人多。它靠的不是数学什么的，而是语文。当然以后我也明白了学好数学的重要价值，可那时还真的认为找到了因偏科而数学成绩很差，却可以自我慰藉的说辞。

难忘的嵊县初级师范学校

季：您小学毕业就当了老师，但您也上过师范学校，应该早就是中师生了吧？

周：严格地说，我没有中师的学历。1954 年暑假，皋埠区里的教育干事突然通知我去参加嵊县初级师范学校（以下简称"嵊师"）"小学教师轮训班"的学习，但先要通过入学考试，录取了才能去上学。我很高兴有这样一次学习机会，因为我一直以"小学毕业教小学"而自惭形秽，很想有机会继续上学。虽然这次去学习的学校

在嵊县初级师范学校时期的
周一贯（1954 年）

是一所初级师范学校，再加上"小学教师轮训班"的学制才两年，毕业了只相当于初中文化的程度，但能上学总是好的，招考的时间也快到了，就只能仓促上阵了。虽然数学不行，但好在我的语文还可以，估计还是能考上。果然考试后没多久入学通知书来了，还附带了一份参加学生干部训练班的通知书，要求必须在入学前先参加学生干部训练班。也许因为我是转业军人，已由校方内定为学生干部了。

嵊师两年的学习生涯，对我一生最深刻的影响是让我知道"积书须

善读，隙土可深耕"，也进一步体会到"学习乃人生第一需要"的道理。因为生命是条"单行道"，它既没有回路，可以从头再来；又没有预备，可以先打个草稿，再慢慢修改。人生的每一天，过去了就不会回来。也许是童年读闲书促成了我的早熟，也可能是少小从军让我生发对人生的感悟，在读嵊师的两年里，我已经明白了不少人生的道理。那时对知识的需求真的是如饥似渴，我的所有功课，除体育不佳外，皆为优秀。在小学里，我的数学成绩很差，但不知怎的，在嵊师的代数、几何学习中，我的成绩很好，似乎理解力特强，这连我自己都感到奇怪。其实还是得益于语文。有了扎实的语文功底及理解力、分析力，逻辑推理、问题解决都不会差到哪里去。我数学学得不错，每门功课也都好，当然最出色的还是语文。作文水平是一流的，朗读课文常常在全班示范，在学校的一次演讲比赛中还荣获了第一名（当时学校有七个班级）。因为学校的所在地黄胜堂是一处偏僻的小山村，学校没有什么文化生活，学生会就在周末组织"文艺讲座"，苏联的一些著名小说成为唯一的讲座内容，我就讲过《钢铁是怎样炼成的》《被开垦的处女地》等。这两年里，我的课余生活全部泡在阅览室里，那可是我光顾最多的地方。在翻读那里的几十种杂志和报纸时，我常带一个小本子供摘抄之用。这里的阅览室是全校最好的，房子是盖瓦的（当时学校里几乎所有的教室都是草房）。阅览室的天井里，有两棵桂花树。因为是学校最好的房舍，因此阅览室又兼做教师的餐厅。四张阅览书刊的方桌，正好可以坐下三十几位老师用餐。有时去早了，还得等一会儿，待老师们就餐完毕，方可进入。

季：听说您两年的师范生活中，没有一个假期回过家，就是为了能安静地多读点书，是这样吗？

周：是的，也许是部队生涯培养了我的独立性格，但更多的确实是为了多读点书。两年的学校生活，有三个假期，我都要求留校。一般在放假前，我会借上返家同学的借书卡，先在图书馆里借好要读的书，然后安排顺序，有计划地读。其实，那两年的四个学期，每个星期天或节假日，我也是安排读书的。在嵊师学习，我觉得特别得益于它的山野环境。这里没有闹市的喧嚣，也没有时尚的诱惑，距离小镇甘霖也还有三四里地，即使是星期天也不会想去逛逛。于是温习功课或读书，依然是生活的主色调。为了静心读书，我常常带上书本，去学校周边的小松林里，找个地方席地而坐，读到快开饭的时候才回学校。那种惬意的生活，有着几近"大隐于野"的静谧。

最有成就感的还是在三个假期中，我攻下了四本哲学著作：《辩证唯物主义》《历史唯物主义》《政治经济学》和《联共（布）党史》。这个计划是聆听了一位刚从大学本科毕业分配来的青年政治教师的意见后制订的。记得他姓严，他多次对我说，学教育先得从哲学入手，哲学是"聪明学"，你了解了世界，通晓万事万物变化的规律，当然就可以去理解各门学科的共有规律了。就这样在他的指导下，我读完了这四本书，真的如醍醐灌顶。我后来在语文教育生命观的研究实践中提出了应力避"一分为二"的绝对化、要以"一分为三"来对语文教育作哲学思考的论点，都受益于我的自学哲学的基础。

勤奋做人，低调处世

季：要说学历，先生的最高学历也就是两年初级师范吧，但如果说学力，您就非同一般。您发表了那么多的研究文章，出版了那么多的专著，您是怎么做到的呢？

周：穷则思变。正因为我"穷"，所以我能锲而不舍，几十年如一日地抓紧自学。从嵊师毕业后我就想，既然没有再深造的机会，我可以一边做教育实践，一边以自学进修来弥补。这样的好处是还可以有工资养家糊口，何乐而不为？于是，我自定的目标是大学中文系，从有计划地购买相关的书开始。有了在嵊师的三个假期进修完了四本哲学书籍的经验和自信，我先自学语法学、逻辑学、修辞学三门。之

周一贯（1962 年）

后，又因教学需要，专攻了《说文解字》《中国文字学》《词汇学》《教育学》《心理学》《语文教学法》等。在嵊师已有简明的课程学过的，就不作为重点，只是做些拓展阅读。功夫下得比较多的还是《中国文学史》和《外国文学史》。特别是《外国文学史》，我读过的相关文学作品寥寥可数，对那些作家和史实又不熟悉，读起外国文学作品觉得十分费劲。如此向梦里的中文系进军是旷日持久的，直到"文化大革命"才不得不停下脚步。想自学也没有了条件，因为我的那些书都被收缴上去了。那时候，我已经开始写语文教学研究文章，记得有一篇关于作文教学指导的长文，《浙江教育》编辑部想发表，但最后因学校未盖章而作罢。但是，在地方报刊上发表文学作品相对宽松，我就接连在《宁波大众》（当时绍兴属宁波地区）发表了七篇小散文和"知识小品"一类的短文。也许就从那时开始，我爱上了写作。这样，教学实践、文化自学和业余写作成了我生活的最大乐趣。

季：听说当时学校的社会工作很多，教师的课务又相当繁重，时间难以安排，自学必然会和工作产生矛盾。这个问题，即使在今天，也是许多老师遭遇的难题之一。请问您是怎么处理的？

周：这个问题看起来确实有矛盾，但处理得好，本质上是统一的。努力自学，当然可以提升你的专业能力；而当你有了专业能力之后，自然可以提高教学效率，这就能为继续自学深造创造条件。时间是个常数，好像每个人都能平等地拥有它，其实不然，时间的奇特之处，就在于珍惜它可以以一当十，轻视它便会以十当一。只有在懂得时间珍贵的人手里，时间才会大大地增值。在 20 世纪 50 年代，我执教的一所乡村完全小学，离乡中心校相距十多里路。当时，教师有名目繁多的学习、会议，晚上或星期天常要去乡中心校集中，当时还没有什么自行车之类的交通工具，必须靠迈开双腿走路，来回一趟就得花两个多小时。我倒不在乎花力气，可惜的是费了时间，于是就带上一本正在自学的《中国文学》，以背其中的经典诗文为乐。有时背不下去了，我就掏出书来看上一眼。这样走在田间的小路上，我不再觉得寂寞，反而一趟来回常常可以背熟三五篇，也可谓收获不小了。

季：您已是小学语文教育的名师，但您为人处世却很低调，这是您的一种人生态度吗？

周一贯于容膝斋灯下

周：其实我觉得首先是在于心态，这很重要。因为这是一种精神追求，一种相应的精神状态。

记得外出讲课时，每每有青年教师要我签名题词，实是盛情难却。虽然没有多少底气，但我也总得写上几句共勉的话。写得比较多的，恐怕要算"勤奋做人，低调处世"了，这应当是我毕生自勉的话，所以题词时就总会率先冒出这一句来与人共勉。

我没有上过几年学，说才疏学浅不是自谦话。我根本没有条件高调，低调是必须的。我这一辈子，如果也算有些成绩，靠的完全是勤奋。我必须比别人付出更多，才能弥补因先天不足、后天失调带来的缺失。我相信，很多人的低调大多源于自身的不足。当然，这首先还得正确地认识到自己的不足。

低调还在于它能很好地保护自己。据说出土的秦兵马俑，很多都有不同程度的损伤，唯有一尊可以说毫发无损。为什么？原来那是一个跪着射箭的士兵，这是一种特别的"低姿态"。天塌下来有高个子顶着，低的、矮的自然损伤就少了。低调与低姿态是相通的，由此可见，低调可以更好地保护自己。

有这样一个故事：南美独立战争期间的一个冬日，某兵营工地，班长正在指挥士兵装一根大梁。一位衣着朴素的军人走过来问班长为什么不去帮一帮。班长傲慢地回答："我是班长呀！"那位军人听了二话不说就加入了劳动的队伍。大梁装好后，军人对班长说："班长先生，如果您有什么任务需要人手时，尽管通知本司令好了，我会帮助您的士兵的。"班长一下子愣住了，原来这位军人就是南美独立战争的著名领袖和统帅——西蒙·玻利瓦尔！在人类的发展史上，这样的故事并不鲜见，而这类故事的主人公大多是贤人哲士。所以说，为人处世低调，摒弃高高在上的傲慢，绝对是一种人生智慧。

伯希克尔·哈撒韦公司董事长沃伦·巴菲特，曾被美国《财富》杂志评选为全球最有影响力、名列第一的商业人士。他是拥有几百亿美元资产的世界富豪，但比尔·盖茨这样评价他："生活上，简单随意；工作上，执着如一；而在做人上，保持低调。"尤其进入老年后，巴菲特似乎更不会受任何诱惑的影响，过着简朴的生活。他不喝酒、不吸烟，极力回避住高档酒店。他情绪十分平和，好像没有事可以让他大喜大悲。事实足以证明，这样的低调心态，才成就了他的事业，也保证了他的健康。

低调才能够真实地看待自己，平实地对待生活，朴实地善待他人，扎实地谨待工作。低调不是虚假的沉默，不是伪装的谦逊，也不是做作的诚实。低调不等于低沉，它与消极、悲观无关，它不是自信心和意志力的丧失；低调不等于低眉，它与胆怯、谦卑无关，它不缺少前行的决心和力量；低调更不等于低头，它与害怕、逃避无关，它只是为了迂回地夺取胜利；低调也不等于低微，它与弱小、无能没有联系，恰恰相反，低调表现的是内心足够的强大。所以，低调是一种扎实稳健、一丝不苟的进取精神，脚踏实地的为人之道和行者无疆的生活态度。

我信奉勤奋做人，低调处世，是希望能迈入一种甘于寂寞的人生境界。创造人生的价值需要勤奋，更需要埋头苦干、持之以恒，所以低调处世是一种可取的哲学思想，因为只有这样，我才能把精力集中在我的主要目标上，做好我喜欢做也是最应该做的事。

童年的体弱多病，使我养成了读闲书的习惯，而被章回小说、笔记小说所吸引，我又无意中学会了如何去利用时间。生命的伟大和可贵，就在于不甘沉沦，不甘消亡，终要顽强地刷存在感。我的这种珍惜时间多读书的秉性，始于童年，而又继于中青年，直到持于晚年。我习惯于

1984 年，在绍兴首开语文尝试教学法研究，
周一贯与尝试教学法创始人邱学华（左）在一起

把教师称为"三耕族"，即主业的"舌耕"（上课），读书的"目耕"和写
作的"笔耕"。这"三耕"从时间上看好像有矛盾，但实际上高度统一，
哪一条都不可或缺。当教师，主业自然是课堂上的"舌耕"不断，但要
"舌耕"卓有成效，谈何容易；最重要的当数以"目耕"（读书）养足底气，
博览广识，方有学问；又要以"笔耕"反思教学，记录经验，抒发胸臆，
遂成师道。如果说语文教育是一丛欣欣向荣的花木，那么"舌耕"是它
的"本"，"目耕"是它的"根"，而"笔耕"则是它开出的"花"和结出
的"果"。我还以唐代诗人刘禹锡的名作《陋室铭》为范，撰写过三段文字，
而且可以背下来——

舌耕铭

位不在高，启蒙为尊；酬不在丰，百年树人。斯是教坛，担当神圣。学而不显厌，诲人不知倦。专业本朝阳，一心为明天。可以诉宏志，抒才情。去利禄之争斗，除名位之浮沉。师生如挚友，童心养天年。在下云：何累之有！

目耕铭

智不在高，多读养心；身不在富，有书就成。斯是教业，博识为本。目织亿万里，神交五千年。哲思纸上得，学识读中生。可以会先圣，交今贤。无邪说之乱耳，少蝇利之熏心。后生得呵护，薪火赖承传。在下云：何劳之有！

笔耕铭

才不在高，有勤则灵；识不在玄，有诚就行。斯是斗室，唯我独耕。笔驰云霄上，脚踏大地行。一句三思得，乐从心底生。可以品韵味，抒性情。无是非之乱耳，少应酬之劳顿。胸臆得宣泄，精神获飞升。在下云：何苦之有！

从"为人之道"到"为师之道"，都必须奋发有为，必须高度用心、竭尽全力地过好每一天，唱响"明日歌"。

第三章　发现：语文教育是生命的家园

在一些熟词中的发现

季：在步入教坛后的大部分教师生涯里，您只是一个极普通的农村语文教师，但您一直在默默无闻地努力奋斗，是不是因此有了对生命与语文教育关系的许多体验？

周：应该说是这样。我童年时体弱多病，深感生命的无奈，因此读了不少闲书，同时国语成绩优秀又使我从中看到了生命力强大的另一面。当然，这只是朦胧中的感受，但使我在自卑中拾起了自信。从部队转业到地方后，我选择当农村小学教师，不久又有了去初级师范轮训的机会。后来我虽在绍兴县的一所边远农村小学执教，但确实也想一显身手。只是受环境的制约，当时难以如愿。但好学上进的秉性，一直在鼓励着我奋发努力。我在杨汛桥小学的一年时间里，天天早起，晨读《中国文学》课程中的那些古诗文，这深深感动了学校里的一位老教师陶冶先生。他常常以我为榜样，教育他在家待业的儿子："你看看周老师，都是公办教师了，而且年纪轻轻的就当了教导主任，还天天晨读古诗文，奋进不息，这才是有志青年，让人钦佩。哪里像你连工作都还没找好，就一点儿也不努力学习。整天懒洋洋地混日子。"陶冶先生这么高看我，现在想来，还是因为童年的生命历程已经默默地提醒了我，自己的人生，得自己做主。这虽然谈不上是生命的觉醒，但确实也是一种生命的感悟。这自然与我之后的语文教育生命观的探索，有着内在的联系。

周一贯与朱作仁教授（右）在"朱作仁教育思想研讨会"上

季：这确实有着内在的联系，您已经开始从中悟到了生命的许多特点吧？

周：在汉语言的词汇里，我们会看到这样一种现象——用人体某部位名称来比喻生活中的各种人与事物。如：

首脑 —— 国家、政府的领导人。

头目 —— 一个集团中为首的人。

骨架 —— 文章或讲稿的框架、提纲。

骨干 —— 一个组织中的主要人物。

骨头 —— 品质、气概、精神。

骨肉 —— 亲人。

面目 —— 人或事的面貌、状态。

耳目 —— 替人刺探消息的人。

眉目 —— 事情的头绪。

眉睫 —— 相距很近，就在眼前。

鼻祖 —— 创始人。

嘴脸 —— 表情或脸色。

唇齿 —— 关系亲近，有着共同利益的双方。

唇舌 —— 言辞。

喉舌 —— 新闻宣传机构或代言人。

手足 —— 亲兄弟。

手脚 —— 背地里采取的行动。

手腕 —— 手段。

手头 —— 当下的个人经济状况。

心目 —— 想法和看法。

心脏 —— 中心或要害部分。

心肠 —— 心地、心思。

心腹 —— 亲信。

心肝 —— 最宝贝、最心爱的人。

肝胆 —— 真诚、忠实的心。

肺腑 —— 内心。

胃口 —— 兴趣、欲望。

辫子 —— 把柄。

毫毛 —— 极小的数量。

拳头 —— 武力。

……

我觉得分析这些词语很有意思。上面提到的这些词，所指分明是人体的各部位名称，但在某些场合使用这些词所比喻的却是生活中的各种人与事物。这种语言现象恰恰客观地反映了人类生命所具有的两重性，即不仅有一个自然状态的、生理的肉体生命，还有一个社会状态的、心理的精神生命。这就决定了人的生命与一般动物生命的根本区别。一般动物只有一个生理的血肉之躯，按生命的本能反应存活着，它们没有语言、没有思想、没有精神生活。而作为人，也只有人，创造了一系列的符号（语言）来思考、表达、交流、协同。唯此，人类的生命才既具自然性，又具心理性和社会性，而且使三者融合统一而成为万类之灵，在地球这颗具有众多生命的星球上可以独占风光。天地之间，以人为贵。生命也就一直被人类自己作为美的对象来认识、研究和表现。但是，人类生命之所以珍贵，在于它是一次性的，人生一经起步便不会重来。生命的旅途没有回程票，这正说明了逝去的值得珍惜，当下的要懂得把握，对未来更要做好准备。

其实，生命的一次性，指的是人的肉体生命，但人的精神生命却可以穿越时空而流传百世。这正如诗人臧克家在《有的人》中所言："有的人活着，他已经死了；有的人死了，他还活着。"因此，有思想、有觉悟的人并不会忧虑死亡，而总会在活着的日子里奋发有为，把自己的事业做好，多为后人留下点东西。

当然，每个生命还具有唯一性的特点。每个人都是唯一的"型号"，不会重复。如果没有他，地球上的人就会少一种"型号"。这就决定了每个生命存在的可贵，无论是出众还是平凡，都享有一份同样的生命尊严。

人类生命的唯一性，不只是源于先天基因各不相同，也缘于后天的发展各有殊异。一个人的成就大小也往往取决于他所遇到的困难程度，以及在克服困难过程中所获得的人格发展和智慧成长。

人类生命的唯一性，决定了关爱生命发展的语文教育必须是多样的。我国《国家中长期教育改革和发展规划纲要（2010—2020）》提出：尊重教育规律和学生身心发展规律，为每个学生提供适合的教育。语文当然更不能例外，正是基于对学生个体生命的唯一性的认知，我们不能用一种方法去教育 100 个孩子，而应当用 100 种方法去教育一个孩子，方能找到对具有生命唯一性的孩子最适合的那种语文教育。因为语文教育是关爱生命发展的事业，我们当然更要义无反顾地"让每一朵花儿都开放，让每一只鸟儿都歌唱"。

季：生命的一次性、两重性和唯一性，已足见人类生命的尊贵。那么，语文教育能从中获得怎样的启示呢？您能说得更具体些吗？

周：语文教育事关民族、国家的命脉和文化传承。它位于精神高地，传唱着心灵之声，在学科群里自有其不同凡响的独特地位。这种独特性就在于它与思维同在，与生命同在。我觉得一个校园里师生的阅读生活，基本上可以决定这所学校教育质量的高低。

语文教育是需要用生命从事的事业。这首先是因为人类生命就存活在语文中间。无论是帕斯卡尔所认为的"人是一根能思想的苇草"，还是卡西尔认为的"人是符号的动物"，兰德曼认为的"人是文化生物"，等等，都表明了人与语文的紧密联系。论思想，语言是思想的外衣；说符号，语言是人类最重要的符号系统；论文化（包括民族传统文化），语言又是离不开的载体。可以这样说，人所具有的生理特征、思维特征、社会特征和文化特征，都和语文息息相关。人类的生理特征区别于其他动物的是人有着一个特别发达的大脑，这在一定程度上正是因为使用了语言而对大脑进行代代改造所带来的成果。语言是思维开展的工具，也是思维存在的外衣。正是因为有了思维活动，人类才可以雄踞"万物之灵"的宝座；也正是因为有了思维活动，人类才拥有了丰富的社会生活和绵延不断的文化传承。所以语文本质的意义，不仅仅是字、词、句、篇，更应是人类生命的表达与交流，心灵的存在与呈现。语文教育若缺失了这样的生命观，也就丢弃了语文教育的灵魂。因此我的语文教育理念，若以"某某语文"来命名，就应当是"生命语文"。当然在早期，这种认识是朦胧的，之后，才慢慢地清晰起来。

一本书引发的研究兴趣

季：每一个生命都是独一无二的，这就给语文教育以深刻的启示。那么，这对小学语文教育又有着怎样的特殊意义呢？

周：小学语文首先是儿童语文。我在《人民教育》2005 年第 20 期曾发表《小学语文应是儿童语文》一文，阐述过我的一些基本观点。儿童，是人生旅途上的一个特殊阶段。对于儿童，人们不免有一个总体看法和基本观点，这就是"儿童观"。儿童观也就是"观儿童"，即人们在哲学、生理学、心理学层面对儿童的认识。因为儿童是人类成长过程中的一个阶段，所以，对儿童的认识实质上就是人类对自身完整认识的一部分；儿童观的问题，也就是对于人的观念问题。怎样认识儿童，可以深层地透射出一个时代、一种文化的文明进步程度。儿童，无疑是人类教育的重要对象，这是由儿童生理、心理发展的需求决定的。正因为这样，儿童观的问题，也直接关系到教育观的问题。不一样的儿童观，必然会对教育观产生不一样的、重大的影响。

周一贯与专家张田若（左二）、吴忠豪（左一）、汪潮（右一）一起交流

季： 正如您所言，从生命观的立场看小学语文，它应该是儿童语文，这需要人们有正确的儿童观。对此，您能详细说说吗？

周： 虽然从古至今在不同的历史时期都有一些贤达之士主张尊重儿童、关爱儿童，甚至成人应当向儿童学习，但作为不同发展阶段社会的儿童观，其主流认识并非向来如此，而是有一个逐步进化的过程。

说起这事儿，还得从我在杨汛桥镇中心小学做教师时说起。那时在学校工作还不满一年，我突然咯血了，就赶去市医院检查，发现患了肺结核，有浸润性病灶，必须马上病休治疗。当时患了肺结核，我感觉就像患了癌症一样，惊恐不已，就只好服药休息。就在病休期间，我无意间发现了一本名为《儿童哲学》的书，很感兴趣，便借来仔细阅读，由此对研究儿童观及其历史发展产生了浓厚的兴趣。

　　说起儿童观的林林总总，首先是"小大人说"。"小大人说"是古代儿童观的主流。原始社会，由于生产力水平的低下，人们总是急切地希望儿童尽快长大成人，使他们不必再依赖大人生存，能够独立狩猎、采集果实、抵御自然灾害，因此总是把孩子过早地当作"大人"。人们似乎尚未发现儿童与成人之间有什么根本不同，也就没有鲜明的儿童观念。当然，这只是就整个社会的认识水平而言。从细处看，原始人当然也具有生物界的普遍属性，父母对幼子的亲情关爱，特别保护和重视儿童，甚至会通过一些适合儿童天性的方法，如游戏、模仿等来教育孩子。但就人类社会发展的总体而言，此时的儿童观念尚淹没在黑暗之中。尽管儿童与成人有着明显的区别，这些区别不论人们发现与否都客观存在着，但事实上原始人并没有把儿童当作儿童来看待，这种现象在人类史上延续了很长的时间，即使在被后人认为已是相当文明的古希腊也是如此。美国的桑戴克在《世界文化史》中指出：斯巴达人住在旷野之中，共餐而食，过一种军营生活，而各个公民似乎没有私宅和小家庭的生活。所生下的儿童由诸长老根据其体格是否健壮而决定弃留；儿童7岁时即离开母亲，到军营中生活并接受军训……由此可见，其时作为社会主流意识的鲜明的儿童观并没有形成。

　　其次是"原罪说"。"原罪说"主要是西方的一种儿童观。在欧洲封建社会的年代，教会是最有势力的封建主，他们大力鼓吹"上帝创造世界""君权神授""原罪"等一系列谬论，麻醉人民群众绝对相信上帝、相信教会、服从帝王统治，并且安贫乐道。所谓"原罪"，就是人是生而有罪的，人生便是为了赎罪，这样儿童也就自然具有原罪了。教会鼓吹这样的谬论，是为了进行"畏神"的教育，只有敬奉上帝，才有可能消除原罪。儿童如果在学校里学业不良，或出现细小的过失，就必须在神面前忏悔，并遭到惨痛的体罚。在这种沉重而黑暗的封建迷信统治下，儿童和成人一样在赎罪中生存，根本没有因儿童的特殊性而得到任何宽厚的关爱，甚至对其在某些方面的要求比对成人更为苛刻。如大人们游戏被认为无可厚非，而孩子们游戏却常常要受大人们责打。而事实上，恰恰是儿童才最喜欢游戏，也最需要游戏。游戏正是孩子们学习、成长的必要形式。由此可见，在中世纪虽然也不乏一些关于儿童认识的真知灼见，但就社会的主流文化而言，正确的儿童观仍然是没有产生。

季：这些对儿童的认识太落后了，进入资本主义社会应该会好一点吧。

周：是的，资本主义社会毕竟是封建主义社会的历史演进，文艺复兴时期的儿童观已有所进步。当欧洲资本主义势力在封建社会内部逐步形成之后，一场深刻的变革便发生了。当时体现新兴资产阶级利益的一批思想家，高举人性解放的大旗，讲究人道，追求人权，讴歌人的智慧、人的力量，肯定人的价值、人的尊严……这种"人性说"无疑是对神权的全面挑战，也沉重地打击了中世纪基督教会所谓的儿童生来有罪的"原罪说"。当时，许多思想家都发表过对儿童的看法，如伊拉斯谟、夸美纽斯、拉伯雷、维多利诺等。但是，当时的儿童观是从新兴资产阶级人性论、新人类观中推导出来的，也就是在肯定人、尊重人、讴歌人的行动中所涉及的儿童解放，但在对儿童的自由和兴趣的承认方面，还远未意识到儿童自身独特价值的存在，自然也不会否定儿童对于双亲的依附和绝对服从的关系。基督教的"原罪说"的余毒和体罚儿童的恶习，也仍然存在。

从14—16世纪文艺复兴时期发展到17、18世纪启蒙时代，这一启蒙时代的儿童观多倾向于人性的解放，许多学者提出了一种新的儿童观和教育观。英国哲学家、教育家洛克的《教育漫话》从理念上概括了这一新的思想倾向，即"白板说"，意思就是人类在没有感觉、经验之前的心理状态就如一张白纸一样，上面没有任何东西，可以随心所欲地做成任何式样。"白板说"的本质意义是认定儿童是纯洁的，他们的精神世界洁净无瑕，而并非带着罪恶来到世间。这是对"原罪说"的彻底批判和否定，使"原罪说"失去了立足之地。与此同时，洛克还提出了应当让儿童自由发展的思想，他认为"应允许儿童有适合他们年龄的自由和自主，不要用不必要的约束去限制他们。不能阻碍他们有孩子的特点，不能反对他们去游戏和做孩子想做的事情，但是不要让他们做坏事。除此之外，他们享有一切自由"①。

洛克的"白板说"体现了自由资本主义时期对人性解放的追求，并由此折射出儿童教育领域里的光明。"白板说"一经提出，便引起了学者专家们的关注、思索和进一步探讨。比较重要的发展是卢梭的儿童观的逐步形成。卢梭并不认为儿童是"白板"，他认为儿童生来便有自然赋予的冲动。这种冲动不是天生的罪恶，而是未经污染的纯洁的心灵。显然，卢梭的儿童观是对洛克"白板说"的进一步发展。他认为儿童长大成熟，过完了童年的生活，不是牺牲了快乐的时光才达到这种完满成熟境地的，恰恰相反，它们是齐头并进的。儿童在获得他们那个年纪的理智的同时，也获得了他的体质许可他们享有的快乐和自由。卢梭认为："儿童是有他们特有的看法、想法和感情的；如果想用我们的看法、想法和感情去代替他们的看法、想法和感情，那简直是最愚蠢的事情。"卢梭的这些至理名言，在今日依然是脍炙人口、发人深思的。

"科学儿童观"则是现当代"教育心理学化"结下的硕果。19 世纪，

---

① 　伊丽莎白·劳伦斯：《现代教育的起源和发展》，纪晓林译，北京语言学院出版社，1992。

继卢梭之后，教育领域开始重视心理学的研究和应用，出现了"教育心理学化"的运动。其代表人物如裴斯泰洛齐、赫尔巴特和福禄贝尔等都以心理学规律为依据来研究教育问题，这当然也包括了对儿童心理的认识。关注儿童心理，从根本上说，就是开始关注儿童的生命状态，研究儿童的生命状态。由此，开始逐步地形成科学的儿童观。1879 年，冯特在德国莱比锡大学创设了世界上第一个心理学实验室，标志着实验心理学的诞生。当时的"教育心理学化"运动与此相结合，推动了建立儿童心理学的进程，而德国心理学家普莱尔出版了《儿童心理》（1882 年）一书，则标志着实证的儿童心理学的创立。

如果说，19 世纪 80 年代前对儿童的观察研究还不是很多的话，那么，之后这方面的研究就如雨后春笋一般了。这促成了在 19 世纪向 20 世纪的过渡中，科学的儿童心理学的建立。在各国广泛展开的教育改革运动中，"尊重儿童"的呼声日益高涨。1900 年瑞典人爱伦·凯出版了《儿童的世纪》，预言 20 世纪将是"儿童的世纪"。确实，在 20 世纪出现了一批著名的儿童教育家，如杜威（美国）、蒙台梭利（意大利）；出现了一批儿童心理学家，如格塞尔（美国）、皮亚杰（瑞士）等，形成了儿童研究的空前盛况。在 20 世纪，社会也开始将儿童研究与人类精神文化的研究联系在一起，并设立了国际儿童组织，通过了《儿童权利法案》等。总之，科学儿童观使 20 世纪成了真正的"儿童世纪"。

季：了解儿童观的历史发展过程，对当代教育工作者来说，确实十分重要，"识今"必须"知古"啊！

周：是的。新质的萌生和旧质的消亡，不是一朝一夕就可以实现的，它总是需要历经长时期的搏击和较量。20 世纪过去了，落后的儿童观并非完全销声匿迹，它依然顽固地坚守在最后的一些堡垒之中。这也是 20

世纪遗留给 21 世纪亟待解决的问题。因此，21 世纪仍然会是"儿童的世纪"，而且经济的全球化、社会的信息化、理念的人本化必将会使 21 世纪成为更加光辉灿烂的"儿童世纪"。

把上面的说得简单一些，换一种角度，我们也可以做这样的归纳：

——忽视儿童阶段。认为小孩子什么也不懂，小孩子不应当有自己的思想、行为，一切都得听大人的。不听话的小孩子是坏孩子。

——俯视儿童阶段。承认小孩子也是人，也有思想，但是成人总是居高临下地看儿童，觉得他们十分幼稚，十分不成熟。所以处处都得由大人指点，都要照大人的话去做才行。

——平视儿童阶段。意识到儿童也是有着自身独特需要的群体，在人格上和大人是平等的，他们的合理需要应当得到成人的关注，并给予满足。

——重视儿童阶段。认识到儿童不仅和成人是平等的，而且童年是生命历程中的一个重要阶段，会影响到人的一生。古希腊哲学家亚里士多德甚至说过：儿童可以做成人的老师。这是因为在儿童的身上，比成人更多地保留着纯洁的天性和可贵的灵性。从不少卓有建树的名家大师身上，我们往往会发现一个共同的特点，即童心未泯。这说明，童心多么可爱，而童年的影响又多么巨大。

当然，我对儿童观历史发展的认识，也是在教育实践中逐步提高的。但它的起点却是病休空闲时从同事那里借读的《儿童哲学》，当时我不只是研读了这本书，还摘抄了大半本笔记呢。

21 世纪的主流观念是人本观念，对人生中弥足珍贵的童年，我们不应当以正确的儿童观去倍加关爱吗？

我之所以要说以上这些，是因为我的语文教育生命观，其实是基于对儿童生命发展的认知。这当然又与我是小学语文教师、从事儿童语文教学有关。

从语言和思维的一体性审视"生命语文"

周一贯与著名特级教师孙双金（左）交流"生命语文"

季：语文与生命的关系为什么特别密切，甚至让您有了"生命语文"的教育主张？您能不能具体讲一讲？

周：人类生命区别于所有动物的生命，其基本点在于拥有思维和语言。首先，语言与思维有着依存关系，是互为表里的。人类所具有的思维能力，是人之可贵并有别于其他所有动物的本质存在。而思维活动的展开，有赖于语言，因为语言是思维存在与开展的物质基础。没有语言，思维是无法推进的。人的语言有口头语言和书面语言，这是可视、可听的外部语言。此外，还有不可视、不可听的内部语言，这种无声无形的语言，就存在于人的思维过程之中。也就是说，人们正是凭借内部语言活动进行"去粗取精、去伪存真、由此及彼、由表及里"的改造制作。所以，不出声的默想，其实就是用内部语言在说话，在寻求问题的正确答案。我曾看到过有这样一段文字描述作者在写作时的静思默想："思维的齿轮格格绞动，观古今于须臾，览宇宙于一瞬。乐癫癫如天马行空，悠悠然如闲云潭影。噫！当此之时，唯精神的浩瀚，唯想象的奔驰，唯心灵的勤奋，唯思维的广度、深度、速度、密度、高度、强度、精度，才是我生命的神经中枢，才体现我生活的质。"这里所表现的作者的思维活动和语言活动便是高度统一的：思维的齿轮用语言在绞动，想象的奔驰凭语言而存在……你根本无法分离哪些是属于思维，哪些可以称为语言。语言就在生命的思维之中。

我国语文界一直存在着人文性与工具性的争论。其实，这两者本质上是统一的。语言作为工具，是思想交际的工具，而不是劳动生活中的工具。劳动工具与工具的对象不是统一的，是两个东西，如"锄头"（工具）和"草"（使用工具的对象，要锄掉的"物"）是两码事；而"语言"（工具）和表达的"思维"（工具的表达对象）是一码事，语言存在的形态就是思维本身，思维也只有凭借语言形式才能形成。把它们分开来说，只是为了更好地呈现语言是思维的外衣这一特点而已。所以，我们若把语文的工具性与人文性人为地对立起来而争论不休，实在是无事生非。深挖人文性而无视它的语文形式，人文性如何存在？反之，在分析语文形式时又怎能丢掉它的人文内涵？人文就在语文中啊！

另一方面，语文是生命文化的传承。人之所以成为世界的精灵，是因为每一个人的生命，即便是幼小的生命，都是人类几千年文化的结晶。

正如曹明海教授所言："一种语言，就是一种生存方式，就是一种精神载体和情感符号。""语文是人的一种生命活动形式，是人类文化的重要组成部分。"可以这样认为，"人就是在语文文化中生存、生活和发展的"。所以，语文"负载着民族的文化精神，传承着民族的传统文化"。

中国有五千年的灿烂文化，从正式有文字记载的历史算起，也有三千多年。流传至今的经典古籍，可谓汗牛充栋。所有这些瑰宝，有赖于语言文字的记录，才突破了空间和时间的无情阻隔，得以流传至今。一代又一代华夏子孙的智慧，在代代传递中累积，方有今日之灿烂文化，也才有历代文化熏染下的当代新人。所以，诚如中共中央办公厅、国务院办公厅《关于实施中华优秀传统文化传承发展工程的意见》所指出："文化是民族的血脉，是人民的精神家园。文化自信是更基本、更深层、更持久的力量。中华文化独一无二的理念、智慧、气度、神韵，增添了中国人民和中华民族内心深处的自信和自豪。"在这里，我们又怎能忽视语文教育在文化承传中的伟大贡献？

季： 语文教育强烈的生命性确实主要体现在语文与思维的一体性上。语文作为文化载体，与滋养生命具有相关性。语文作为人的表达与交际的工具，是不是就是它所体现的生命性呢？

周： 说得非常正确。这正是我要继续说下去的另一个重要方面。这就是我们还不能忘了语文是主体生命的表达工具。人类生命的存在不仅需要表达，而且有着强烈的表达欲望。它耐不得寂寞，这是因为人类是社会性劳动的产物。要表达，就得凭借语文，这就使得语文具有了强烈的生命性。其实就语文本身的机制而言，它本来就是社会约定俗成的音义结合的符号系统，是一种特殊的社会现象。冯骥才先生在《表白的快意》中说得好："每个人都有两个自己，一个是外在的、社会性的、变了形的；一个是内在的、本质的、真实的自己，就是心灵。""这心灵隐藏在我们生命的深处……而那些难言之隐，也都在这里完好保存着、珍藏着、密封着……然而，它也要说话，受不住永远的封闭，永远的自知、自解、自我安慰。它要撞开围栏，把这个'真实的本质的自己'袒露给世界……"心灵渴望表白，人类总是想把自己心灵深处的世界，有姿有态、有声有色，鲜亮亮、活脱脱地呈现出来，无论是倾诉，是絮语，是描述，是呼喊，都是生命最快意的创造。你说，语文充盈着多少生命的活力？

当然，语文还是生命之间交流的媒介。人是社会的动物，也是社会性劳动的产物。社会是一个很大的人类生命的群体。它是以一定的物质生产活动为基础而相互联系的人类生活共同体。人是社会的主体，劳动（工作）又是人类社会得以生存和发展的前提。物质资料的生产是社会存在的基本条件。人们在生产中形成的与一定生产力发展状况相适应的生产关系总和，构成社会的经济基础，在这基础上产生与它相适应的上层建筑。在如此复杂的社会形态里，人与人之间随时随地都需要有多种形式的沟通，方能保证社会活动中统一性与多样性的和谐。语文，正承担着这种沟通的重任。正是因为有了语文这种思想交际的工具，才使人类具有了社会性，即可以让社会成员在参与、适应个人之间或群体之间的活动时，有了协调、和谐的关系。所以，人类生命正是在表达和交流中显示了它的存在和发展。如此我们就不难理解语文教育的生命性正是它的本质存在，这也是其他学科不能与它比肩的独特之处。

最后，还不能不说语文与生命审美活动的密切联系。审美是人类生活中的重要内容。在世界这个审美客体里，存在着各种各样的审美属性，如美、丑，崇高、卑劣，幽默、怪诞，典雅、粗俗，悲剧性、喜剧性等。人作为主体必然要对客体的审美价值做出评估，这就需要人通过审美直觉，在想象、认识、情感的基础上展开，而在审美的全部过程中，语文是重要的工具。人类正是凭借语言去确定美、欣赏美、评价美、享受美，从而完成生命的审美活动。

我们以语言和思维的一体性审视语文教育的生命观，谁都不会否定语文和语文教育就如一篇浓墨重彩的华章，而这篇华章的字里行间都闪烁着人的心灵的光辉。语文就是生命诗意地栖居和真情地表现的家园。

语文教育是需要用生命从事的事业

季： 在研究、实践语文的领域里，一直以来都是理念迭出、流派纷呈的。比如像我这样的乡村女教师，也在您的指导下，提出了"童真语文"的教学主张。记得您跟我说过，语文教育是需要用生命从事的事业，为什么这么说？

季科平（右）与周一贯访谈

周：我的生命成长、发展之旅离不开课堂这一方绿洲。我从课堂起步，在那里摸爬滚打了 30 多年，又在教育研究岗位上工作到 83 岁的当下。虽然后期我不再为学生上课了，但还为教师上课，把更多的时间投入到对语文教育的研究上。正是在关爱学生生命发展的课堂上，我才感觉到自己旺盛生命力的跃动。坚守生命课堂的主流价值——全体学生的学习和发展，比什么都重要。而你的"童真语文"就是从儿童生命的纯真出发，去求真，去赢得儿童的学习成长。这一切都离不开你的生命的真情投入。

始于世纪之交的中国课程改革，正处在自上而下全方位推进的关键阶段。不可否认，新课改的新理念、新思路、新内容、新方法确实激活了课堂，也优化了课堂。但改革并不是一帆风顺的，它在解决了一些旧问题的同时，也导致了一些新问题的出现。当下，我们过多地关注了课堂上出新的理念、出色的亮点、出彩的课件、出类的资源开发和出众的教师才艺，却漠视了课堂的主流价值——学生的学习和发展，这是学生生命成长需求之根本。尽管课改的主题是课程应致力于学生整体素质的形成与发展，但在一些课堂教学的实践层面上，学生的学情并没有得到真正的关注。自主学习消解于教师过多的分析与讲解中；必要的训练也因其不够出彩而被放弃；课堂上少数学生热热闹闹撑场面，多数学生默默"陪读"等现象并不鲜见。可以说，这一类课堂教学正在从"以生为本"转向形式化的"以美为求"，"生本课堂"也正在被异化为"唯美课堂"，课堂教学的主流价值正在遭遇遮蔽和消解。这种现象正是因为缺少了师生生命的真情投入。

课堂教学主流价值观遭遇的挑战大多来自形式化的竞赛课、评优课、观摩课、示范课等公开教学的课堂。当然，应该肯定，这些公开课确实比较充分地体现出教师精湛的教学技艺之发挥、独到的驾驭教材之功力、出色地调控课堂之机警及巧妙的教学方法之运用，也确实给广大听课教师做了可贵的引领。但是，如此众多的公开课也无可避免地传播了一些不利于课改的负面信息。公开教学的"非常态"，以及个别教师的急功近利，使得有些执教教师过多地去追求课堂教学形式上的华美和轰动效应，以致不惜作秀、造假。他们已经淡忘了课堂应当是学生学习、发展的绿洲，而不是教师表演的舞台这一基本定则；也违背了教师是在为学生上课，而不是为评委和听课教师上课这一基本方向。

　　正因为公开课教学对我们的日常课堂发挥着巨大的引领作用，所以其负面影响也同样不可小觑。当然，课堂需要出新的理念、出色的亮点、出彩的课件，也需要出类的资源开发和出众的教师才艺，但如果说"学生的学习和发展"是"1"，那么这些就都是"0"，它们都是为"学生的学习和发展"这一课堂的主流价值服务的。只有在有益于"学生的学习和发展"这个"1"的前提下，这些"0"才能具有存在的价值。应当说，课堂教学是不可缺失"术"的，但更重要的是要有"道"。我们应当以"术"养"道"，切不可因"术"废"道"。"一切为了学生的学习和发展"便是"道"，这是课堂教学中的"魂"，如果"魂"丢了，那么，"术"又何为呢？所以，我们必须坚守课堂教学的主流价值观。这也正是语文教育的生命观之所在。

　　季：我非常希望您能谈谈您是如何用生命来从事语文教育事业的，这对我们会有更多的启发。

　　周：智者说，在生命的旅途上，目的地并不重要，重要的是与什么相伴。我的回答是：与生命相伴的是事业，即关系到国家荣辱、民族兴衰的教育事业。就说说退休以后的22年吧，我的生命仍然与教育事业不离不弃。因为有了更加开阔的空间，我的生命与事业同行的步子也迈得更大了：或文海泛舟，以生命独有的审美个性驾驭风帆，驰向曾经魂牵梦绕的一个又一个理想港湾；或耕耘桃李，以老马识途的体验启迪一批又一批的后学青年。每本三四十万字的《语文教学优课论》《阅读课堂教学设计论》《新概念作文研究》《研究性阅读教学探索》《"儿童作文"教学论》《语文

教研案例论》《周一贯语文教育60年》等
接连问世，先后在七所学校任顾问，穿行
于城市、农村间，或指导教改实验，或探
讨办学方略，或带教青年教师……22年
来，我在各地指导"名优教师专修班"，
专修期限不少于三年而结业的学员有157
人，连同历年来指导过的青年教师，总数
达300余名，其中有不少已成为特级教师。
就最近来说，我出版的《周一贯序言书评
选集》，是我为中青年名师专家出版的书
所作的60余篇序言和一些评论文字。还
有华东师范大学出版社出版的《语文课堂

1983年，周一贯被评为绍兴市
"五讲四美"为人师表优秀教师

变革的创意策略——周一贯谈好课的应有样态》（"大夏书系"），北京师范
大学出版社出版的《周一贯与语文教育生命观》（"教育家成长丛书"）等。
如果说演艺是吃青春饭的，那么教师是吃岁月饭的。我认定只要岁月存在，
生命存在，对生命的开发便没有完结，语文教师的庄严使命也就不会结束。

在"做喜欢的语文"中开发自我生命

季： "子在川上曰：逝者如斯夫！"不经意间，我追随您也有20年了，
而您从事教育事业已达69年。您经常告诫我："独持生命的价值，有赖于
每个独特个体的自我开发！"每个生命的境况不一样，那么我们应该如何

找到自己的亮点，来赢得更好的生命开发呢？

周：生命各不相同，遭遇殊异：有的一帆风顺，有的命途坎坷；有的先甜后苦，有的苦尽甘来……这里我只说两点体会：一是自己的自学经验是"生吞活剥"，这听起来有些诡异，但只是为了降低生命的成本，不得已而为之；二是要懂得惜时，因为这样可以让生命增值。

由于生命的特殊性，由于先天不足和后天失调，我已不可能成为学养丰足而又思维敏锐、重大成果迭出的"英才"，便想努力成为学历低、基础知识薄弱，但能够在夹缝中图发展，在扬长避短中出成果的"鬼才"。"鬼才"的优势在于纵向深入，为应用而学习，针针都见血；横向猎取，生吞活剥，船小掉头快，可以努力降低生命成本。在科学发展已进入到互相交叉、互相渗透的今天，要学的东西实在太多，我根本无法样样精通。因此决心不给自己画地为牢，而是以语文学科的任务为圆心，向邻近学科领域做全方位的思维辐射，找到许多研究的空白点，去种植思想、种植智慧，让它们结出累累果实。从事小学语文教学实践研究 69 年，虽说不上有多少真知灼见，但在上下求索中却舍得下笨功夫。可以说，半个世纪以来我一直在探索农村中小学语文教育改革的"路在何方"。为了语文教育，我不仅学习系统论、控制论、信息论等这些新兴学科理论，而且广泛涉猎与语文教学邻近的学科，如符号学、社会学、民族学、效率学、文化学、生态学乃至模糊理论、全息原理、信息缩微技术……以期拓宽语文教学研究的思维视野和理论空间，及时抓住教学研究前沿的新课题。我撰写的 1500 余篇研究文章在省级以上报刊发表，其中有不少是杂学旁收，为语文教学所用而取得的研究成果。我也知道"生吞活剥"自然比不上"庖丁解牛""融会贯通"，然而生命有限，机遇不再，像我这样起点低、起步晚、路又不顺的凡夫俗子，是不能不计算一下生命成本的，只能在夹缝中曲线前进了。

古人云："濯足长流，抽足再入，已非前水。"时间如斯，去而不再，因而善于利用小闲而成大事，实乃人生开发生命的艺术。不少人惊异于我怎么会有那么多时间，他们问我："摞起来有 2 米高的手稿，1500 多篇公开发表的研究文章，180 多册正式出版的教学著述，4000 多万字，别说写，光誊抄一遍得用多少时间？"我前面说过，时间的奇特，就在于珍惜它可以以一当十，轻视它便会以十当一。只有在懂得时间可贵的人手里，时间才能增值。

学习、研究、工作密切结合、互相促进是最佳策略。我的许多研究成果都是因执教语文课、当分管教学的副校长、当语文教研员、带教名优教师研修班等工作的需要而自然获得的。如我每年受邀在各地开很多讲座，在这方面我总是有求必应。对方出题，我就按题准备并讲授，而且要求自己不带讲稿。因为这样会十分有益于磨砺思维的敏锐性，也十分有益于在感受现场气氛中激发灵感。一场讲下来，我能屡屡获得思维的闪光和智慧的火花，往往两三篇文稿的构思已在其中了。

应当说，调任绍兴县教研室副主任之后，我的研究天地更为开阔。为了了解全县小学教育现状，我参与实验、指导教研、听课剖析、讲座辅导、交流信息、检查教学，对获得的材料做了去粗取精、去伪存真的整理，然后运用系统原理，制订了适合农村和县情的以教研为中心的教学整体优化方案。这期间一家我任兼职编辑达六年的省城教学刊物要调我去编辑部，之后省义务教育教材编委会又要调我去省城专职编小学语文教材，但我都因农村教育需要而没有成行。也许，在大城市的工作环境中我会另有发展，但我感恩农村教育，因为正是农村的朴实和偏僻，使我能静心地沉潜其中，为我的生命开发赢得了许多宝贵的时间。

季：您认为教育应当是开发生命的事业，承担开发生命重任的教师，其为师之道，自然首先是生命的自我开发。对此，您一生的践行确实感人。这应当也是您对语文教育生命观的身体力行吧？

周：是的，语文教育生命观既来自对客体的认知，如语文课程的设置宗旨、学生语文学习的运用践行、语文教学的内在机理、语文知识的系统构建等，同时又来自主体生命的感悟，如对自身实践的总结、个人语文生活的营造、对自我语文情怀的体验、语文人生所给予的启迪等。我的童年感受，在军队当文化教员的体验，小学毕业教五年级语文的尴尬，两年初级师范轮训如饥似渴的求学，30多年语文课堂的磨炼，10多年语文教研员的上下求索，以及退休之后退而不休为语文教育事业的拼搏……这一切都是形成我的语文教育生命观的"原件"。

季：您的教育之旅历经69年，其中一个主要的生命驿站是绍兴县钱清区中心小学。在那个学校您工作了27年。这对您的专业发展，是不是具有十分重要的"主旋律"的意义呢？

周：确实如此。在杨汛桥镇中心小学只待了一年，领导照顾患肺结核病的我，为了方便我治疗和休养，就把我调到了镇上的钱清区中心小学。我十分感激领导对我的关心，在这所小学一待就是27年。我从班主任起步，到担任少先队总辅导员、教导主任、副校长，直到1984年调入绍兴县教育局教研室。我的专业基础不错，教的基本上是五、六年级的学生，专教语文课和美术课，是绍兴县颇有名气的语文教师。虽然那时还没有"名师"这样的头衔，但我已经感受到了当一个名教师的不同。我的勤奋好学对教师们的影响还是比较大的。当时的教师都住学校，因为晚上要集中办公，或备课，或改作业。记得每天清晨起来我便到操场上诵读古代经典诗文。不久，晨读的人逐渐增加，竟有了四五人。"文革"时期搞所谓"停课"，相对比较闲一点，我还是努力学习，绝不放弃对语文教育的钻研。"文革"结束，拨乱反正之后，我还常常执教公开课。有一次市区组织了三十几位语文老师来听我的课，记得讲的是《富饶的西沙群岛》，我用的是解题的"剥笋法"：先板书一个"岛"字，让学生说说什么是"岛"，再出现"群岛"（板书"岛"字前加一个"群"），问什么样的岛叫"群岛"，同时画出简单的示意地图，上面有中沙群岛、东沙群岛、西沙群岛和南沙群岛。特别强调西沙群岛是在这些群岛的西面，而不是祖国版图的西部（再加板书"西沙"），这些群岛都在南部的海上。这时再在"西沙群岛"前面加上"富饶的"，让学生说说课文是怎样写西沙群岛物产富饶的。这样，随着一个课题逐步扩展板书到完成，学生也初知了课文的大意，完成了初读课文。我把这种以解题带动初读课文的方法叫作"剥笋法"，深得听课教师的好评。后来，我被任命为副校长，专管教学业务这一块。针对当时钱清区在普及义务教育中质量偏差的严峻问题，作为分管副校长的我一直在寻找如何提升教师教学能力的办法。由于十年"文革"的耽误，当时大部分教师是从下队知识青年中提升的民办教师，没有受过专业的师范教育，我便设想先得让他们明白教材教法的基本内容和要求，于是开始组织他们参加"教材教法过关"学习。在有经验的老教师中聘请一批教材教法学习的辅导员，采用分年级分科目上辅导课的办法（利用周末、寒暑假），然后再分乡学习深化，定期组织过关测试。这一做法得到了绍兴地区教育局领导的关注和充分肯定，教育局还召开了盛大的现场会组织推广。之后，我的做法引起了《人民教育》编辑部的注意，编审倪振良同志深入绍兴地区调研，并在刊物上做了报道。我的一篇文章《积极解决矛盾，抓好师资培训》也发表在《人民教育》1983 年的第 8 期上。为此，倪振良编审还给我写了一份热情嘉勉的信："……大作有感而发，有内容，有特色……甚感敬佩……"令我十分感动并深受鼓舞。

在学校领导、老师们的共同努力下，"教材教法过关"实施三年后，钱清区学科教学质量便大有起色。仅从小学毕业生统考语文、数学两科合格率看，钱清区在全县从倒数第二位上升到了顺数第二位。

在为提高小学普及教育质量的奋斗中，更为可喜的是教师专业研究的风气也因此大盛。记得到 1984 年时，钱清区教师已正式出版教学专著3 册，在省级以上期刊发表的教育研究文章多达 89 篇。这在当时绝对是省内外鲜见的。这种重教兴研的风气曾被县内教育界褒称为"钱清现象"。这是我一生中最快慰的一件事，因此也更加坚定了这样的观点：发展教育的关键在于提升教师素质，让专业研修真正成为每位教师的个体生命需求。这应是"钱清现象"的本质内核所在吧。

第四章 课堂秘妙：探索生命活力之源

钱清从教 27 年，感悟课堂生命力

季： 在钱清区中心小学从教的 27 年，应当也是您在语文课堂上摸爬滚打的 27 年吧？这中间您的最大体会是什么？

周： 这 27 年，我一直坚守在语文课堂上。即使当了少先队总辅导员、副校长，分管钱清区方圆 50 里内的教育辅导工作时，我都兼任着小学或初中（普及义务教育之后，大力发展农村初中教育，区、乡中心小学都有了初中部）一个班的语文课。有些人劝我只教美术课，便于外出时安排代课，但我决不肯放弃语文教学。虽然当少先队总辅导员就不再当班主任，但我坚持教一个班的语文。后来当了副校长，负责全区中小学的教学辅导，我还是兼任了一个初中班的语文课。虽然我要经常下乡辅导，外出参加会议，但我都通过事先调课或事后补课的方法，不拖延教学进度。在这 27 年里，我对语文教学一个重要的研究课题是要让孩子喜欢语文。只有孩子喜欢语文，他们在课堂上才会真情地投入，充分展示他们的生命活力。人们可能不太知道的是在我这个相对比较"弱势"的生命里，对语文教学的喜爱是唯一的"强势"血脉，因此不能轻言放弃。27 年的语文教学生涯中，我教过一至六年级，尝过失败的苦涩，也品味过许多成功的甜蜜。在成败得失之中，我深深体会到成功的奥秘只有一条，那就是师生之间关系要非常融洽。师生关系好，学生听你的课时就会特别来劲。课教得好，不仅仅是因为教师有多少教学技巧，更重要的是因为师生关系融洽。我发现，学生喜欢你，就会喜欢你上的课，课堂自然就会热气腾腾、精彩纷呈……一句话，一堂课是否成功取决于学生有没有投入生命活力。我对语文课堂如何激发儿童生命活力的感悟，基本上是来自这27年语文课堂教学生涯的经验积淀。1984年9月调离钱清区中心小学时，我已在省级以上刊物发表语文教学研究文章60多篇，正式出版教育研究著述5种。同时，从1982年开始我被聘为浙江教育学院《教学月刊》（小学版）的兼职编辑，每月处理50篇左右的稿件。之后，我就任绍兴县教育局教研室副主任，开始了我的语文教育专业研究生涯。

季：在您的影响下，我们正在努力地让自己的课堂充满生命活力。理念犹如一盏光芒四射的明灯，然而我们对如何真正落实到课堂实践上，还是存在不少困惑。所以我觉得还是有必要请您谈一谈如何在课堂上激发学生的生命活力这个问题。

周：教师的神圣职责之一是要用生命去读透课堂，这就要求必须深入地去研究和认识课堂中充盈的学生生命。于是，让课堂充满生命活力的理念，发散出激人奋进的魅力；但它同时又像一个巨大的"暗箱"，使处在教学第一线的广大教师，虽"众里寻他千百度"而"他"却并不在"灯火阑珊"处，无从把握。无论是理性研究还是实践探索，这都是一个必须做出回答的重要问题。"解铃还需系铃人"，课堂教学中的问题，我们还得回到课堂教学中去考察、去深思。

我先后听过两位教师讲授《狐狸和乌鸦》这篇课文，一位教师按课文顺序，每个小节都有三五个提问。如：

师：狐狸和乌鸦是邻居，有一天，狐狸在树下抬起头来看到了什么？

生：乌鸦。

师：回答得很好。那么狐狸看到乌鸦的嘴里衔着什么东西呢？

生：肉。

师：说得对，是一片肉。狐狸见了馋得怎么样？

生：（还是读课文中的话）馋得直流口水。

……

著名媒体人杨澜（左）在大会上与周一贯交流语文教育改革问题

于是整堂课就在这种情节性的一问一答中结束了。教师始终是零零碎碎地问，学生只需简简单单地答。答案不仅是完全确定的、唯一的，而且都只是课文中的一个词或一个句子。举手的学生似乎也有几个，但无须深入思索，只需呆板地照课文作答，多数学生则情绪低落、分心走神，谈不上有心灵激情的迸发和生命真情的投入。

另一位教师的课却不是这样进行的。在学生读了课文之后，她做了这样的提问设计：

师：狐狸和乌鸦一个住在树上，一个住在树下，可这天早晨，你觉得是什么原因使狐狸抬起头来看到了乌鸦？

（学生兴奋起来，不时有小声议论，一会儿才有学生陆续举起手来，渐渐地，举手的越来越多，有的已是迫不及待了。）

生1：我觉得这狐狸很坏，它常在乌鸦那里骗东西吃。这天早晨起来，狐狸肚子有点儿饿，想着乌鸦那里有没有好吃的呢，就抬起头来找乌鸦了。

师：你想得很有道理，早上起来狐狸总得弄点吃的。

生2：因为乌鸦找到了一片肉，心里高兴，想到孩子们有好吃的了，在树上又是蹦又是跳，发出了响声，引起了狐狸的注意。

师：好！挺会想象，而且这个想象合乎情理。

生3：我认为是乌鸦找到的那片肉特别香，而狐狸的鼻子又特别灵，在树下就闻到了香味，馋得口水都流出来，就抬起头去找这好香的食物。

师：对呀，狐狸的鼻子特别灵，这在小动物中是出名的。

生4：我想也许根本就没有什么原因，狐狸早晨起来打了个哈欠，伸了个懒腰，正好看到了树上的乌鸦，而且还衔了一片肉，就打起了坏主意。

……

虽然上面两个片段都不是教学全程，但不失为研究如何引发课堂生命活力的好材料。同样都是设计提问，前一位教师只是重现式提问，学生机械地重复用课文中的词语作答，全然没有自我精神的参与，生命活力得不到应有的激发。而后者的发现式提问，答案虽与课文密切相关，却又无法现成搬用，学生必须以自身的生活想象与生命体验做全新的建构。回答这样的问题，无疑为学生发挥课堂生命活力开拓了巨大的空间。这种富有挑战性的提问设计，答案往往是多元的、不确定的，充满了诱人的魅力。它那既立足于文本又超越了文本的特质，令学生在"不可等闲视之"的精神状态下开启心灵之门；而那些有一定难度的问题像可以跳起来摘下的果子，使他们在享受成功喜悦的鼓舞下不断前行。于是，我们看到了学生的潜能如花绽放，个性得以张扬，兴致得以激发，生命活力随之奔涌而出，师生之间达成了智慧交融和心灵对话，使课堂活动真正成为他们人生中共同的美好记忆，成为不可重复的生命体验。当然，激发学生的课堂生命活力是一个长期教学探索的兴奋点，不是一朝一夕就能实现的。以上所说只是一个对总体体验的梳理。

季：这两个案例对比很能说明问题。激发学生课堂生命活力的内涵无疑是异常丰富的，它会牵涉课堂教学的方方面面。那么，对"让课堂充满生命活力"应当做怎样的解读呢？

周：对"让课堂充满生命活力"完全可以做多层面、多角度的探究。首先，必须认识每一个学生都是一个独立的"生命体"，而不仅仅是教学中的"认知体"，他应当受到教师的尊重；其次，这些"生命体"并非在沉睡之中，而应当是进入状态的、觉醒的生命，这种"生命态"应当得到教师的关注；再次，进入状态的生命总是充满着多种多样的"生命欲"（如求知欲、表现欲、交流欲、成功欲等），它应当得到合理的满足；接着，在课堂教学的群体共学的氛围里，全体师生的多种生命欲望冲突、交流，汇合成课堂强大的"生命流"，它应当得到很好的引导；最后，这种东奔西突的"生命流"必然会发出巨大的冲击力，也就形成了课堂的生命活力。我们应当为这种生命活力深情地欢呼，因为只有它才能使每一堂课都成为学生成长旅途上有意义的生命驿站，成为学生生命发展的绿色家园，也才能赋予每一堂课以真正的育人价值！

语文课堂看似只是学生的一方小天地，然而我们每一个人，谁不是从这课堂中走来？这样看来，小小课堂真的是人类生命的绿色家园，我们又怎能忘怀课堂对生命的哺育之恩？

学生是独立的"生命体"

季： 您认为学生不仅是"认知体"，更是鲜活的"生命体"，那么，"认知体"和"生命体"存在着哪些本质的区别呢？

周： 这个问题提得好，因为这是根本性的问题。"认知体"和"生命体"在这里是不一样的概念。在传统教育意识指导下，学生就像是一个"认知体"，教育是一种特殊的认知活动。于是，在人们的教育行为中，我们看到了灌输知识成为重要的追求，教师在忙忙碌碌的传递知识的过程中，学生的多种生命发展需求往往被冷落和遗忘。然而，作为现代教育理念指导下的学生，其学习机理不只是被动接受。有些地方，他要质疑；有些讲述，他有意见；有些说法，他还要反驳。这样的学生，就不只是为了接受知识，而是鲜活的、有独立见解的"生命体"。

周一贯在"童真语文"专题培训中做引领

季：教师从视学生为"认知体"到"生命体"，在课堂教学中有哪些可操作性的策略呢？

周：可操作性策略当然是一个十分重要的问题，但这应该在课堂教学实践中去尝试、去创造。它具有很强的生成性特点，是教师的一种实践性智慧，具有很强的现场应变性。若要概括起来说，也可以从寻找切入点和抓手的角度说出个一二三四，目的还是启发大家在课堂教学实践中自己去创造。

在课堂上，学生不仅是"认知体"，更是鲜活的"生命体"。获取知识只是实现生命发展的一部分，而绝不是全部内容。只有把学生视为最生动、最丰富、最活跃的"生命体"，才谈得上让课堂充满生命活力。因此，从"认知体"到"生命体"的转变正是我们讨论让课堂充满生命活力的逻辑重点和认知基点。

一是从教学程序上说，要多从"非线性"与"生活性"着眼。以传授知识为唯一目标的课堂，往往会千方百计去维护知识本体的系统性问题，寻求各知识点之间的线性联系。课堂教学只是追求知识线路的清晰和顺畅，师生似乎都在共同为凸显这种知识线路服务。以生命整体发展为目的的课堂则关注在课堂中学生生命的各种合理需求，在帮助学生获得满足的同时实现整体发展。而知识的传导，仅仅只是其中一个方面。

江苏张晨晖老师讲授《植物妈妈有办法》一课时是这样创设有益于生命整体和谐发展的情境的：

1. "张老师带小朋友去郊游，大家在路上高兴地边听边看边想，走啊走，来到小河边，河水清清的，草儿青青的（老师板画）。这里有一棵蒲公英，开着一朵朵毛茸茸的花，真漂亮！"（引导学生学习第一小节。）

2. "郊游的队伍继续往前走，小朋友们来到小山脚下，大家又看到了什么？"（老师板画"苍耳妈妈"，引读第二小节。）

3. "暑假，我们去郊游，小朋友们唱起了《郊游歌》，可好听了（学生齐唱《郊游歌》）。这时在菜地旁边，我们看到了豌豆妈妈……"（导读第三小节。）

……

这是一篇讲科普知识的儿童诗，介绍蒲公英、苍耳、豌豆等不同植物种子繁殖的不同方法。如果从知识传授的角度，把这些知识点找出来、连起来做线性分析，就会完全失去了生活情趣、意境想象、心理体验和创新发展，而这些失去的东西正是儿童生命整体和谐发展的需要，怎么能不抓住呢?

二是要关注"结论性"与"发现性"的不同。在课堂上如果仅仅把学生看成是"认知体"，就必然会以灌输知识的正确结论为追求目标，教学的过程无非就是简单地去重现课本的现成知识，通过多次重现形成记忆。而把学生看成是"生命体"的课堂则不然，它必然会对激发生命的灵性和悟性倍加看重，以求健全人格的铸造和潜能智慧的开掘。这就要求不能只机械呆板地重现知识，而是培养学生敏于发现的能力。在讲授《赤壁之战》时，一位教师为了让学生对课文内容有更多的发现，就让学生当黄盖，而老师当黄盖手下的一员将领，向"黄盖"提出一系列关于"火攻"谋略是否能行的问题。如：今天东南风这么急，江上波浪这么大，为什么不待风平浪静之时再去曹营；我们去诈降，曹操一定能相信吗；火攻靠的是大船，这些小船拴在船尾有何用处；如果曹操识破火攻，那怎么办；为什么一定要到距敌营不到二里时才点燃芦苇……由于学生担当的角色是黄盖，当然不肯轻易放弃被"手下"问倒，于是人人开动脑筋，互助互补，共同为应对"手下"的挑战而去思考最有说服力的答案。

三是要正确处置"确定性"与"不确定性"的区别。把课堂作为学生认知知识的场所，师生无疑都会垂青于"确定性"的答案，觉得唯此才能提高课堂教学效率，提高所获取知识的准确度。而作为生命发展的课堂，应是向未知方向挺进的旅程。只有重视不确定性，才有可能发现意外的通道和美丽的图景。同时，由于每个生命的体验和人生经历的差异，即使对同一个问题也会产生不同的见解。对于不同的生命感受，我们自然应该抱理解和尊重的态度。讲授《复活节的夜晚》这一课时，一位教师在结课时提出了一个这样的话题——

师：阿维到死也无法闭上他的双眼，这究竟是为什么？

生1：是因为他的心里有着许许多多的牵挂……

生2：我认为他是劳累死的，不是平静地死去，所以死了也睁着眼睛。

生3：因为他还有种种美好的愿望没有实现，他心有不甘，所以双眼没有闭上。

生4：应该是他有许许多多的恨，是他的恨让他死不瞑目。

……

学生的回答五花八门，而且都有一定的道理。显然，答案是无须确定的，不确定性正是文本深远意蕴的表征，也是对学生不同生命的尊重。

四是要区别对待"可控性"与"非可控性"。把学生视为"认知体"的课堂，往往要回避非可控性，因此，总是把教案编制得严严实实，满满整整，无一丝空隙可供学生钻研，无一分时间可让学生支配。上课的过程也就成了匆匆忙忙把教案滴水不漏地走一遍的过程。其实学生是无比生动、极其丰富、十分鲜活的"生命体"，他们对课文不是一种静止的"镜式"反映，而是活跃的"化学反应"。一位教师在讲授《小壁虎借尾巴》这篇课文时，有小朋友举手说："老师，书上画错了，课文说小壁虎是向老黄牛借尾巴，可画中是一头大水牛。"教师厌烦小朋友打断了她的讲课，就没好气地说："你怎么知道？不都是牛吗？"可这个小朋友似乎"不识好歹"，接着说："黄牛的毛是黄色的，头上的角是很短的。这书上画的牛角又长又弯，一身灰色的毛，肯定是水牛……"

应当说这个小朋友的意见十分正确，那么教师为什么不高兴呢？看来她已习惯于学生的顺从和可控，因而没有向课堂上每一颗心灵敞开温暖的怀抱，不能平等、民主地包容每个生命的不可控性。

关注每个学生不一样的"生命态"

季：您在"生命体"的基础上又提出了"生命态"的概念，认为唤起这些"生命体"进入状态，让他们了解课堂教学对自己所具有的特殊意义，才有愉悦情感的呼应。那么，您认为什么样的课堂才是学生"生命态"十分良好的课堂？

周一贯与儿童亲切交流

周：学生是一个个鲜活的"生命体"，课堂教学就是要努力唤起这些"生命体"进入状态，而不能让他们在"沉睡"或"昏迷"之中。进入状态的"生命体"，具体地说就是学生开始了解课堂教学对自己所具有的特殊意义，产生了兴趣，因而认识活动有了明确的指向，能集中心思去考察、去探究，形成了课堂教学中师生在感性上、理性上和行动上积极互动的状态。

有一次，我听一位老师讲授《卖火柴的小女孩》，这是安徒生的一篇著名童话，再加上这位老师已教过多次，满以为驾轻就熟了，可一个学生中途质疑："课文中说小女孩旧围裙里兜着许多火柴，手里还拿着一把，一天下来谁也没买一根……火柴怎么会一根一根地卖，不是装在盒子里吗？"而另一个学生说："我也有问题，课文里说，'她敢从成把的火柴里抽出一根，在墙上擦燃了，来暖和暖和自己的小手吗？'那为什么我玩火柴时在墙壁上划不着呢？"

这些是老师始料不及的问题，以前教这篇课文，也没有学生提出过，真的有点为难了。想不到的是一个学生说："我看到过讲火柴的一篇文章。火柴是 1865 年传入我国的，当时叫'洋火'。这是现在我们用的火柴，叫'安全火柴'。课文中说的火柴是法国人发明的，用黄磷作燃料，做成一根一根出售，不是盒装的。由于黄磷容易燃烧，所以只要在墙上擦一下就着了，名字叫'摩擦火柴'或'不安全火柴'。"

显然，这是一堂学生生命状态十分良好的课。大家不仅被故事情节深深感动，而且也非常关注细节，注意的指向已深入课文的字里行间；解读课文，又密切联系了自己的生活体验，并且综合地运用了多方面的信息。总之，在平等、民主的氛围里，学生学习的思维和行为都达到了积极的状态。

季：这是一个很好的案例，体现了学生积极的生命状态。但是，并不是所有的课堂、所有的学生都能呈现出这样良好的"生命态"。您觉得一般来说，学生在课堂中呈现的"生命态"，主要会有哪几种类型？

周：你说得对，学生在课堂中良好的生命状态的出现，并非必然的和突然的，它需要教师的唤醒和激励。一般来说，学生在课堂中呈现的生命状态，会有这样一些类型：

——浮躁状态。上课开始，学生由课间活动进入课堂学习，往往会有种种不适应。如在生理上呼吸急促，心跳快速，甚至全身冒汗；在心理上仍然向往着课间追逐、打球、嬉闹等热烈而快乐的场面。学生在课间参加了一些剧烈活动之后这些现象会更加明显。当然，由此而产生的性气浮躁不是课堂教学所要求的生命状态，需要教师做合适的引导过渡。

——松怠状态。表现为学生并未意识到课堂教学对自己的特殊重要性，心情懒散，精神松弛，缺少积极投身学习的欲望。这是因为在大脑皮层的有关区域内没有产生优势兴奋中心，总体上仍然处于抑制状态，这就产生了学生对已经开始的学习"视而不见、听而不闻、食而不知其味"的现象。

——散漫状态。全班学生的注意力缺乏指向性和集中性，而是关注着各不相同的对课堂教学无帮助意义的事物。如有的在偷偷完成上节课留下的作业，有的在悄悄阅读一本心爱的故事书，有的私下聊天正带劲，有的玩几根皮筋自得其乐……

——畏惧状态。学生因为没有完成好课前教师布置的任务（作业），或因为集体（或部分学生）犯了错误，也可能是因为教师比较严厉，学生害怕上课后又要听其训斥而产生畏惧心理。这时学生的心态也会十分糟糕，有强烈的压抑感。这种消极的心理状态不可能有阳光的、积极的、充满期待的，甚至跃跃欲试的"生命态"。

——专注状态。学生已经开始专注于课堂教学中有意义的事物而且能在相当长时间里坚持指向这些对象，离开一切局外的、与这些对象无关的东西，抑制那些与这个对象相对抗的东西。学生个体全身心地呈现出一种积极奋发的态势。这无疑是一种十分良好的生命状态。

季："生命态"确实也有消极和积极之分，那么我们应该怎样去唤醒学生积极的课堂"生命态"，把分散的无意注意转化为集中的有意注意呢？

周：这就必须巧妙引发学生的"生命欲"，如对课堂教学主题的兴趣。积极的生命状态的唤起离不开趣味的诱导和愉悦氛围的营造，如此方能给学生以鲜明的刺激，形成神经中枢优势兴奋中心。在上课伊始，抓住这个切入点十分必要。如讲授《田忌赛马》一课，还没有打开课本，教师先拿出了6张纸牌：红心10、7、5和黑桃9、6、3，问学生谁愿意和老师先来玩纸牌。这下子就把学生的注意力集中起来了。玩法是比大小，三局两胜。上来的学生当然挑红心，并且先出10，教师跟了张黑桃3；接着学生出红心7，教师压了张黑桃9，打成了平手；学生最后出红心5，教师压了唯一剩下的那张黑桃6。这样，尽管学生的牌大，但结果却是教师胜了两局。这时，又一个学生上来要和老师玩，但不愿先出牌了。同学们也齐声要让老师先出牌，说："这种比法，肯定谁先出牌谁就输。"于是教师问："为什么？不是你们拿的那组牌大吗？"

"因为你占了先机！"另一个学生恍然大悟地叫了一声。

"对！战争中，比赛中，有时候能以少胜多、以弱胜强，关键看弱的那方能否占得先机。今天我们学的课文《田忌赛马》讲的就是这样一个故事。有兴趣吗？"教师顺水推舟，点出了新学课文的主旨。

不消说，这样的引入，教师轻而易举地消解了学生的诸多不良情绪，于是，群情振奋，大家跃跃欲试，每一个生命都进入了最佳状态。

同时，合理组织对教学主题的探究也是唤起和维护学生"生命欲"的关键。对课堂教学主题的学习方式是采取"灌输—接受"的模式，还是采取"探究—获取"的模式，显得十分重要。因为"探究—获取"模式为学生全身心参与学习创造了条件，而探究的过程又可以不断刺激学生的好奇心，并使其在获得发现时享受到成功的欢乐。所有这些都可以使学生长期地维持良好、积极的生命状态。

如在深读课文时，教师提出的讨论专题必须具有探究性，对课文有较大的覆盖面和穿透力。在讲授《小马过河》一课时，一位教师提出的讨论专题是"为什么小马第一次没有过河而第二次过了河"。这是一个比较明显、答案比较确定的情节性问题，学生找找课文中的有关句子就可以回答清楚，既无须做信息的提取和处理，又缺少思考的深度和强度。如果把讨论专题改为"为什么小马不去自己试一试"，情况就完全不一样。因为小马不去试的原因很多，应当从课文的许多方面去思考，具有很大的开放性和不确定性。如：

"突然从树上跳下一只松鼠，拦住他大叫……"这是使小马轻信别人的话，自己不去试试的明显原因，是课文的"显信息"。

"一条小河挡住了去路，河水哗哗地流着。小马为难了。""如果妈妈在身边，问问她该怎么办，那多好啊！"前者说明了小马害怕困难，后者则说明小马习惯于依赖妈妈。这两方面同样也是小马不去试试的原因。这就不是轻易能够想得到的，是课文中的"隐信息"。

另一方面，在课堂上能让学生充分参与、动手实践，是课堂具有最佳"生命欲"的关键所在。我们要让学生站在课堂的正中央，就不能只要求他们好好听教师讲解，而是应当多让他们自主参与动手体验，让学习真正发生在他们身上。这样，充分发挥学生的生命活力，课堂也就会显得生气勃勃。在讲授《活化石》这篇科普说明文时，有位教师在帮助学生识字学词、读通课文的基础上，主要设计了两个让学生实践的环节：一是学做小讲解员，在博物馆里讲解银杏树、大熊猫、中华鲟这三种"活化石"，任选一种做准备。由小组派代表上讲台，佩上"讲解员"标志，当众讲解；然后由观众（全班学生）来评议。二是为三种"活化石"制作说明标签，在标签卡片上写上名称、别名、外形、习性、特点等。这样人人动手，个个参与，满足了学生的生命欲望，孩子能展示自己的能力，自然会兴趣大增，充分显示出各自的生命活力。

宋朝理学家朱熹说过："今日学者不长进，只是心不在焉。"确实，在课堂上，如果学生心不在焉，就很难激起积极的生命欲望，没有这样的生命欲望，就谈不上让课堂充满生命活力。所以，孟子也认为"学问之道无他，求其放心而已矣"。这里所言的"求其放心"也正是要求学生的学习欲望强烈，能集中注意力、不懈怠、不分心，全身心投入去做课堂的主人。

语文课堂"生命流"的激发艺术

季： 从"生命体"到"生命态"，到"生命欲"，再到"生命流"，您能不能跟大家说说这几个概念的联系和区别，特别要请您谈谈"生命流"的存在对课堂会产生怎样的影响。

周： 积 28 年语文课堂实践之经验，我始终认为语文是人类的生命家园，成功的语文教育必须以"生命观"为基础建构，而成功的语文课堂又必然会是学生"生命流"的汇聚和激荡。在这里，"生命体"是根本，学生就是一个鲜活的"生命体"。但同样都是"生命体"，所呈现出来的姿态还是会有不同，有的积极，有的消极，有的灵动，有的疲沓。这就是"生命态"的差异，在课堂上需要去唤醒、去激励。而被唤醒和

周一贯在课堂上感受儿童的生命活力

激励的应该是学生的"生命欲"。课堂上不只有一个"生命体",而是由三四十个生命组成共同体。"生命体"之间的互相影响、激发、合作、碰撞,形成了一股"生命流"。课堂是一个生命的学习共同体,能形成怎样的"生命流",与教师的启发、组织、引导、评价有着极其密切的关系。这是我将课堂生命活力做分解的一种探究方式,希望能帮助大家对激发课堂生命活力有更好的解读,并明白怎样去操作。在课堂教学的特殊时空里,学生基于生命需要而产生的欲求是多种多样的,这些根植于各个生命个体的各种欲求之间,不是简单的量的叠加,而是在碰撞、汇合、认同、消亡、滋生、提升、演化等极其错综复杂的矛盾斗争中发生着质变,从而生成课堂上生命力的流动,即课堂"生命流"。显然,这样的"生命流"是巨大生命力的载体,我们必须十分珍惜。就如大禹治水一般必须积极地加以"引"和"导",使课堂真正焕发出生命的活力。

何谓"引"？何谓"导"？"引"者，循循善诱，"引而不发，跃如也"。"导"者，叶圣陶先生的解释是"多方设法，使学生能逐渐自求得之，卒底于不待教师教授之谓也"。

当然，在课堂上蕴含着学生旺盛生命力的"生命流"，没有一成不变的程式。因此，对"生命流"的引导，也贵在因时、因地、因人、因势、因文而异。

季：这种引导有哪些具有普遍意义的操作策略呢？

周：引导"生命流"，要点在"相机诱导"。所谓"相机"，具有很强的生成性、随机性。当然，这也并不等于无规律可循。从大量的课堂探索中，我们可以归纳提炼出一些具有普遍意义的操作策略。

直叙式的指导。就是教师以直接讲述的形式，给学生的课堂"生命流"以指导。这大多用在介绍与课文相关的背景知识，有很大的信息量，是给学生的探究活动做直接的铺垫。这种直叙不等于灌输，犹如讲解也可以有很大的启发作用一样，关键在于直叙的效果能否引导和激起学生的兴趣与思考，从而引发出生命活力。如讲授《草船借箭》一课时，临结束，教师问学生："周瑜与诸葛亮谁的年纪大？"大家一致认为诸葛亮年纪大。有的说："我在电视上看到诸葛亮胡子老长老长的。"有的认为："诸葛亮足智多谋，如果年龄不大哪有那么多经验。"这时教师便直叙史实："周瑜生于公元175年，死于210年；诸葛亮生于181年，死于234年。赤壁之战发生在公元208年，当时周瑜33岁，诸葛亮27岁，比周瑜小6岁。这么说吧，当周瑜在孙权帐下威风凛凛当元帅的时候，诸葛亮还只是个农村'待业青年'呢，他是'自学成才'。"教师亦庄亦谐的一席话是直叙其事，但有很重要的引导作用。"原来诸葛亮比周瑜还小6岁"这一史实，不仅扩大了学生知识视野，激发了读书兴趣，更重要的是引起了学生的思索，给课堂的生命活动引导了方向，以促进学生对诸葛亮的"神机妙算"和周瑜的"嫉妒"有更深的理解。

迂回式的诱导。在课堂教学中，往往会有一些学生对某一课文中的某一问题持一种不够正确的看法，从而产生偏执的态度或者理解障碍，这时候，教师的引导就要避开"障碍物"，从学生容易理解或者乐于听从的地方入手，相机引导到要解决的问题上去。如我们常用的"旁敲侧击法""以退为进法"和"触类旁通法"就是"以迂为直"的方法。如学了《郑人买履》和《刻舟求剑》这两则寓言，一些学生就认定"两个故事意思一样，都是讽刺头脑呆板不灵活的人"，怎么办？教师便另选角度，引导学生对两则寓言从三个步骤进行比较。

第一步：比较两篇寓言中主要人物所做事情的内容有什么不同。学生一比较就明白了，郑人呆板在没带尺码要回家去取，不知道用脚试鞋；而刻舟的人呆板在行船中掉的剑在靠岸后去捞，不知道船在水上行走。

第二步：比较两个人做事的想法有什么不同。学生一比较就发现，郑人的想法是"宁愿相信尺码，也不相信自己的脚"，而刻舟人的想法是"我的宝剑是从这个地方（船沿）掉下去的，等船靠了岸，我从刻着记号的地方跳下去，就能把宝剑捞上来"。

第三步：比较两个人产生错误想法的不同原因。学生一比较就找出区别来了，郑人不懂得尺码是从脚量得的，而刻舟人不懂得船已经移动了，还以为记号位置不变。

于是学生在比较之后，明白了《郑人买履》是教育我们不要只相信书本，不相信实际；《刻舟求剑》是教育我们不要用停滞的眼光来看待变化发展的事物。

解惑式的疏导。在课堂教学过程中，学生对课文有疑惑是很正常的。如果教师把正确答案直接捧给学生，无助于学生阅读能力的提高；如若不加任何引导，让学生"盲人骑瞎马"乱闯，也不利于培养学生的思考能力和读书兴趣，而且浪费师生精力，更重要的还可能模糊了正确的价值观。在这种情况下，教师应当予以疏导。"疏"，就是疏通"生命流"，即给学生拨正方向，引领一条解决疑难的正确思路，让他们自行探索求解。

讲授《高大的皂荚树》一课时，一名学生提出了一个教师未曾料到的问题："《小学生日常行为规范》规定不准玩火，为什么课文中的同学要烧皂荚树枯叶取暖？"这个孩子还点了点贴在教室墙壁上的《小学生日常行为规范》问，"难道他们可以违反《小学生日常行为规范》吗？"这时，教师便进行适时的疏导："这是玩火的行为吗？请大家仔细读课文，好好讨论一下。"于是同学们兴致勃勃地读起课文来，不一会就纷纷举手争答：

——"我认为不是玩火，是为了校园整洁。因为课文中写着'枯黄的小叶子，打着旋儿，不断地飘落，在地上铺了一层又一层'，烧树叶是为了使校园整洁。"

——"他们烧树叶是有计划进行的，是在老师指导下安全的劳动。课文中说清楚了先是扫，再堆在一起，集中在墙角下。"

——"把树叶烧成灰可以做肥料，如果当作垃圾搬出去很可惜。"

——"作者把参加烧树叶的活动写得快乐，那是因为他爱校园，爱校园中的皂荚树，而不是玩火。"

这里教师的一个反问"这是玩火的行为吗？"便"疏"在节骨眼上，这不是玩火的行为，那是什么呢？引导学生再读、再想，最后解开了疑惑，使课堂生命活力得到了进一步激发，学生自己解决了疑难。

季：这些引导都是从明处着眼的，还有可以从暗处着手的吗？

周：当然有啊，从明处引导固然重要，但由暗处入手对学生更具启发性。下面这几个引导方式就很好。

借用式的开导。引导必须对课堂生命力的流动不断地予以强化，促进学生前行，那么，教师就要充分借用即时即景的各种因素，为"读"所用，化难为易，化深为浅。这种借用往往可以收到很好的引导、强化作用。如讲授《给颜黎民的信》一课时，因为时代背景的阻隔，加上信中有好些内容是针对来信作答，给学生读懂课文带来一定困难。教师便在学生初读课文、略知大意的基础上，先让学生设想一下颜黎民给鲁迅先生的来信提了一些什么问题，是怎样写的。经过热烈讨论后，要求学生把来信的要点一一记下：（1）报告鲁迅先生带去的书已收到；（2）表明颜黎民专爱看鲁迅先生的书；（3）报告春天到来，桃花开放；（4）请示鲁迅先生写给颜黎民的信可不可以发表；（5）信的最后署名"颜黎民"是假名。这样再读课文进行对照，就把来龙去脉梳理清楚了，从而大大激发了课堂的生命活力。

引渡式的利导。在自主、合作、探究的课堂中要让学生"自求得之"，绝不等于可以撒手不管，放任自流，因为学生的自读能力尚在培养之中，其过程难免会有种种"困难险阻"。因此，教师必须精心设计自读指导，为课堂生命活力"逢山开路、遇水搭桥"。这种"引渡"是因势利导，不但十分必要，而且要恰到好处。也就是说，要正确预测学生与课文之间的认知差距，充分考虑学生的接受程度，尔后针对实际问题铺设台阶，减缓坡度，让学生自行攀登，渐入佳境。如著名特级教师霍懋征讲授《陶罐和铁罐》一课时，通过将课文的主要内容重新排列组合，使学生简明扼要地理解课文的脉络和深邃的含义。全部图示仅用31个字概括，十分精当。课题是陶罐在先，可板书图示铁罐在先，因为矛盾的主要方面是铁罐自以为了不起，瞧不起陶罐，这样就更能突出骄傲的坏处。这样一幅随导读逐步展示的图示，还有助于学生顺利分段和概括中心思想。显然，这样一幅阅读课文、理解课文的"思维导图"，对课堂生命活力的激发起了十分重要的引渡作用。

　　启迪式的暗导。所谓"暗导"是指教师用含蓄的、间接的语言或借助行动、情景等，对学生产生积极的心理影响，从而推进课堂"生命流"前行。

　　在讲授《朱德的扁担》一课中，教师讲到朱德在扁担上写了"朱德记"字样后，战士们看到了就不好意思再去夺他的扁担。一个学生就说："那时战士都是穷人出身，不识字，怎么会认得'朱德记'三个字呢？"这一问把老师的话头打断了。显然，教师事先没有考虑到，便临场做了机智的反问："是呀，他们都是穷人出身，但是他们不可以想办法识字吗？"教师在反问中包含了启发，于是引起了学生的许多感悟，生命活力得到激发。有的学生说："朱总司令带领红军战士一边打仗，一边学习文化。""并不是每一个红军战士都一字不识。""有的战士虽然不识字，但看到扁担上有字也可能会去问别人。这样他也就明白了。"……在阅读教学中采用启迪式的"暗导"，有它的特殊意义和价值，这从上述教例中就不难看出。阅读课文多是生活图景的反映，学生并不陌生，即便有一二不解处，教师也不难唤起学生相似的生活体验，进行启迪并化解疑惑。

　　震慑式的反导。这种引导方法与正面鼓励相反，它是通过阻断学生某种不正确的认识和态度，予以警戒，或通过"归谬法"强化它的不合理，以达到正确引导的目的。可以认为，这是一种从反面对课堂"生命流"加以引导的方法。如讲授《罗盛教》这篇课文时，有学生质疑："罗盛教救了朝鲜儿童，朝鲜人民为什么不去救罗盛教呀？"固然，教师可以正面说理来回答这个问题，但这样就颇有灌输的味道，在一定程度上会压抑学生的个性化生命感悟。如果能够让学生用自读来领悟，不是会更好些吗？于是教师便采用"反导法"给学生以强刺激："你的意思是朝鲜人民对罗盛教见死不救吗？"这一反问，把问题推到了极端，引起了学生的深思和讨论，课堂呈现出活跃的生命状态。最后学生一致认为中朝人民的友谊是鲜血凝成的，如果有朝鲜老乡在旁边，绝对不会不去救罗盛教的。根据课文中的描述，可以知道事情发生的时间是冬天的清晨，天气很冷，地点是石田里的山野。再看课本中的插图，除滑冰的几个孩子外，没有一个大人。教师从反面切入的引导，取得了很好的效果。

教师的教学生命意识：激发课堂生命活力

季：教师的教学生命意识会关系到学生的课堂生命活力。那么作为教师，为了让课堂生命活力更好地激发，要特别注意些什么呢？

周：强调这一点确实很重要。在充满生命活力的课堂中，教师的生命意识和生命质量具有十分重要的意义。改变教师在课堂教学中的生命状态，激发生命活力应当从多方面努力，其中除重要的社会因素外，教师主动转换角色以适应教育的转型，减轻精神压力，增强自我的生命意识，提高生命质量也是一个不容忽视的方面。

首先，教师要从课堂的主宰者转换为平等的对话者。在传统课堂中，教师往往不自觉地把自己放在主宰者的位置，居高临下地俯视学生。课堂中教师强调话语权，力图把学生培养成听话的乖孩子，学生的个性和人格意识逐渐淡化。在这样的课堂中，学生自我生命未能觉醒，只会僵化地按教师的意旨行事，怎么谈得上生命活力的激发？因此，今天我们呼唤激发课堂生命的活力，教师必须率先转换自己的角色意识。从"生命"角度来看，师生之间是完全平等的，不应当有主从之别。教学只有在人格平等的对话中推进，才能最大限度地调动学生学习的主动性和积极性，取得良好的教学效果。讲授完《麻雀》一课时，教师小结说："从老麻雀

周一贯与弟子在一起

奋不顾身抢救小麻雀的行动中，我们想到了那种伟大的母爱。"话音刚落，一个学生立刻表示了不同的意见："老师，我不认为这是母爱。因为课文中从头到尾没有一个地方写明这老麻雀是母的还是公的。"老师马上表示"这意见很有道理"，并且表扬了这个学生有独立思考的精神，读书很用心。最后老师征求大家的意见：虽然课文没告诉我们那是麻雀爸爸还是麻雀妈妈，但可以肯定的一点是老麻雀是小麻雀的双亲中的一个，我们就把"母爱"改为"亲子之情"怎么样？这才得到了全体同学的认可。在这样的课堂里，由于教师转换了角色意识，和同学们平等对话，气氛十分融洽，大家有了愉悦的生命体验。

由此入手，教师自然会从知识的输出者变为学习的合作者。在以传输系统知识为唯一目标的课堂里，教师与课本知识往往处在垄断地位，学生只是被动地从教师那里接受知识的灌输。教师成为知识输出者的角色意识严重地影响了学生的自主学习意识，学生当然就谈不上探究学习和创新学习了。但是，在信息社会开放式教育的条件下，互联网使教育环境充分敞开，教师的讲授已不再是学生获取知识的唯一途径。如果教师仍然以知识输出者自居，不仅会禁锢学生的思维，局限学生的视野，妨碍学生运用先进科技去掌握更多更有效的知识，还必然会和学生发生更多碰撞和摩擦，进而使教师平添精神压力，影响教学情绪。

一位教师讲授古诗《登鹳鹊楼》，板书诗题时，有学生提出 "鹊" 字写错了，课本上是 "雀"。老师翻开《教学参考》让学生看，写的确实是 "鹊" 而不是 "雀"。但学生不服气，教师心里也嘀咕：课本上印错的可能性也不大，这到底是怎么回事。在第二天的语文课上，一个同学捧着一本《唐诗鉴赏辞典》告诉大家：上面写着 "鹳雀楼，又名鹳鹊楼"，原来两种说法都是正确的。今天的教学已经不可一概唯师命是从，教师需要深入钻研，更需要师生的真诚合作。

季：确实，要真正激发学生的课堂生命活力，教师需要彻底转换传统的角色意识。

周：是的，这种角色意识的转换，从根本上说，教师要从过去的所谓的规矩维护者，转换为学生的潜能激发者。我们过去常常会过分看重课堂的鸦雀无声、秩序井然，要求学生进入凝神聆听、正襟危坐那种境界，而教师则是课堂规矩的维护者，这对活泼好动的孩子无疑是思想束缚和精神压抑。即使在封建社会里，开明贤达的教师也认为此法不妥。王守仁就认为："大抵童子之情，乐嬉游而惮拘检，如草木之始萌芽，舒畅之则条达，摧挠之则衰痿。今教童子，必使其趋向鼓舞，中心喜悦，则其进自不能已。"

随着人类社会由工业社会转型为信息社会，整齐划一的教育也相应地转型为个性化教育。这是因为信息社会是以人的个性化发展为基础的社会，它需要的人才是多方面、多规格、多类型的，个性化的教育也就更应尊重天性、激发灵性、调动悟性，最大限度地开发每个学生的潜能，只有这样，课堂才能充满生命的活力。一位教师讲授古诗《绝句》，当他讲到"两个黄鹂鸣翠柳，一行白鹭上青天"时，班上一个调皮的男生竟忘乎所以地学着黄鹂鸣叫，吹了一声口哨。顿时，全班同学神色凝然，以为老师要大发雷霆了。但这位教师没有这样做，只是坦然一笑说："这个同学禁不住学起了黄鹂清脆的鸣叫，是因为他被诗句所描写的美丽景色感动了。可见诗人借写黄鹂的鸣叫来表达情感起了很大作用。那么大家想，在黄鹂的叫声中，诗人又会有怎样的心情呢？"于是，大家的注意力又集中到诗句所表达的感情上去了。

学生学黄鹂叫，教师不仅没把它看成是破坏课堂纪律的行为，反而视为学生潜能的流露。于是，课堂上发生的意外"枝节"被巧妙地嫁接到了教学的"主干"上。这就强有力地说明了课堂的生命活力是不能没有教师的引导和激发的；而教师精心的引导和热情的激发，正体现了教师生命意识的觉醒和生命激情的伸张。

第五章　热衷于『教学设计力』的研究实践

"优课"评选，触发教学设计情结

季：1984 年是您语文教育专业生命的一个重要转折点。您从基层一线的语文教师，成为从事教学研究的专业工作者，这个变化肯定不小，您是如何适应的？

周：1984 年，我调到绍兴县教育局教研室之后，分管幼儿、小学的教育教研工作。当然，我要"播种"的这片农村语文教育"希望的田野"确实更大了。其时，我年已半百，但雄心不减当年。为了了解全县小学教育现状，我参与实验，指导教研，检查教学，多从听课评课入手。在全方位的视野里，我从全县 200 余所学校的田野调查入手，常常是朝伴旭日（赶早班车去乡镇），暮披皓月（听完最后一节课并交换意见后，赶晚班车回城），奔波于会稽山间，流连于宁绍水乡。为了把握全县大大小小 200 多所学校的情况，我便乞借助网络管理，建立了"三三制"教育质量网。一是"三级辅导网"：县、区、乡三级设专职负责教学辅导人员，制订出工作目标，组织定期交流，取长补短。二是"三级教研网"：县、区、乡三级分别设县学科教研大组、区中心教研组和乡镇基层教研组。三是"三级教改课题网"。如此，纵向的三级（县、区、乡）和横向的三线（教学辅导、教学研究、教改课题）交叉，解决了农村教育地广分散、不便辅导的难点，产生了经纬有序的全方位效应，在教育质量全面提升的同时，也有力地促进了语文教学、教研质量的提高。这是教师专业生命被唤醒所产生的内驱力。正是由于绍兴县语文教育质量的声誉鹊起，我的语文教育研究水平也随之同步提升。后来我被评选为特级教师，历任浙江省教育学会小学语文教学研究会副理事长、浙江省九年义务教育小学语文教材编委会副主任、中国教育学会数学教育研究发展中心尝试教学理论研究会副会长等。之所以提到这些经历，是为了说明我的语文教育生命观是伴随着我的长途跋涉而潜滋暗长、逐渐形成的。

在学科教学质量的总体管理中，我抓的是一个"五课"质量构架，"五课"即备课、上课、改课、评课和写课（写课堂教学研究各类文稿）。而"五课"的核心问题，便是教师教学设计能力的提升。这是在教研室开展"优课创作""优课评选""课堂教学改革""课堂教学提质增效"等一系列活动中的一个关键推动力。

当然，我在农村语文课堂27年的教学实践无疑是最重要的基石。这27年的经验积淀，使我认定了语文教学的成败，取决于对师生的生命活力是否关注和理解。我就是在这样的思想指导下，特别探究了课堂教学的"生命体""生命欲""生命态""生命流""生命活力"等系列课题，决定了之后我的语文教育研究方向。

季：确实，从"优课"的生命活力到课堂的改革，您都关注一个根本问题，即教师如何做好教学设计。这也是一线教师最关心的问题。

周：是的。以语文教学来说，课堂毕竟是语文教学活动的主要载体，要教好语文，当然要先上好课，这就关系到教学设计问题。看起来这似乎只是教师操作层面的一个小问题，其实，问题大得很，它关系到教师的专业水平和创造能力，关系到育人目标的实现、教学质量的提升。在县教研室，这可是我重点研究的课题之一，还得慢慢地说。

设计，按理说是人们十分熟悉的字眼，因为人类有史以来就存在着设计。《论语·述而》中说："好谋而成者也。"《孙子兵法》有言："夫未战而庙算胜者，得算多也；未战而庙算不胜者，得算少也。多算胜，少算不胜，而况于无算乎！"《汉书·高帝纪》中有名句："运筹帷幄之中，决胜千里之外。"这些论著中的"谋""算""运筹"，都与"设计"的含义有关而且相近。可以说任何一种有目的的行为，事先都有一个打算、设想或规划，这实际上便是一种设计。《辞海》对"设计"的注释，便是"根据一定的目的要求，预先制定方案、图样等"。《现代汉语词典》也把"设计"界定为"在正式做某项工作之前，根据一定的目的要求，预先制定方法、图样等"。具体地说，设计就是根据已经掌握的相关情况，对事物发展的趋势和解决问题的主客观条件做推测分析，在行动之前就指导思想、目标、途径、方法等做出构思与计划，并形成完整的方案。

设计是人类特有的一种思维活动。人之所以成为万物之灵，创造出一部灿烂的文明史，正是因为具有设计的能力。设计体现了人类意识中的一个最本质的特性——自由创造。然而，长期以来，传统心理学、传统思维理论存在的一个误区便是人的思维的本质只是对于环境的认同；人的意识被描摹为一个单纯地接受外来信息的容器；人的心理只是一种单纯的反应。这显然是荒谬的偏见。正如马克思所说："蜘蛛的活动与织工的活动相似，蜜蜂建筑蜂房的本领使人间的许多建筑师感到惭愧，但是，最蹩脚的建筑师从一开始就比最灵巧的蜜蜂高明的地方，是他在用蜂蜡建筑蜂房以前，已经在自己的头脑中把它建成了。劳动过程结束时得到的结果，在这个过程开始时就已经在劳动者的表象中存在着，即已经观念地存在着。"[1]

在现代社会的各个方面，为了提高效率，都必须事先有周密的设计。从军事行动到经济开发，从科技发明到文化活动，从商业流通到股市操作……哪一个领域在运作之前，人们没有经过一番周密的部署和谋划？

---

[1] 马克思·恩格斯：《马克思恩格斯全集》第1卷，人民出版社，1995。

可以这样说，人类社会的发展史，就是人类进行设计并把设计变成现实
的历史。

周一贯与青年教师在一起

季：这样说来，您认为，历史的不断向前发展，都是人类的设计行为
推动的？

周：不错，历史确实是一部记述着人类设计的大书。人类的祖先古猿，
由于地壳运动带来地表气候的巨大变化，在远古动物濒临灭绝的情况下，
由树上走到地面。这一走，竟成了人类新生的起点：上下肢有了分工，学
会了打制石器与使用木棍等工具，进行了有组织的狩猎……终于，人猿
揖别，走上了人类文明的康庄大道。从此，人类精彩的设计之花频频开放，
形成了一次次重大的文明进程。

历史上众多的成功设计不胜枚举，商朝盘庚迁都于殷的设计便是一例。其时，王朝内部矛盾加剧，加上自然灾害不断，内外交困使商朝日趋衰落。盘庚继位后，力图变法求新，但王族内部反对激烈。在严峻形势的逼迫下，盘庚为了摆脱危机而做了精心的迁都于殷的大胆设计，即将王都迁到黄河以北、洹水之滨的"殷"（今河南安阳）。此前，盘庚应综合分析了利弊：一可以防御北方各部族的侵扰，二可以有利于农业生产的发展，三可以削弱王室贵族的势力。但是这也必然会遭到权贵的剧烈反对，因为迁都于殷会使一些贵族的田宅财产蒙受损失。于是盘庚设计了当众向臣民宣讲对策，说明迁都的益处，同时借迁都是先王、神灵的旨意来争取民心，又警告贵族不得捣乱。如此软硬兼施的策略终于使多数臣民跟着盘庚北迁，来到了富庶而且具有战略地位的殷，商朝很快振兴起来，创造了丰富多彩的殷商文化。

文艺复兴时期，设计更是得到了发展。17世纪牛顿将力学与数学结合，算是奠定了工程设计的基础。第二次世界大战后，一批哲学家、科学家、工程师和设计师开始从一般方法论的角度研究设计方法论问题，以新思想、新原则、新方法解决日益复杂的设计问题，形成了"设计哲学"。到了20世纪60年代，"设计科学"和"设计工程"更成了欧美兴起的新学科，主要探讨工程设计、建筑设计和工业设计的一般规律和方法，涉及哲学、心理学、工程学、管理学、社会学等方面的问题。到了20世纪70年代，英国成立了设计研究会，出版了《设计研究》杂志；美国成立了设计方法研究会，出版了《设计方法与理论》杂志。[1] 传统的设计以静态的感性经验和手工劳动为基本手段，而现代设计以科学的动态理性认识与数字化为基本过程。今天设计已成为设想与现实之间的科学纽带和桥梁，涉及各个领域，是一门多元、广角、

---

① 刘茂才、张伟民主编《科学学辞典》，四川社会科学院出版社，1985。

横向的交叉学科。

季：教育是一个培育人的复杂的工程，看来确实更需要精心设计。

周：当然，教育是一种人类社会特有的、关系到人类生存和发展的十分复杂的活动，其核心环节"教学"，无论哪个层面、哪个步骤都离不开设计，于是便有了教学设计。广义地说，从有教学的时候起就有了对教学活动的计划、组织和实施，也就有了教学设计。到了 20 世纪 50 年代以后，教学设计才逐渐发展成为一门综合性学科。20 世纪 70 年代，教学设计更成了在欧美首先兴起的一种教育技术，20 世纪 80 年代开始介绍到我国。随着世界上对教育研究的深入，教学设计也在如火如荼地开展。有的国家还成立了教学设计公司，专门从事教学设计活动。教学设计亦称教学系统设计，是指"为了达到预期的教学目标，运用系统的观点和方法，遵循教学过程的基本规律，对教学活动进行系统规划的过程。它既是教育（学）技术学的主要领域，又是教学科学的重要组成部分，以至有时候人们往往把教育（学）技术学、教学科学、教学设计甚至教学理论作为含义相近的术语来看待。其实，狭义的教学设计就是指教学工作者对教学工作的各个层面、各个环节、各种教学方法以及教学步骤所做的精心巧妙的预先安排"，而课堂教学设计就是教学设计中的一个重要项目，因为课堂毕竟是各科教学活动的基本载体。课堂教学时间、空间的局限性，更要求事先必须有周密的安排。教学设计客观上受到教育法制、教育目标、教材内容、教学对象和教学环境、教学条件的制约，主观上又融合了设计者的个人作用，显现出设计者个人的教育观念、教育科学理论修养、艺术素养和专业水平。

教师的课堂教学设计能力对教学质量的提高确实十分重要，所以我们对这个问题应当有一个系统的认识。如果只是就事论事或浅尝辄止，就不能有效地提高教学质量。

一场手术后的灵感：设计不可一成不变

季：听说您的"软设计"理论是来自您胆囊切除手术后的一个灵感？

周：是的。岁月如流，青春不再。继三分之一的牙齿"下岗"之后，一直以来与我相安无事的胆结石突然于2010年1月19日傍晚发难。痛了一晚上，第二天我便住院了，诊断为胆囊化脓急性发作。医生初步的手术方案是做个小切口摘除，这样康复会快些。我也就没有太多的顾虑。不料，经深入检查后，发现化脓面积较大，为确保根治，必须切开腹部才能保证切除干净。当时我很不乐意，就跟医生说："不是都有了手术方案了，是小切口，怎么又变了？"医生笑笑说："方案是要根据新的发现做调整的，它需要不断向更适合现状的方向改变，包括在手术进行过程中做改变，就更不要说在手术之前了。"在手术后住院的那些日子里，工作不能做了，我就老想着语文教学的设计问题。因为医生的那句话——"方案是要根据新的发现做调整的"——就联想到了教师的教学设计（备课、写教案）问题，也应当处于不断调整之中才对。教学前的备课，只是一种"前设计"；课堂上根据学生的学情，随时调整"前设计"，这可以认为是"中设计"；即使在课后，教师也还得深入反思"前设计"和"中设计"的改变，揣摩得失，写一点心得，这从根本上说，也是对设计的反刍和深化，应当是"后设计"了。这样看来，医生的手术虽然有预案，但总体方案是在手术过程中生成的；教师的上课，虽然也有预案，但总体上看，也应当在教学过程中依据学生的学情现场生成教学方案。由此看来，教学设计虽然在前，但不是僵硬的、不容改变的、刚性的，而应当是柔软的、依据学情现场生成的。就这样，我把"前设计""中设计""后设计"和"软设计"的发现、思考，广为宣讲，并写入了我的专著《阅读课堂教学设计论》。

季：课堂教学设计，确实不是一种简单的、僵化的操作技术。您说得很透彻，关键在于它是一项"生成性的软设计"，问题是我们应该怎样去把握它的内涵呢？

周一贯与教师们交流教学设计问题

周：教学设计的内涵虽然十分丰富，但归根结底就是必须顺应学生的生命发展，服务于他们认识的成长。所以，它也是我的语文教育生命观中的一个重要内容。我们不妨从以下几个方面去把握它的生成性。

1. 根据信息论原理，教学是一种信息传播活动，教学过程是一种复杂的信息传播过程，而来自学生的学情信息尤为重要。从这个角度说，教学设计也就是运用系统方法对教学信息传播过程进行规划。所以教学设计是一项运用现代教学技术的软性设计。它必须吸收新信息做适时的调整。

2. 教学设计主要包括分析教学问题和学习需求，确定解决问题的策略、方法和步骤，选择合适的反馈评价方式等三个方面的内容，这就使它具有很强的生成性。

3. 现代教学理论、学习理论、信息传播学、教育技术学和系统科学方法等都是教学设计的理论基础。这对教师的教学设计力提升，是一个很大的挑战。只有掌握了与设计有关的正确理念，才能有相应的设计力。这说明教学设计也是随着教师的专业研修而不断发展生成的。

4. 教学设计是一个不断完善的过程，应包括设计前、实施中和实施后的检测、反馈、修正。它的本质是动态的、发展的。

季："软设计"的提法真是太好了。我想"软设计"与"硬设计"的根本区别在于教师在做课堂教学设计时，是否更多地考虑学生在自主学习中会出现超越教师预设的许多可能性，因此，必须为学生留下足够的学习空间。我这样的理解是否正确呢？

周：不错。我提出的"软设计"的另一个名称就是"柔性设计"，而非"刚性设计"（硬设计）。为了充分实现"软设计"的"软"，我觉得在教学过程中，必须有充分的生成空间，就应该特别倚重于以下方面的策略。

一是重自学。语文教学的知识和能力的学习，都是螺旋式逐步推进的，这比之其他学科的直线编排方式有很大不同。正因为语文学习有十分广阔的迁移基础，可以无师自通，所以就更要求培养自学能力，即不仅是学会，还要求会学。试想一篇新课文，98% 的字、词、句都是学过的，课文所反映的生活图景很多学生也是熟悉的，完全可以迁移旧知识、旧经验去内化新课文，教师烦琐的讲析实在没有必要。

二是重尝试。正因为语文学习有十分广泛的迁移基础，所以学生完全可以运用旧知识去尝试理解新课文中的新知识，可以把传统的"先教后学、以教为主，先讲后练、以讲为主"改变为尝试的"先学后教、以学为主，先练后讲、以练为主"，在尝试中培养学生的探索精神和自主意识。再说，即使有些语文知识一时来不及掌握也不要紧，以后还会出现，有再学的机会。所以，学语文也可以"不求甚解"。

三是重争议。在尝试、自学中学生会有一些个性化的理解或质疑，就不免会产生争议，这是极可贵的教学机遇，教师要主动寻找，利用这些来自学生的有价值的争议，通过教学手段来充分展示求知过程，更好地达成教学目标。

四是重活动。教师要把过去由自己包办的讲析提问，转化设计成学生的多种活动，不仅让学生读一读、写一写、说一说，而且还让学生唱一唱（与课文有关的歌曲）、画一画（为课文配插图）、演一演（课堂即兴表演）、做一做（与课文有关的简单小制作）……自主活动不仅可以丰富学生的体验，使学生有更多的运用语文实践的机会，而且更容易激发学生学习语文的兴趣，改善课堂生态，真正把课堂还给学生。

五是重过程。"软设计"提倡简练的粗线条设计，以留出足够的空白，把更多的时间腾出来让学生的学习过程得到充分展示。教师可以不必为了急于赶教案而害怕学生节外生枝，回避有价值的学习矛盾，而应该让学生放开来学，使他们真正拥有学习的主动权，成为学习的主人、课堂的主人。

显然，这样的"五重"旨在自主阅读、发展思维。这也体现了阅读课堂教学的改革走向：要教师更多地去关注学习主体的需求、情绪、发展和成长，变"以书为本"为"以人为本""以人的发展为本"，以达到育人的根本目标。所有这些，都在呼唤"软设计"。

"软设计"应凸显生命需求，关注现场生成

季：课堂教学更多的是现场生成，这与教师预先的单边设计是不是会有矛盾？

周：课堂教学设计是对课堂教学事先的设想与计划，是一项超时空的预测活动。从根本上说，做任何事情都不可能没有预测，而所有的预测活动，都不可能绝对准确地符合实际情况而无须改变，尤其是课堂教学。这是因为课堂教学蕴含着师生双方巨大的生命活力，有极大的丰富性，因此也就有了极大的生成性。就潜在的因素而言，有物质因素（包括自然条件和教师条件等）和心理因素（包括个体稳定性因素、不稳定性因素和群体因素等）。更为重要的还有因课堂教学的生成性特点而产生的许多即时的因素。所谓生成性特点，就是指因课堂教学活动本身的进行状态而产生的动态所形成的活动过程。可以认为，课堂教学的丰富性，更多地体现在这种生成性的活的教学过程之中。因为课堂上可能发生的一切，既不是由教师单方面决定的，也

不是都能在备课时预测到的。教学过程的真实推进及最终结果，更多地取决于学生的学情、课堂的具体行进状态和教师的应对、处理状态。如果认为课堂教学的每一过程都可以由教师事先以极其细密的备课来强行安排，那就必然会让课堂教学活动失去灵魂和丰富性，也不能真正实现教学目标的达成和学生整体素质的发展。正如德国教育家克拉夫斯基所论述的："衡量一个教学计划是否具有教学论质量的标准，不是看实际上进行的教学是否能够尽可能与计划相一致，而是看这个计划是否能够使教师在教学中采取教学论上可以论证的、灵活的行动，使学生创造性地进行学习，借以为发展他们的自觉能力做出贡献——即使是有限的贡献。"

教学设计的预测性和课堂教学的生成性是矛盾的统一体。优秀教师在进行教学设计时，能充分考虑课堂教学的生成性特点，课时计划只突出主要步骤和教学内容，不涉及一些细节。因为他们认为这些教学的细节是由课堂教学活动中学生的行为所决定的。他们可以从学生那里获得一些有关细节的问题，而在实施课时计划时，又能充分根据课堂教学的生成性特点而灵活处置，使教学设计脱去僵硬的外衣而显露出生机。正如苏联著名教育实践家和教育理论家苏霍姆林斯基所说："真正的教学技巧和艺术就在于一旦有这种必要，教师就能随时改变自己的授课计划。"

生成性的课堂教学因强烈的现场性而难以驾驭。即使是同一个教师教同一个年级的同一篇课文，也会因所处情况和学生经历的不同而讲授殊异，这使他教的每一节课都成为唯一的、不可重复的、丰富而具体的综合呈现。

季：教学设计要充分考虑现场生成的因素，这是一个教师普遍觉得难以驾驭的问题，但它应当也有一些规律性的东西可供我们掌握吧？

周：这是肯定的。首先教师应当明白如何正确处理学生的认知错误。学生在学习过程中发生的种种错误，很多是教师难以预测的，这成为生成性课堂的一个重要内容。教师面对学生的这些认知错误，应现场判定其训练价值的大小，决定如何进行纠错正谬、现场指导。如一位教师讲授《林海》一课时，当学生读到"大兴安岭这个'岭'字，跟秦岭的'岭'字可大不一样"一句时，把"大不一样"读成"不大一样"。教师意识到"不大一样"与"大不一样"虽然只是一个词语的字序有别，但意思的出入很大。他没有简单纠正了事，而是紧紧抓住这一细节来读通全文，做了一番文章——

师：他刚才哪儿读错了？

生：他把"大不一样"读成"不大一样"。

师：这两个词语意思相同吗？

生：意思不同。"大不一样"是说差别很大，"不大一样"是说差别并不怎么大。

师：读读课文，想想秦岭与兴安岭差别大不大？

生：它们差别很大。秦岭"云横"，而兴安岭则是"那么温柔"。

师：谁到黑板上来画画，看看秦岭和兴安岭是什么样的？（生作画。）

师：一个险峻，一个温柔，看来，二者确实是——

生（齐）：大不一样。

师：还有哪些也是"大不一样"？

这种在纠正一字之差上大做文章的做法，因其教学的针对性而极具教学价值，生动地体现了活的课堂教学的现场指导特征。

还有我们要引导学生敢于、善于在教学中质疑。那么，对学生的质疑，教师应如何疏导，也可以多多反思、总结自己的一些经验。

周一贯与崔峦先生（中）、董建奋校长（左）在一起

季：但也有一些课堂意外情况，教师是无法预测的。

周：当然，比如课堂中发生了意外的干扰。若我们从信息论的视角看待课堂教学，上课是一个信息传输交流的过程，它必然会受到各种干扰。有的是源于内部的干扰，如发生在教师、学生、教学媒体方面的干扰；有的是来自外部的干扰，如来自课堂自然环境和社会环境的干扰。这些干扰一般都是无法预测的，带有很大的偶然性和突然性，是课堂教学生成性的负面因素。教师为保证课堂信息交流的畅通，必须及时化解这些意外干扰，尽可能变消极因素为积极因素，化被动为主动。在农村小学的一节讲授《春蚕》的公开课上，突然闯进来一位农妇，手捧两只馒头，直奔课堂来给她还没吃早餐的孩子。顿时，学生的注意力被吸引了过去，有的笑了起来，课文主题所需要的气氛受到了影响。在这个时候，教师因势利导："同学们，你们从刚才那位妈妈为孩子送早餐的神情，联系本课《春蚕》中的母亲，想到了什么？"这一问使哄笑的孩子低下了头，全班学生也都严肃地思考起这个问题来：两位妈妈的不同形象，不都体现了同一种伟大的母爱吗？来自外界的干扰，被教师巧妙地转化为一种教学契机，帮助学生加深了对课文主旨的感受，使课堂教学充满了生机和活力。

总之，教师虽有预设，但在课堂现场也必须有灵动的调整。因为一般说教学设计，是超时空的策划，缺少现场性。尽管我们强调要为生成而预设，但当教师把事先设想的教案带入现场时，往往会发现因情况特殊而必须做相应的调整。而这种应变则是事先想不到的，其调整的策略必须完成于瞬间，容不得教师去细细琢磨、反复推敲。应当说这是课堂教学生成性的必然要求。

阅读课堂教学以"软设计"为主是当前课堂教学改革的重要策略，其内在机制可归结为以下对照图式：

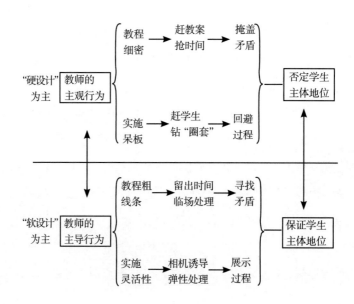

当然，以"软设计"为主，绝不意味着教师在课堂上可以"脚踏西瓜皮，滑到哪里算哪里"，也不是一概排斥"硬设计"，而应当是"软""硬"结合，以"软"为主。

让"软设计"为自主学习、深度学习留下空间

季：随着课改的不断深化，课堂教学不再以授予为主流，而是提倡在教师引导下的学生自主学习、深度学习。这是不是要求教师的"教学设计力"要更能体现对学生学习的组织和引领？

周：是的。教师课堂教学设计能达到何等水平，这首先取决于他的"教学设计力"，"教学设计力"的"力"原属物理学名词，所指的是物质之间的相互作用，能改变物体的运动状态或能使物体发生形变的作用都称为"力"。力具有大小、方向和作用点三个要素，由于相互作用的方式不同，力也就会呈现出各种不同的形态。课堂教学设计也是如此。正因为教学设计之"力"的大小、方向和作用点不同，在改变课堂教学运动的方式、状态和效益上也就会结果迥异，从而决定了课堂教学质量的高下优劣。于是我们就必须考虑：课堂教学的哪些关键点会呼唤教学设计之"力"的大小、方向和作用点，从而使教师的教学设计获取最佳的质量和效益。

随着经济发展和文明进步，课程总是处在不断的改革之中。为此，课堂教学设计也当义无反顾地去顺应历史的潮流、时代的节拍。如果我们反思传统的课堂教学，从语文课程的角度不难发现这样一个规律，就

是教师往往会紧抓一篇课文的具体内容，为学生去逐段分析、讲深讲透。这就得花三四节课的时间去讲读一篇课文，结果阅读量太小也就成了语文教育的老大难问题。而且这种读还不是放手让学生去自读、去思考、去质疑、去讨论，而是听老师讲，讲背景、讲分段、讲段落大意、讲中心思想、讲行文特点……而现在的语文课堂更重视让学生自主阅读，关注以课文为中心的拓展阅读，从而开拓视野、激活思维，在扩大阅读量的同时让学生在阅读中学会阅读。于是语文教学出现了以课文阅读为中心的跨界、整合，进而达到在整合中的超越。这种深度学习的态势正在成为语文课堂教学改革的新走向。这就要求教师在做教学设计的"力"的投放时，必须遵循这样的态势。如青年教师张幼琴指导阅读《大禹治水》一课，采用了"双本参读"的设计，将文本和绘本《大禹治水》一起读，既契合低年级孩子正处于"读图期"的心理特征，又可以通过图文对照识字、学词、读句明义。特别是在深读课文感受大禹"三过家门而不入"的精神时，又巧借绘本中的三幅图（大禹一过家门时，妻子已经怀孕；大禹再过家门时孩子已出生；大禹三过家门时看到孩子正在门口嬉戏），将课文情节具体化。在此基础上，还对照读了一段"大禹治水"的文言文。虽难求甚解，但给小朋友们留下了一个美好的印象。显然，这样的设计更能引发学生的阅读兴趣，助长阅读张力，并且为未来的阅读人生蓄势积力。

季：学生的自主学习固然重要，但毕竟需要在教师的引导下。这学与导之间的和谐互动，又应当如何落实？

周：当然，我们强调学生自主学习，决不能因此就否定了教师引导和必要授予的重要性。主体性教育是一种教育思想，在课堂教学中，它要求教师把教学活动组织成一个在教师激励和引导下学生自主学习的双向互动过程。一般来说，所谓主体指的就是从事某一社会活动的人。在课堂教学过程中，从事教与学活动的人是教师和学生，所以师、生都是主体。但是，仅仅这样认识是不够的。由于课堂教学是人类社会特殊的认识活动，教师和学生所处的位置、所负的职责是完全不同的。教师在教学活动的过程中是施教的主体，而学生则是学习的主体。教师以导为主，学生以学为主。教与导的需要是因为学的需要。教是为学而存在，又为学服务的。这近乎是朴素的真理，但却一直困扰着我们，让我们摆不正"学为主"的位置。究其原因，可以认为是"师道尊严"的旧观念使教师在课堂教学中一直处于发号施令的中心地位。满堂的情节分析和烦琐的主观提问，这一弊端之所以积重难返，不也正是"教师中心""教为主"的反映吗？

随着新世纪的教育理念由传统的工具价值观向人本价值观的深刻转变，21世纪语文课堂教学以培养学生的创新精神和实践能力为核心，主动地掌握祖国语言文字的运用，实现整体素质的发展。"学为主"替代"教为主""灌为主"而成为课堂教学的主旋律。这是一场深刻的变革。所谓"学为主"，就是以学生为主、学习为主、自学为主，形成教师的导与学生的学合作互动。这种合作互动便是学与导之间和谐推进的内在机制——学生自主学习的课堂教学新模式。这无疑将十分有助于造就21世纪的创新型人才，也会大大提高阅读教学效率。

建构学生自主学习的课堂教学，不是轻而易举的，它必须处理好几组矛盾关系：（1）学生学与教师教的关系；（2）学生个体自学与班组群体互学的关系；（3）自学的单一性特点与课堂教学要求多样性特点的关系；（4）学生个体学习的"独步性"与课堂教学要求同步性的关系……按照矛盾对立统一的规律，这些关系的对立之中又同时包含着统一的条件。因此，我们完全可以着眼于统一来妥善处理这些问题，寻求学生自主学习的课堂教学策略。

季：难点在于学和教是一对矛盾，这中间的关系很微妙。有些老师在热衷于教的时候，认为学生就在学，这弄不好就成了以教代学了。

周一贯与绍兴著名特级教师王崧舟（左）在一起

周：你说的有一定的道理，但是我们在看到学与教的矛盾性时，要更多地看到它们之间存在着统一性的另一面。而且，真正解决矛盾的方法，就是实现两者的统一。

一是自学与引导的统一。课堂教学活动是由学生的学与教师的导双向互动构成的。学生的自主学习离不开教师的引导和激励。不管怎么说，教师总是作为课堂教学的一级调控，而学生则是课堂教学的二级调控，即在接受教师指导的同时，进行学习活动的自我调控。只有教师和学生的两级调控磨合密切，课堂教学才能有良好的效果。而两者之间的统一性是显而易见的，因为教师的主体调控本来就是为了引导学生的自主学习；而学生的自主学习，自身就希望得到教师的指点和帮助，否则会达不到深入的要求。这种教与学的互动合作，应当是语文课堂教学的客观规律，如《黄山奇石》一课的教学，一位教师的设计就很有教与学互动合作的特色。

教师出示课题后，要学生从"黄山"和"奇石"入手初读课文、初知大意，启发学生思考：黄山是一处怎样的地方？课文介绍了几块奇石？（奇石名称用卡片排列在黑板上。）从介绍的七块奇石中，详写的有哪几块？略写的有哪几块？（学生按详写、略写重新排列卡片。）

四块详写的奇石，为什么只写成三段，而不是四段？

（学生再按三段详写的要求，重新排列顺序，并说明因为"仙桃石"和"仙人指路"都与神仙的传说相关，可以合并成一段。）

教师以此为主线，让学生从详写的四块奇石中，选择一块来说说作者是怎样写出"奇"的，通过哪些关键词语来表达。在学生自学、交流和讨论、评议中，教师相继落实训练重点，培养学生的读写能力。在此基础上，教师进一步引导拓展课文，激发创新精神。如：

略写的三块奇石，作者只提了名称，你能根据这个名称展开想象，模仿详写的那些表达手段选择其中一块来说说吗？

课文中说"那些叫不出名字的奇形怪状的岩石，正等着你去给它们起名字呢"，现在，老师画下了其中几块奇石，贴在黑板上，你能给起个名字吗？并形象地说说，为什么起这个名字。

从这个总体设计中可以看出，教师每一步的教，都是指引学生自主学习的导，整个课堂教学过程就是学生在教师引导下自主学习的过程。

二是个体与群体的统一。小学生的自学不同于成人的自学。成人的自学一般是"个体内向式"的，即可以关起门来自己一人钻研、领悟。因为他们已具有了相当的自学基础和能力。而小学生的自学，特别是课堂自学，则多是"群体外向式"的，即自学需要外向交流的帮助，接受教师的指导和群体的合作，使他们逐渐培养起自学能力。因此，在"学为主"的课堂教学模式中，学生个体的自主学习要与群体的交流合作密切配合，方能提高课堂教学效率。知名特级教师于永正讲授《狐假虎威》一课时的一个精彩片段，很值得我们借鉴。

师：下面两节写它们去森林的情景，非常精彩。请仔细读，读后再请几个小朋友来表演。要想演好，必须读好，合作得好。

（学生认真读完，教师指定五位小朋友分别戴上头饰。）

师：其余的同学都来当导演，导演更了不起。各位导演看看狐狸和老虎谁在前、谁在后，为什么？请读书，根据书的要求来表演。

生：狐狸在前面走，老虎跟在后面走。因为书上说了："再往狐狸身后一看，呀，一只大老虎！"

生：图上画的狐狸在前，老虎在后。

师：这两位导演读书很认真。——小兔啦、野猪啦，应在什么地方？

生：它们在森林深处，要站得远一点。

师：看来小朋友们把课文读懂了，都是出色的导演。下面请一位小朋友朗读第七、第八两节，由五位扮演动物的小朋友表演。

（一生朗读，"狐狸"在前面大摇大摆地走，"老虎"在其后东张西望。）

师：（问"老虎"）你东张西望什么？

生：我看看动物们是不是怕狐狸。（众笑。）

（"狐狸""老虎"继续往前走。"小兔""小鹿"等一见"老虎"，"呀"的一声，撒腿就跑。）

师:(问"小鹿")你为什么跑? 害怕谁?

"小鹿":我怕的是老虎。

师:不是怕狐狸?

"小鹿":谁怕它呀! (众笑。)

师:同学们,不,各位导演们,对他们的表演有什么意见吗?

(小朋友纷纷发表意见,给予了充分肯定。)

组织学生用课文进行即兴表演并不鲜见,但于老师的高明之处便在于个体与群体的统一上。教师指定五位小朋友戴上头饰表演,同时让全班学生不是当观众,而是当导演,先让导演说说怎么演,演了后再让导演来评。这就把表演的过程变成不仅仅是演出的几个学生自能读书的过程,而是培养全体学生自能读书的过程、群体合作互动的学习过程。

三是单一性与多样性的统一。让学生读写思考,当然是自主学习的基本方法,但如果课内的自学活动都是这种比较单一的形式,必然会显得呆板凝滞,也不适合少年儿童活泼好动、注意力不持久、以形象思维为主的生理及心理特征。因此,课内学生的自主学习活动,应当体现以读写为主的基本方法和其他多种学习方法相结合,追求生动活泼的学习形式,以激发学生的自学兴趣,培养多种自学能力,提高自学效果。一位教师讲授《景阳冈》这篇课文时,在初读课文的基础上,以举行课内"武松打虎"小小故事会,将评选"故事大王""故事二王""故事三王"为契机,组织大家去自读课文。于是在黑板上贴出了"故事会"的横幅,教师充当故事会主持人。开始前,先让同桌互相演说一遍,再自告奋勇,上台献艺。由于变换了自学形式,大家读得十分认真,无不摩拳擦掌,准备一显身手。这说明要做到课堂"学为主",教师必须设计好深受学生喜欢的教学形式。不仅仅是读一读、写一写,还应该有适合不同课文特点的议一议、争一争、唱一唱、画一画、演一演、做一做、玩一玩……使大家学得用心、学得开心。应当说，语文学科所具有的形象性、交际性、文学性和语文教材多是社会现实生活反映的特点，为教师设计多种生动活泼的自学形式创造了极为有利的条件。

四是同步与差异的统一。学生的自主学习活动重在体现自主性，也就是说，他们在学习活动中应该有较多的自主权。一个部门、一个单位乃至个人，如果被过多的规定、章法管得死死的，没有或很少有自主权，那么他们也就用不着去动脑筋想问题，反正一切都应该照章办事，听命行动。久而久之，便会失去自信，不会独立思考，也不再奋力进取，这是对人的能动性和创造力的扼杀，其结果是十分可悲的。因此，在自主学习活动中，教师要用最大的宽容度去接受学生发展过程中的各种差异性，循循善诱，因势利导，切不可依恋灌输式教学那种呆板僵化的"简单划一"和一锤定音的"干脆利落"。

五是计划与应变的统一。传统的教学是以教为主的运行机制，常由教师事先主观编制教案。这种教案多是刚性设计，有过于细密的环节、数目繁多的提问。教师把课堂教学的每一分钟该做什么和怎样做都设想得天衣无缝，然后到课堂上强行实施。上课成了教师演示教案的过程，学生只能做被授予的观众。而在实施"学为主"的课堂里，教师的教案就必须是弹性设计的，即要把大量的课堂空间还给学生，让他们自主学习。教师准备的计划，要充分考虑学生在自主学习过程中可能出现的问题，并为解决这些问题拟订因势利导、现场处理的对策。这就要求教师必须实行事先的课时计划与现场的课堂应变的统一，使计划为现场的学情服务，具有灵活的可塑性。

季： "软设计"确实十分重要。教学中应该留出足够的时空，让学生自主学习，这不仅是一种教学策略，更是一种根本性的教育理念：学生才是学习的主体。

周：教育的首要问题，从某种角度说，确实就是谁是学习的主体。课堂的主体性教育，也就是指教学必须致力于培养学生的自主性、自立性和自动性。正是由于学生主动地参与了阅读教学活动，他们才能获得语文整体素质的真正发展。

关于主体性教育问题，其重要意义是显而易见的。

首先，这是 21 世纪对其社会成员的客观要求。传统的社会发展观强调的是以物（客体）的发展为中心，追求的是生产进步和物质丰富；而现代的社会发展观，尤其是 21 世纪知识经济的推进则呼吁以人（主体）的发展为中心，追求人的价值。人本价值要求人必须在社会进步和经济发展的过程中占优先地位，因为所有的进步和发展，都是人创造的，所以必须充分保证人的自身发展，并为之提供充分的条件。因此，主体教育所具有的价值和它在 21 世纪发展中的重要地位已毋庸置疑，主体教育因此成为世界教育改革的共同趋向。

其次，这是实施语文素质教育的必然。教育由应试教育转移到素质教育的轨道上来，是一场深刻的变革。教育要提高全民素质，这是实现现代化的基石，这一命题的正确性已无需论证。关于素质的内部结构虽说法不一，但无论从哪一个角度考察，主体性都处在其中的核心地位。因此，素质教育的本质含义也可以说是主体教育。实施语文素质教育的关键，就是必须努力推进阅读的主体教育。

再次，这也是克服阅读教学历史积弊的需要。我国阅读教学源远流长，虽积累了诸多可贵的精华，但弊端也十分明显。其中以教师为中心、讲解为中心是集中表现之一：教师洋洋洒洒地讲，学生昏昏沉沉地听；教师零零碎碎地问，学生简简单单地答；教师密密麻麻下指令，学生唯唯诺诺去执行；教师匆匆忙忙赶教案，学生亦步亦趋团团转……这种状况，即使在当下的阅读课堂里也还是存在。可见，历史的顽疾往往会有积重难返的特点，这应当引起我们足够的重视。

"软设计"：为了学生的生命发展

周一贯与语文教育专家张田若（左）及外国专家（右）讨论汉字教学

季：其实您的"软设计"理论，还是从重视学生的生命存在与需求出发的，它是不是您的语文教育生命观在课堂教学设计领域的一种表现呢？

周：是的。课堂本来就是为学生设置的，如果沿袭"师道尊严"的旧观念，势必会使课堂成为教师的"一言堂"，以致"教"的灌输排挤了学生的个体学习活动，使他们陷于被动接受状态。这显然违背了学生生命存在的尊严感和自信心。从这个意义上说，"软设计"就是要充分地去关照学生的生命诉求。

在人的所有行为表现中，出现频率最高的莫过于选择行为。在一天中起床要择时、穿着要择衣、用餐要择食、出门要择路、购物要择优、游览要择地、代步要择车、阅读要择书……在一生中，就更不用说了，诸如择学、择业、择友、择偶、择居等。一个人的一生中做的有意无意的选择多得难以计数。

选择是人生不息的行为表现，具有主体与客体双向性矛盾统一的辩证规律。在当代和未来的社会生活中，竞争空前激烈，发展不断加速，环境多向变换，更要求下一代具有很强的选择能力，方能适应社会要求。可以认为学会选择已成时代的需要，注重选择已成时代之精神。

既然选择能力已成为人的重要的现代素质，就应当从小精心地培养。但是在传统的课堂中，教师处于不可动摇的权威地位：教师讲、学生听；教师写、学生抄；教师问、学生答；教师命题，学生作业……一句话，学生应亦步亦趋、不折不扣地奉命行事，无任何可供选择的余地。这是学生主体地位失落的具体表现。试想，学生的一切课堂行为都得听命于教师，又哪里会有学习的独立性、主动性和创造性？显然，这只会造就唯命是从、墨守成规的"顺民"，而绝对不利于培养富有主体意识的面向新世纪、具有创新精神和实践能力的新一代。

鉴于自主选择是一种主体意识、主体行为、主体能力的体现，课堂教学就应当在更多的环节上，变教师的"指令性"为学生的"选择性"，寻求在教师指导下的学生自主选择的新机制。我认为以下一些方面是有效的操作方略。

1. 激发学生对文本理解的选择。由于课文的语言具有模糊性特点，还有学生的思维方式的个性化，在语句理解方面教师应当让学生有自己不同方向的选择。只要不违背本意造成谬误，都是容许的，不必拘泥于统一的答案。如教《乌鸦喝水》这一课，一位教师先做了一番演示，然后提问学生："乌鸦为什么喝不到水？"一位学生回答："因为水太浅。"另一位学生回答："因为瓶口太小。"还有一位同学回答："因为乌鸦的头太大。"老师只对第二位学生的回答做了肯定。其实，第一位和第三位学生的说法在这个问题里也不能算错，只是因为对同一现象理解的角度不同。持"乌鸦的头太大"这个理由的学生，是因为老师演示的"乌鸦"（用硬纸做成）确实头大了一点，加上乌鸦处于动态，容易引人注意；而瓶子处于静态，容易被人忽视。由此可见，学生应当有权选择理解，教师应当尊重并激发学生具有独特性的思考，不要轻易加以否定。

2. 充分尊重学生对情感的选择。在一篇课文中有许多使用确切妥帖、生动传神的好词佳句，不同的学生自然会有不同的喜好，让学生只挑最喜欢的词句来品赏和交流，这是对词句的情感选择。课文中对某一事物的多角度、多方面、多层面的描述，让学生只挑最使他感动、体会最深的那一点讲析交流，这是对情节的情感选择。在有人物群体出现的课文中，如《将相和》，文中的廉颇、蔺相如、赵王，让学生谈谈最喜欢谁，最不喜欢谁，为什么，这就是对人物的情感选择……凡此种种，说明阅读课堂教学的情感选择天地是十分广阔的。

3. 引导学生对思路的选择。叶圣陶说："作者思有路，遵路识斯真。"道出了思路问题在阅读教学中的重要地位。作者的"文路"、教师的"教路"、学生的"学路"都是思路。教学中对思路的探求必然会有一个选择过程。引导学生注意选择学习的思路，可以有效地培养学生的选择能力。

4. 鼓励学生对学法的选择。俗语说："理儿只有一个，方法却有千万。"在阅读课堂教学中，学生总是自觉地运用各种学习方法。学习心理学说明，学生的学习方法总是因人而异的，这里实际上存在着一个学法选择的机制问题。一堂"优课"的课堂调控，教师应当有意识地去引导学生做这种学习方法的自觉选择，以不断优化学法的运用效率，同时培养学生的选择能力。

5. 给学生选择习题的机会。教师在给学生布置课堂练习时，应当承认学生之间存在着不可避免的差异性，允许他们在练习的数量和深度上有一定的选择度，避免"一刀切"的做法。首先，在作业的数量上应当有一个自由度，如教师布置 5 道练习题，让学生必做其中的 1、2、3 题，还有 2 道可以做，也可以不做。一位低年级教师布置课堂作业时一改传统做法，她说："这节课我们学了 8 个生字，现在请大家写一写，会的就不用写了。不会的一个字写三遍，第一遍要写得对，第二遍要写得好，第三遍要写得快。大家动笔吧。"这样，不搞"有枣无枣打三竿"，把选择的自主权大胆交给学生，充分相信学生有能力去选择决定，无疑会大大激发学生的自主意识。另外，在作业的难易程度上，也应有所区别，允许学生在一定的范围内选择。如把学生操练的习题分成两部分，一部分是体现教学目标的下限要求，是人人必须掌握的习题；而另一部分则是体现了教学目标的上限要求，提供给一部分学生自选完成。

6. 给学生选择学习伙伴的权利。语文课堂教学是师生的群体活动。随着课堂教学改革的深入，学生自主学习小团体活动的环节增加了许多，如小组讨论、分角色朗读、分角色表演、结对背诵测试、分组观察调查等。习惯上，这些伙伴由教师分配指定，可以体现一定的组织优势，结构会比较合理。但另一方面，也会影响学生的自主能动作用的发挥。因此，有的教师在调控时既有分配指定，也有自主结对，在寻求合作伙伴上给学生尽可能多的选择权，以更好地体现非组织群体的活力、伙伴教学的优势。一位优秀教师到农村借班上观摩课，学生因为有几百名老师听课而显得特别紧张。教师笑容可掬地做了风趣的自我介绍后说："老师知道大家都有自己的好朋友，我看座位可以暂时变动一下，请大家找一位自己的好朋友同坐一桌。老师晓得与谁同坐都乐意的小朋友，一定是人缘特别好的小朋友。"于是，全班同学兴高采烈地找好朋友同坐，拘谨、沉闷的气氛一扫而光。教师在特定的情况下允许学生选择同桌，为一堂观摩课的成功创造了一个良好的开端。

当然，在自主选择的活动中，受限于学生的认知水平和生活经验，课堂会出现一些偏差，这是难免的。但是，我们不能因此就不让他们选择，选择和责任是主体性的一对孪生姐妹。人的责任感是在自我选择中形成的。如果一个人没有这样的权利，而只能被别人选择，他的责任感就比较弱，主体性也就难以发挥了。

季： 让"软设计"的课堂促进学生生命发展的一个重要途径，应是发展学生的创新思维。这方面该怎么做呢？

周： 语文是一门极具创造性的学科。阅读是读者对读物的再创作过程，作文更是具有创造力的个体灵性的闪光。既然语言是思想交际的工具，而创造是思想的智慧之花，这就决定了语文学科与创造思维的血缘联系。语文的课堂，应该是最具生命活力的创造性的课堂。

什么是创造力？美国著名心理学家吉尔福特把创造力解析为六个主要成分，分别为：（1）敏感性；（2）流畅性；（3）灵活性；（4）独创性；（5）再确定性（善于发现特定事物的多种方法和机制）；（6）洞察性。我国学术界有人把创造性思维的基本因素归纳为：（1）积极的求异性；

（2）敏锐的洞察力；（3）创造性想象的参与；（4）独特的知识结构；（5）活跃的灵感；（6）新颖的表达。显然，所有这些方面，在课堂教学中都是有机会训练并达成的，重要的是必须将这些理念融入教师的课堂教学设计中。

季：您能根据课堂教学的特点和规律，说得更具体、更有可操作性吗？

周：从教师操作层面说，主要可以有五方面的考虑。

1.积极的求异力——提高思维的发散度。一个问题往往会有很多可能的答案，思维就要以这个问题为中心，重组所给的和记忆中的各项信息，向四面八方自由发散，以寻求众多的解决方法和众多的答案。这就是积极的求异力，也称发散性思维。它是构成创造性思维的主导内容。创新，就要以这种积极的求异力为基础。在阅读教学中，语言的模糊性往往使词意或句意没有绝对的、唯一的解释，而必须根据上下文的特定语境来具体推测，有的甚至还会有"只可意会，不可言传"的言外之意。于是，由词句组成的文章，无论是传达的思想，还是抒发的情感，也都具有不确定性的一面。这就为在语文教学中培养积极的求异力创造了有利的条件。

2.敏锐的洞察力——培养思维的灵敏度。对客观事物敏锐的洞察力，是指能很快地认识客观事物的本质特征，看清其共同点和不同点。如此，方能利用已有的知识经验或传统方法，有方向、有范围、有条理地解决问题。这也是一种集中思维的能力，又称收敛思维、求同思维、辐合思维、聚合思维等。它要求思维有较高的灵敏度，方能在散乱、无序的事物中，迅速找到其本质特征和共同规律。在创造活动中，发散性思维和集中性思维互相促进、彼此沟通、互为前提、相互转化，是辩证统一的两个方面。讲授《还是人有办法》这一课时，一位教师边放幻灯片（奔驰的马，正在行驶的汽车、火车）边以亲切的语调朗读课文第一段："弟弟看见马跑得快，他说：'人比不上马。'哥哥说：'人能够造火车，造汽车，火车和汽车比马跑得快。'"教师用同样的方法，引导学生自读课文的其他两段，句式与第一段差不多，分别用"轮船和潜水艇比鱼走得快""飞机与火箭比鸟飞得快、飞得高"来证明哪些动物的某种能力比人强，可是人造的工具又比这种动物强——小朋友能想出来吗？于是一位学生说："弟弟看见蚯蚓在松土，他说：'人比不上蚯蚓。'哥哥说：'人能够造掘土机，掘土机比蚯蚓松土松得快。'弟弟说：'你说得对，还是人有办法。'"另外的一些学生也纷纷举手，有的说起重机比大象鼻子力气大，有的说人做的糖比蜜蜂酿的蜜多……有一个学生说得特别好："弟弟看见书上说孙悟空有火眼金睛可以看千里以外的东西，他说：'人比不上孙悟空。'哥哥说：'我们可以造电视机、人造卫星。电视机、人造卫星比孙悟空看得远。'弟弟说：'对，还是人有办法。'"

3. **丰富的想象力——促进思维的流畅度。**阅读课文以抽象的文字符号反映气象万千的生活图景，学生读着这种文字符号，头脑中就会层出不穷地涌现相似或相关的画面，唤起丰富的表象和联想，在这个过程中，想象便得到了有效的锻炼，而创造性想象也会趁机萌发。创造性想象是一种不依据现成的描述和图示，而根据一定的目的、任务，在头脑中独立地创造出新形象的心理过程。它同样要以唤起表象和联想作基础，但又不是过去表象的简单重现，而是经过加工改造后创造出来的新形象。在教师的启发引导下，一方面让学生从课文语句中获得丰富的表象；另一方面又联系自己的生活经验，调动原先储存于头脑中的相关表象，按照特定的目标进行新的组合，构建成新的生活形象。正是在这种积极的思维活动中，学生的创造性想象能力得到了有效的锻炼。

4. **活跃的顿悟力——提高思维的直觉度。**顿悟力是人的创造性飞跃的一种表现，其状态为：人的注意力高度集中于对象，意识处于十分清晰和敏锐的状态，思维活动也特别灵活、深刻，效率高。这时，思维不仅表现为逻辑性强，而且具有直觉性，即直接领悟的思维方式。它仿佛没有经过严密的逻辑推理而蓦然猜度到了问题的精要处。看起来没有间接的思考过程，具有直接性、迅速性和猜测性，但其实是一定程度上逻辑思维的凝练与略化，是高度集中的语言化、内化或知识迁移的结果。这种建立在直觉思维基础上的顿悟力，在阅读课堂教学活动中并不鲜见。请看下面这段实录：

师：小朋友，你们学完了课文，知道乌鸦因为爱听奉承话，所以上了狐狸的当。现在，乌鸦吸取了教训，变聪明了。（板书：聪明的乌鸦。）你们好好想想，乌鸦怎样把狐狸嘴里的肉再拿回来？（学生思考后纷纷举手。）

生1：狐狸叼起肉，刚想钻进洞里去。忽然乌鸦飞到狐狸头上，用尖硬的嘴巴啄狐狸的头。狐狸痛得直叫，嘴巴张开，肉掉在地上。乌鸦连忙把肉叼住，拍拍翅膀，又飞到树上。

生2：狐狸叼起肉，刚想钻进洞里去，突然乌鸦真的唱起歌来。多么好听的歌声！狐狸忍不住走了回来。乌鸦唱完了歌，问道："再唱一首好不好？""好！"狐狸这一说，肉就掉在地上。乌鸦马上把肉叼走了。

生3：狐狸叼起肉，刚刚想钻到洞里去，只听乌鸦大叫一声："不好了！这块肉有毒。"狐狸一听害怕了，马上把肉甩掉，乌鸦又把肉叼走了。

5. 新颖的表达力——提高思维的独特度。表达自己独特的见解和感受，本身就是一种创造力。教师应当把这种不是拾人牙慧的新颖的表达看成是创新思维能力的外现。在语文教学活动中，表达既是师生之间传导的媒体，又是教学的目标，具有十分重要的地位。如何培养学生体现思维独特程度的新颖表达力，是阅读教学的重要任务之一，它不仅关系到学生语文能力的提高，而且又是发展创新思维能力所必需。为此，教师应当千方百计为锻炼学生的这种新颖表达，去巧妙地创设各种不同的问题情境。

《赤壁之战》一文中写到黄盖给曹操写了一封信，并简要地介绍了信的几点意思。凭借这个内容，一位教师设计了这样一个说写训练，让学生以此为依据，充分发挥想象，以黄盖这个角色，给曹操写一封假降信，让学生当堂练说，课后写下来。

21世纪的教育课堂，将是充分体现主体性创造的课堂。这是传统教学势在必行的跨世纪发展。它从语文学科特点和语文学习规律出发，在传授知识、发展智能的同时，注重培养学生的创新能力，以塑造充满活力的新世纪的社会主体。这也正是课堂教学对主体性教育的追求。

我在教研室待了十年，重点研究的课题除对教学研究的行政管理之外，比较集中地研究了教师的"教学设计力"。我认为这是教师专业能力中的重中之重，也是课堂教学改革中的一个核心问题，更是关乎教学质量的根本问题。研究成果集中体现在我的一些专著之中，特别是《语文教学优课论》《阅读课堂教学设计论》等。

迟到的荣誉：教研员也可以评特级教师了

季：您成名较早，1984年就出版了您的第一本专著《文体各异·教法不同》。当时小学教师出专著是全国罕见的，可为什么到1990年您才评上特级教师？

周： 我在 1990 年评上浙江省第四批特级教师，确实不算早，但这是有原因的，因为前两批的评选对象都是在第一线教课的教师。到了 1990 年这一批，评选对象有了调整，为了加强教研工作，教研员也在特级教师的评选之列。这样，我就入选了。我们很受鼓舞，工作的劲头更大了，真切地感受到了政府对教学研究工作的重视。

季： 特级教师这一荣誉真的很鼓舞人，这对于您以后教研工作的深入展开，是不是带来了强大的动力呢？

周： 是的。比起对语文教育研究的兴趣，我对荣誉要看淡得多，但是对"特级教师"似乎不一样。也许就因为不仅是教师，而且是教师中的"特级"，更多地与我的"名师梦"有点关系吧。

这之后，我在绍兴县小学教研工作这一块，做得更加深入了。如在全国首创"语文尝试教育"，并举行了"全国语文尝试教育实践研讨会"，来自全国各地的 300 多位语文名师、教研员和专家教授参加了。在浙江省教育学会小学语文教学研究会已经有七年没有举行年会的情况下，我们绍兴县承办了当年的年会。在浙江省自行制定义务教育各学科教学大纲、编写省教材的研讨活动中，我提出了小学语文在以思想教育为主线编单元的同时，也应按语文知识、能力系统培养目标来编单元，得到不少专家、教授的认可……不久我就被推荐为浙江省教育学会小学语文教学研究会副理事长（理事长为当时杭州大学的朱作仁教授），又被浙江省教育厅任命为省九年义务教育小学语文教材编委会副主任……今天站在 83 岁生命节点做历史回顾，觉得自己没有辜负"特级教师"这一光荣称号。

第六章　退而不休：全力承办『名师工程』

退休之后的"弯道超车"

季：1996 年，您满 60 岁退休了。退休，对谁来说都是一个人生转折点，但您似乎不一般。它集中地体现在您由此为绍兴市、县创建了系列"名师工程"，历时十余年，成为绍兴市、县在名师研修工作方面的一个奇迹。

周：你过誉了。我从来不认为人是需要退休的，我们应当退而不休。退也许是必要的，让出位置来给年轻人，代代相继，生生不息。但"休"就不一定，人若是没有病，就应当继续干。人活着，就得干活。"活"这个字很有意思，既是"死活"的"活"，又是"干活"的"活"，还是"生活"的"活"。这说明人活着就得干活，这才构成了生活。所以，退休对我来说，只是换了个单位、换了间办公室而已。60 岁退休，我到 84 岁还在工作，这已经是 24 年了。若还干得动、还能干，退休之后应该还有 30 多年时间。所以，我认为退休之后"人生还有下半场"是一点不夸张的说辞。另一方面，人到退休年龄是专业经验最为丰富，也最能出研究成果的时候。因为有了丰富的积累，退休之后的坚持就如物体坠落一样，会有一个"加速度"。这是"弯道超车"的好机会。加上退休后行政事务少了，可以自由支配的时间多了，从事活动的空间也更加大了，这对一个专业研究人员来说，是可以实现人生目标的极好时段。

季：您在退休之后举办了多期的"名优教师研修班"，从这里走出去大批的优秀教师、专家教师和不少特级教师。我就是在您的"名优教师研修班"里成长起来的，最终被评为了特级教师、正高级教师。我们大家都十分感谢您。

周：退休之后，我接受绍兴县教师进修学校聘请，系统开展"名师工程"，先后举办了三届"名优教师研修班"，每届为期三年，一共九年时间，参与研修并结业学员共 91 人。同时，我还接受市教师进修学校聘请担任顾问，举办"市名优教师研修班"，五年培训并结业学员 32 人。此外，还接受越城区教育局委培"名优教师研修班"，培训学员 38 人。这样加起来就有 161 位。除办班之外，更多的是与班外的名优教师切磋研究、互相帮助。这是我一生中对语文教育事业做出最大的奉献之一。难怪人们会认为：从绍兴县、市到省内外，很多优秀语文老师都曾在周氏门下学习，也有很多特级教师得到过周老先生的指点。这当然是溢美之词，成功源于他们自身的奋进不已，我只不过是一个相遇的同道中人而已。我的语文教育生命观中有一个基本观点：教师自我生命的专业修炼，永远是语文教育成功之道最重要的基石。这里也特别强调一点，真正的成功的专业修炼，第一位都源自自我生命的不懈追求。

季：一般教师会觉得退休意味着离开了学校，离开了体制，也离开了学生，即使想再登讲台上课，又能到哪里去呢？

周：当然，退休了，就身居"江湖"。各人的生活安排会随个人的不同追求而各不相同，我们无须强求一律，只要自己觉得幸福、健康就好。当然也不排除像我这样钟情教育、喜欢语文教学的人，继续快乐地、不拘一格地行走在这个领域里，也不一定是单一地再登讲台上课。

周一贯在 "名优教师研修班" 讲学

　　我是因为在未退休时已得到了绍兴县教师进修学校和绍兴市鲁迅小学等单位的邀约，所以一退休就去这些单位工作。在绍兴县教师进修学校，我全力主张开展 "名师工程"；在鲁迅小学则主要指导五位青年名师，并以此为契机，带动全校教师的专业研修。我对培养名优教师的热忱源于一个长年的心结：中国小学教育的问题，尤其是农村教育，关键在于教师，在于教师的专业研修和专业发展。所以，我退休之后最想做的事也就是名优教师的研修工作了。

　　季：名优教师的研修培育，这个课题很大，涉及的方面很多，您是怎样确定研修重点，选准突破口的？

　　周：确实，名优教师的研修培育工程浩大，加上三年业余培训期的时间局限，所以，不可面面俱到，如果处处用力，那就只能蜻蜓点水，这是不能解决问题的。那么如何选择突破口呢？

在开阔的语文教育领域里，我首先把力量放在阅读教学上。这是因为中国传统语文教育是以阅读为本位的。在当下，一册语文教材主体就是三四十篇阅读课文，虽然课本里面有识字、拼音、写字、口语交际、写话习作、综合实践等诸多内容，但主体还是阅读教学。而阅读教学的基本平台便是阅读课堂。教师要有效地组织好阅读教学，就必须先上好每堂阅读课。上好阅读课的关键是教师如何提升阅读课堂教学的效率。我把这个作为全面推进名优教师专业素养的突破口和聚焦点，以提高阅读课堂教学效率来统领名优教师专业修养的整体提升。这不仅能体现提高义务教育教学质量这一现实的核心需要，还带动了师资水平的综合提升。记得首届绍兴县小学语文"名优教师研修班"开班于1997年，招收了优秀青年教师16人。我们先研究阅读课堂教学的有关理论，接着以磨课研究、教案设计、课堂观摩、评议交流、撰写体会为主线，集中研究课堂的有效教学，研究如何从传统的以教师讲为主转化为以学生学为主。另一方面则侧重于让学员感受全国小语界阅读课堂教学改革下的态势和走向，探究全国小语阅读教学改革主要流派的基本艺术风格。为此，我隆重邀请了全国小语名师于永正、贾志敏、靳家彦和支玉恒来绍兴参加活动，每位导师各与4位学员结对师徒，强化指导，取得了极好的效果。如于永正老师和李建忠学员结对以后经常以书信、电话往来交流。几年内李建忠在省级以上报刊发表的研究文章多达30余篇，于永正老师也在《教海漫记》一书中撰写了《我与李建忠》一文，成为师徒异地结对、提携有成的一个典型。

就这样，我在退休之后，先后为绍兴市、绍兴县的一些名校举办的"名优教师研修班"（包括外地的义乌市艺术学校和温州市的好几所名校）

多达十几个，名师数量达到 500 多人，应当说成效大大超过了退休前。这是我一生中引以为荣的成就，我觉得若以"弯道超车"喻之，当不为过。

醉心名师培养：农村教育发展之本

季：您在退休后不仅帮助绍兴县和绍兴市的教师进修学校举办了多期"名优教师研修班"，还在外地多所学校也举办"名优教师研修班"，您为什么热衷于名师培养？

周：我热衷于名优教师培养应当与我的农村教育情怀相关。自我从部队转业到地方要求当一个农村教师开始，就有了这样的志向。我生在农村，长在农村，因对农村了解、熟悉而日久生情，这也许就叫乡愁吧。有了这样一种情怀，我对农村教育相对落后的状况有切肤之痛。当时我念过书的学校和我所看到的农村小学，校舍多是庙宇、祠堂、庵屋，阴暗而且潮湿，菩萨或神主牌位就在黑板旁边。因为上学的人少，班级不仅有"复式"（一个教室里两个年级），而且有"三复式"（三个年级在一起）、"四复式"，甚至是"单班"教学（所有年级都在一个教室里）。教师多是从旧社会过来的。真正从新中国成立后的师范学校出来的"少壮派"、新生力量，农村小学是分不到的，他们基本都在城里。新中国成立后很长一段时间里，农村的五年制教育还没有普及，又怎么谈得上提高教学质量呢？农村教育的这种状况是历史造成的，它不可能在一朝一夕就得到改变。即使在现在，农村教育的质量与城市相比，也依然存在着一定差距。多年的农村教师经历让我深知必须从根本上提高农村教师的素质，这应该是我一直醉心于农村教育名优教师培养的原因吧。

季： 农村名优教师培养的关键环节是什么？您是怎样有效落实的？

周： 我认为根据区域条件，由专家教师领衔做面对面、手把手的分批定期集中培训是一种比较有效的方法。我在指导研修的过程中十分重视学员自学的个性化，不求一刀切，以切实保证每个学员可以找到自己的亮点，去做最好的自己。在培训过程中，要十分重视突出两个重点：一是课堂教学的执教、观摩和评议；二是教学叙事类文章的写作，做到以自我经验的感悟为基础，寻找相应的学理依据。与此同时，开展配套的读书活动，交流读书心得，展示读书笔记，提高理论水平。这应当也是至关重要的。我十分重视学员的教学写作训练。我觉得常年在第一线拼搏的老师并不缺少实践经验，缺少的是教学写作能力。一定要鼓励他们动笔梳理自己的实践体验，总结点滴经验，先从培养叙事写作的兴趣中树立信心，并在此基础上逐步提升理性认识，形成自己的教学主张。

阅读课堂教学的"高原现象"

季： 虽然这些年语文课程的改革风起云涌，推进得很快，但在许多阅读课堂中，依然存在着教师的讲析过度、言语和行为太多，而学生多呈沉闷地被动接受状态的问题。我们应当如何看待这种现象呢？

周一贯与"名优教师研修班"学员讨论如何突破阅读课堂教学的"高原现象"

周: 这确实是造成语文教学效率不高的一个积疾。记得吕叔湘先生早在 1978 年就说过:"十年的时间,2700 多课时,用来学本国语文,却是大多数不过关,岂非咄咄怪事!"这短短的一句话,道出了语文教师的困惑,也道出了全社会对语文教学的疑虑。

历史不断翻开新的一页,到了 1997 年岁末,《北京文学》破天荒地发表一组(3 篇)关于中学语文教学问题的"世纪观察",专题为"忧思中国语文教育"。一石激起千层浪,这三篇文章立即在全国引起了强烈反响,众多报刊予以转载和报道,有的还组织了讨论。尽管众说纷纭,但各界人士普遍认为,"中国语文教育实在到了非改不可的时候了","语文教育看起来是个教育问题,实际上影响了我们全民族的思维、思考和表达方式"。

要解决中国语文教育的问题,决非轻而易举,其相关因素确实十分复杂。但最为突出的也亟须解决的方面,是如何提高阅读课堂教学效率。

虽然学校按实施素质教育的指导思想增设了活动课，丰富了语文教学的内容和形式，但是，如果占教学总时数比例最高的课堂阅读教学依然没有本质意义的改革，就不可能产生真正的效率。因此，集中探讨阅读课堂教学改革问题就具有了推进语文教学改革的全局性意义。

应当说，阅读课堂教学在改革开放的大潮推动下，正在不断向深层发展，而且也取得了不少可喜的成绩，这是不争的事实。但是，阅读课堂教学改革的继续突破也确实面临着难以逾越的障碍，出现了只在平面推移的"高原现象"。

我们常常以曲线图来表示某种技巧形成过程中练习次数同练习成绩之间的关系，这种曲线图可以显示出多次练习所发生的动作效率、活动速度和变化的进程。这种曲线图叫"练习曲线"或"学习曲线"。但这不仅仅是练习，从各种技能的形成过程中，也可以概括出一样的趋势，即效率上升到一定阶段会出现停滞状态，即"高原现象"，如不能突破，甚至会呈下降趋势，如下图：

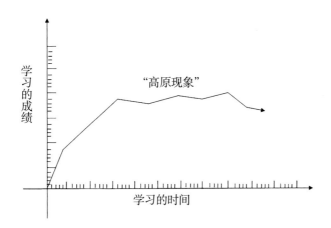

教师的课堂教学实践，从本质上说也是一种认知活动，也会出现"高

原现象"，即课堂教学实践活动在达到一定高度后，会遇到难以突破的瓶颈而出现平面滞留状态。这种课堂教学水平"高原期"的出现，一个共同的问题是学生在课堂教学中的主体地位难以得到真正落实，上课成了坚决执行由教师主观编拟教案的过程，少数成绩好的学生在课堂上的任务是配合教师展示教案，而多数学生则成为观众，课堂成了演出"教案剧"的舞台。

教师为了让学生能按照教案的设想顺利地推进学习，便以过分细密的教学环节、为数众多的提问设计，以确保能"牵"着学生沿着教师的"教路"走。教师担心完不成设计得"密不透风"的教案，于是就抢时间，力避学生"节外生枝"，就会自觉或不自觉地回避矛盾、掩盖学情，以顺顺当当地走完教案中所确定的每一步为自己的追求。这种由教师主宰着课堂的每一秒钟，不留一点空间给学生自主学习、独立思考的教学，哪会有学生的主体地位？学生的独立性、主动性和创造性又如何能得到培养？如果教师不转变观念，为了上好课，仍不断地在严密、精细地做课堂的"刚性设计"上下功夫，岂不是会更加"南其辕而北其辙"，导致这种状况愈演愈烈？

季：您总是能从语文课堂实践层面发现问题、提出问题，"高原现象"是一个针砭当下教学弊端的观点，您能说得更具体些吗？

周：是的，有时候缺失了实例，会表述不透某个教学问题。如同下面一位教师讲授《燕子》一课的一个片段。

师：现在请大家读第四小节，这小节有几句话？主要写了什么？

生：这一小节有三句话，主要写了燕子停在电线上。

师：对，主要写了燕子停在电线上休息，这种样子课文中说像什么？

生：这多么像正待演奏的曲谱啊！

生：……

师：歌曲有两种谱，一种叫"简谱"，一种叫"五线谱"。（出示两种曲谱的图片）那么课文中说的"曲谱"应该是哪一种？

生:（齐）是五线谱。

师：对，那么燕子停在电线上休息，为什么会像五线谱呢？我们先来理解"嫩蓝的天空"。什么叫"嫩蓝"，它与"深蓝""蔚蓝"有什么区别呢？

生："嫩蓝"就是蓝得很淡。

师：很好，就是淡蓝，远远望去，天空是淡蓝的。这"几痕细线"又是什么？为什么用"痕"而不用"根"？

生："几痕细线"指的是电线，"痕"就是很细，因为远远望去看不清。

师：这细线就像五线谱上的什么？停在细线上的燕子又像五线谱上的什么？聪明的孩子一定能回答。

生：这细线就像五线谱上的五条线，停在细线上的燕子像五线谱上的……

师：音符。说得真好。燕子正准备演奏一首歌颂美好春天的曲子呢！

这个实例就教师理解和把握教材而言，应当说还是准确的。问题在于教师主宰了课堂，把课文分析得很细，提出了许多问域很小、解答距很短、缺少思维强度的问题。这固然能使学生易于应答，紧跟教师的"教路"走，可以保证按时完成教案，但因此也失去了学生主动学习的主体性特点，掩盖了学习过程中应有的矛盾和思维碰撞，扼杀了鲜活的学情。同时，如此细致、周到的回答也造成了诸多失落，如活跃的想象、模糊的体验、会心的鉴赏、逆向的批判、不可言传的意会等，淡化了阅读教学的情意性特点。

季：这样教，我们好像已司空见惯，似乎也没有什么不妥啊？

周：比较是我们认识问题的好方法。同样是讲授这一节课文，在另一位特级教师的课堂里，却有着截然不同的处理——

师：我们接着读第四节。看看这一小节写的是什么，谁读懂了谁说。

生：这节写的是燕子落在电线上休息的样子。

师：对，你读懂了。这一节写得很美，大家读读、画画，再说说你觉得哪一句写得美，给你的印象最深刻，而且要说说为什么。

生："这多么像正待演奏的曲谱啊！"这句话给我留下了深刻的印象。因为"这"指的是燕子，燕子叫起来很好听，它正要唱一首赞美春天的歌。

生：他说得不全面。"这"不光指燕子唱歌，也指燕子停栖的电线曲谱，我想指的是五线谱，而不是指燕子唱歌。

生：……

（大家表示赞同。）

师：说得有道理。可不是指燕子唱歌，这跟"正待演奏"有什么关系？你想，会演奏什么乐曲？

生："正待演奏"就是说刚要演奏，而还没有开始演奏，指的是演奏的那个曲谱。这曲谱我想应该是"春天在哪里呀，春天在哪里"那首歌的曲谱。

生：不，我觉得是"小燕子，穿花衣，年年春天来这里……"那首歌的曲谱。

师：大家想得都不错。

生：我觉得"嫩蓝的天空，几痕细线连于电杆之间……"这一句也写得很美。特别是那个"嫩蓝"写出了远远望去天空是淡蓝的那种色彩。

生："嫩"就是颜色浅，如果用"蔚蓝"那就蓝得很深了。

生：因为刚下过雨，天空有透明的感觉，所以用"嫩"。

生：春天的树是嫩绿的，春天的天空是嫩蓝的，说明春天很"嫩"，很有活力。

生：大家说的"淡蓝""颜色浅""蓝得透明""春天的天空很有活力"

都对，但又不全是，里面更多的是作者对燕子、对春天的情意，可以任我们去想，这就是祖国语言的魅力。

在这里，教师采用的是"弹性设计"，即只提一个问题，要学生说说"你觉得哪一句写得美，给你的印象最深刻""为什么"，这是一个问域很宽、解答距较长、思维强度颇大，甚至可以"燃烧大脑"的问题，教师给学生以充分自主选择的权利，引发学生参与讨论，各抒己见。学生简单重现课文内容的回答会无济于事，而必须展示自己的理解、感受过程。这样就可以充分交流个性化的独立见解，也可能暴露出学习中的矛盾和谬误（如学生把"正待演奏的曲谱"误解为"燕子在唱歌"）。当然，有些问题可能难以预料，要教师凭着自己的学识、修养和人格力量去相机诱导和现场处理。但是，这样做，学情就会自动呈现出来，教真正在为学服务，学生确实成了课堂的主人，主体地位也得到了真正落实。

季：真是不比不知道，一比就明了。那么就总体说，教师应当怎样认识这一问题的主观原因，才能超越这一具有传统背景的"高原现象"？

周：当然，要超越这一"高原现象"不是轻而易举的。策略和方法也可以多种多样，如开展两个文本联读的比较阅读、让学生质疑地探究阅读、提出多种意义解读的批判阅读等。之所以很难突破这种基于教师讲深讲透、让学生被动接受的"高原现象"，首先有教师教学思想上的原因：是满足于课堂教学过程的"呈现—接受"机制，还是追求课堂教学过程的"引导—发现"机制，把学生真正置于学习的主体地位？其次，也有教师思维方法上的原因，运用传统方法教，毕竟轻车熟路。再次，又有教师教学能力上的原因，要因势利导，临场处理，毕竟易放难收，而照本宣科，按图索骥，则可以十拿九稳。接着，还有学生学习能力上的原因，要使学生变学会为会学，无疑要有一个培养过程。最后，当然更有教学评价上的原因，如果评课看重的是教师的表演，只求表面热闹，注意的是面面俱到，讲深讲透，这样无形中会严重影响到课堂教学的深化改革。但是，尽管道路曲折，尊重学生的主体地位，把课堂还给学生的势头还是不可逆转的。

让学员明确阅读课堂教学的特点：不确定性

季：研究阅读课堂教学的设计，首先要明白阅读课堂教学的特点。"阅读教学"与"阅读"应该不是一回事吧。

周：我们首先必须要搞清楚什么是阅读。"阅读是读者靠目视或口诵，从书面文字符号中理解和提取意义的一种学习活动。"[1] 显然这里所说的"学习"是广义的，不仅包含了特定的认知活动的心理过程，也泛指人们一切阅读的社会行为和实践活动。简单地说，阅读是读者以获取阅读文本的意义为基本目的。它具有这样一些特征：

行为的社会性——阅读是作为一种特殊的交际方式而存在的社会现象，而阅读物（阅读文本）则是这种交际活动的中介。作者—文本—读者，构成了一个完整的交际系统，使阅读具有社会性意义。

活动的实践性——阅读在交际过程中成为一种社会的实践行为，而这种实践又是以人脑的高级活动形态而存在的特殊运动。这种实践的活动不仅把读物从一种密码式的符号系统转变为一种充满意义的作品，而且可以影响和改造阅读者。

[1]　朱绍禹主编《语文教育辞典》，延边人民出版社，1991。

感受"软设计"的课堂教学状态

过程的心智性——阅读是个体的行为和活动，而这种活动主要是思维活动。完整地说，则应当是以思维活动为核心，依靠全部的心智活动和情感意向活动的过程。正是从这个意义上说，阅读具有过程的心智性。

那么，"阅读教学"又是什么？它与"阅读"有怎样的联系和区别呢？相对于作文教学、语文基础知识教学而言，阅读教学指以指导学生阅读课文为内容，从而达到学生能自主阅读，不再需要老师指导帮助的教学活动。它是语文教学的重要组成部分，不只是训练阅读能力的途径，还是实现学生生命发展、精神成长并获得丰富知识的重要方式。阅读教学为其他学科的学习奠定基础，并对提高学生的思想认识和培养学生的道德情操起着重要的作用。由此而知，尽管阅读教学要以学生的阅读活动为基础，但它的任务和要求远比阅读活动丰富得多。它包括了学生的"读"和教师的"导"，我们对此必须有一个完整的认识，方能为阅读课堂教学的设计树立正确的理念。

阅读是个体的行为和活动，是阅读主体的一种独立行为；而阅读教学是一种教学行为，具有师生双向互动的特点，指向学生的生命成长和发展。明确这一点，对提高阅读教学的课堂教学质量具有决定性意义。阅读教学的过程，一方面是教师引导、点拨学生的阅读实践，另一方面，学生的阅读活动又为教师的引导、点拨提供了教学机遇和条件，始终是以这种主、客体的互助互促、互相合作，才实现了阅读教学的目标。

季： "阅读"与"阅读教学"要分清楚，这很重要。那么分清这两个概念的目的又是什么呢？

周： 分清楚这两个概念，在于说明在阅读教学中，师与生相比较，学生是阅读主体，是阅读行为的发动者和操作者，而且自始至终决定了阅读的目的、任务、方式和效果，应当始终处在一个积极的主动的地位。而教师的"教"是为学生的"读"服务的。教师虽然起着主要作用，但诚如叶圣陶先生所说："导者，多方设法，使学生能逐渐自求得之，卒底于不待教师教授之谓也。"[①] 传统的阅读教学的弊端是重教轻学，重讲轻读，重全盘授予轻相机诱导，导致有的课堂教学效率低下。今天的阅读课堂教学必须确立以学生为主体、教师为主导、学习为主线的教学理念，把阅读课堂还给学生。

阅读以从书面符号中获得意义为主要目的，说到底就是只要读懂了阅读物在说什么就可以了。而阅读教学的目的则要复杂得多，只读懂了课文在说什么是远远不够的，它还有接受语言训练的重要任务。

① 《叶圣陶语文教育论集》下册，教育科学出版社，1980。

这是因为阅读教学是语文教学的重要组成部分，语文学科"理解和运用祖国的语言文字"这一艰巨的任务，主要是以一篇一篇地阅读课文来实现的。学生读懂课文写了什么，这仅仅是第一步，他们还应当入乎其内又能出乎其外，懂得课文是怎样写的，为什么要这样写，从中学习必要的语文知识，进行语言训练，方能提高理解和运用祖国语言文字的能力。

但是传统的阅读课堂教学，往往偏重于学生对课文情节的理解，忽视了学生对语言文字运用的学习，逐步形成了一种以烦琐提问做情节分析的僵化讲问模式。教师追求讲深讲透，但烦琐而又肤浅的提问只会让学生被动应付，外紧内松。须知语言文字是一种思想交际的工具，而任何工具的使用技能，都不可能只靠听讲就能掌握的。应当说，阅读教学忽视语言文字运用的学习，是语文课高耗低效的主要原因。这对于阅读教学的课堂设计，是不能不引以为戒的。

认识阅读教学与阅读的联系和区别，对于提高阅读课堂教学设计水平具有十分重要的价值。现实的情况正是因为模糊了阅读与阅读教学的区别，把阅读教学的过程偏重于课文情节分析，以为只要把课文故事弄清楚就行，所以，小学阅读教学课堂沦落成"故事课"，自然就会严重影响阅读教学改革的进程，消解阅读教学在整体提升学生语文素养、精神建设方面的效益。如果我们能更好地认识阅读教学的个性特征，阅读课堂教学就能更全面、更优化地体现阅读教学功能，从而提高语文教学的整体质量。

季：如此看来，阅读教学的意义应当是学生在阅读过程中个体生命对语文思想内容和言语表达形式的感知和审美，从而全面提升自我的精神素养。

周：确实如此，但学生个体生命的状态各有不同，他们对课文的感受也因人而异，有着很大的不确定性。

这是因为阅读是一种从书面语言符号中获取意义的心理过程。学生通过阅读把物化在书面材料（课文）中的别人的外部言语变为自己的思维活动和表达工具，这要经历一个十分复杂的心理活动过程。所以，读物（课文）的意义和表达言语的审美，都是由读者（学生）在阅读的过程中自我生成的，而非由教师的讲析单向灌输给学生。教师所能做的只是对学生阅读过程的组织、引导和根据学生的需要做必要的点拨而已。又因为学生的阅读心理过程是个性化的，彼此会有很大的不同，所以学生的阅读状态和所生成的意义也会有各异之处。这种"各异"正是学生个性发展、健康成长和获得阅读能力的必要基础和条件，这些都能形成阅读教学的最大特点：不确定性。

季：教师的过多讲析，不仅排斥了学生的自主阅读，而且在时间上也挤压了他们应有的阅读实践活动，有违在阅读中学会阅读的原则。

周：是的。从根本上说，今天教师在阅读教学中过多的讲析，有着传统教育中特别注重论道说教的历史阴影。加上之前文言文的阻隔，似乎"讲"就是教语文的基本方法。在应试教育的影响下，所谓的"标准答案"又似乎成了得高分的标配。这当然都得乞灵于教师的讲解。现在，应当是改革这种教学常态的时候了，《义务教育语文课程标准》（2011年版）已十分明确地提出，而且做了强调："积极提倡自主、合作、探究的学习方式"；"学生是学习的主体。语文课程必须根据学生身心发展和语文学习的特点，爱护学生的好奇心、求知欲，鼓励自主阅读、自由表达，充分激发他们的问题意识和进取精神，关注个体差异和不同的学习需求"；"阅读是学生的个性化行为"；"要珍视学生独特的感受、体验和理解"；"不应以教师的分析来代替学生的阅读实践，不应以模式化的解读来代替学生的体验和思考"；"在理解课文的基础上，提倡多角度、有创意的阅读"……所有这些表述已明确告诉我们，是应当彻底抛弃过度讲析的时候了。

直面阅读课堂教学的全息状态

季： 弄清楚阅读课堂教学的不确定性特点，对于纠正教师的过度讲析、"一言堂"的灌输，确实十分重要。但作为阅读课堂教学设计来说，应当还涉及其他许多方面吧。

周： 当然，抓住阅读课堂教学的基本特点，对于提升教师在这方面的设计力固然十分重要，但纵观阅读教学过程的全息状态，却是包含甚丰，诸如教师、学生、教材（阅读文本）、教学目标、教学方法、教具学具、教学环境等，都是不可缺少的要素。阅读的应试教育，调遣这些要素的总的指导思想，是瞄准考试的得分点；而阅读的素质教育，驱动这些要素则是为了在提高学生阅读能力和语言水平的同时，使他们获得整体的良好发展。二者泾渭分明。

要摆脱阅读应试教育的历史影响不易，建构阅读素质教育的全新体系更难。但是，在教师对阅读教学的理性思辨和课堂实践的探索中，应当看到阅读教学的改革正在步步深入，从中我们也可以提炼出一些阅读素质教育的亮点。尽管这些亮点有的还只是星星之火，但毕竟有强大的生命力。我们很有必要去做透视洞悉，并发扬光大。

应当说，在这方面，强化阅读教学的主体性是根本。阅读是人能动地认识客观世界的精神活动。在阅读教学中，在教师的引导和帮助下，

周一贯在写作

学生毕竟是阅读行为的发动者和操作者，而且自始至终决定着阅读目标的认定、阅读方法的选择和阅读效果的达成，因此是阅读教学过程中的主体。虽然在教学活动中，教师也处于主体地位，但二者的职责、位置是不同的。教师是教的主体、导的主体，学生则是学的主体、读的主体。教为学服务，导为读服务，关系不可颠倒。但是，长期以来，阅读教学由教师主宰着课堂，以多余的情节分析和烦琐的主观提问，造成学生只能被动应答，主体地位失落。在这种情况下，阅读教学无疑会影响学生整体素质的发展。因此，强化阅读的主体性，是实施阅读素质教育的关键所在。阅读教学只有注重建构学生主体自读的课堂模式，方能真正落实学生在阅读教学活动中的主体地位。当然，学生的自学不同于成人的自学，他们需要教师的指导和班级群体的讨论交流。因为他们还不具备完全的自学能力，必须有一个培养成长的过程。这就是说，语文课堂的主体自读，不能没有教师的精心指导。

季：确实，阅读教学的主体是学生，这关系到他们精神生命的成长和语文素养的整体提升。但教师能否采用正确的教学引导策略，也应当十分重要。

周：你说得很对。教师应当采用的阅读策略有很多，但最关键的应该是关注阅读。学生生命发展和这种发展的整体性一定要通过学生的实践活动来实现，对此要有清醒的认识。阅读教学的内涵十分丰富，我们可以从不同角度，看到既统一又对立的多面，如阅读教学的科学性和艺术性，阅读教学的德育目标和智育目标，阅读教学的语言因素和思想因素，阅读文本的内容和形式等。素质教育要求的是学生的语文核心素养必须得到全面和谐的发展。这是因为社会对其成员的素质要求和人的心理活动的整体性特点，都决定了素质发展必须是整体性的。因此阅读教育就不能偏于一面，厚此薄彼。要注重各个侧面都是"你中有我，我中有你"，互为依存的统一性特点，辩证施导，使学生获得阅读素质的整体提高。但是，阅读教学的客观的整体性，却很容易被人为的主观性所割裂。如为了应付考试而片面强调阅读的知识本位而忽视阅读的人文特征，或为了强调阅读的人文特征而外加空洞的道德说教等，都是不符合阅读教学的整体性特点的。在阅读教学过程中，知识性与人文性本来就形影相随，我们不应该将它们割裂。

另一方面，阅读教学作为一种主体活动，它又具有实践的活动性特点，这有两方面的含义。一方面，因为阅读的过程是一种实际的社会信息传播过程，是一种社会实践行为，具有很强的活动性。另一方面，在阅读教学过程中，教师通过与阅读教材相关的活动设计，可以极大地促进学生对阅读文本的理解和感受，使抽象化的文字符号转化为活动中能展示的相应情境，这无疑会大大提高阅读效率。

强调阅读教学的活动性，正是阅读素质教育的重要特征之一。这是因为活动在学生认识发展中具有重要作用。学生对客体的认识是从活动开始的，活动既是认识的源泉，又是思维发展的基础。学生的思维发展完全是学生一系列不同水平活动的内化的结果。活动本身就是一种实践，而认识又来源于实践。阅读教学的经验证明，在学生阅读过程中辅以相应的活动，可以全方位地提高阅读效率。有一位老师在引导学生阅读《春笋》这一课时，针对课文中有几个描写春笋生长的句子较难理解的情况，她依据自愿原则，让一部分学生读这些句子做导演，一部分学生拿着道具到前台做演员扮演春笋，还有一部分学生做观众，看演员的表演与课文中描述是否相符。一遍表演下来，"观众"发现"一齐冒出"的表演与课文中所讲的"一个一个从地里冒出来"不符。"一下子长高"的动作与"一节，一节，又一节。向上，向上，再向上"的意思也不一样，于是表演第二遍。接着，又以一个人同时担纲三个角色在各自座位上表演了第三遍。这样生动活泼的形式，帮助学生将课文读得多而不腻烦，印象深而不机械重复，全体学生在放松的活动中不知不觉内化了阅读教材的内容，并受到强烈感染，与此同时还品味了课文优美的语言。

季：在日常的阅读教学中，存在着从课文到课文的现象，这在应试教育中似乎对考试得分会有一定好处。对这一点，周老师有什么看法？

周：确实是这样，教师只是在课文的范围内努力去讲深讲透，不但是以往阅读教学效率不高的主要原因，而且极不利于学生综合素养、核心素养的提升。这里主要的问题是必须遵循阅读教学的生活性，阅读教学要贴近生活、联系实际，这是因为阅读教材的大部分课文都来自生活，只有联系生活实际，才能更好地帮助学生理解读物内容。另一方面，阅读教学的一个目的又是使学生更好地懂得生活，理解生活，而且善于生活，充满生活的活力，甚至能不断改造生活，做生活的主人。所以，强调阅读教学的生活性是对传统教育知识本位观念的否定，体现了阅读素质教学的一个重要亮点。一位老师讲授《要下雨了》这篇阅读课文时，重点指导学生先读懂第一部分："小白兔来到河边，看见小鱼游到水面上来了，奇怪地问：'小鱼，小鱼，你今天怎么有空出来啊？'小鱼说：'要下雨了，水里闷得很，我到水面上来透透气。'"再让学生自读第二部分，写小白兔来到田边，看到低飞的燕子又发问。听了燕子的回答，小白兔明白了这都是因为要下雨了。在此基础上，教师启发学生联想自己的生活经验，夏天要下雨了，还会有哪些迹象，小白兔往前走，它还可能发现什么。于是学生联系自己亲身经历过的生活现象，为课文续讲了《要下雨了》的故事。有的说："小白兔继续往前走，看到石头上有许多水珠，就问：'石头，石头，你的身上怎么湿淋淋的，全是水珠呢？'石头说：'要下雨了，空气中的小水珠全粘在我身上了。'"有的说："小白兔再往前走，看到蚂蚁在搬家，奇怪地问：'蚂蚁，蚂蚁，你们干吗搬家呢？'蚂蚁说：'要下雨了，我们家会积水的，得另找一个地方。'"……学生由此及彼，把阅读课文中得到的认识，与自己的生活经验相联系，既提高了阅读能力，又发展了生活认识能力和表达交际能力。

季：走进新时代的阅读课堂教学，一个重要问题是如何培养学生的创新意识和能力，这是一个令老师们普遍为难的问题。周老师对此有什么见解呢？

周：这应当是深化阅读教学的应有之义。学生优良的阅读品质之一，便是能够对阅读材料所蕴含的意义进行积极探究。这是因为阅读的过程应该是读者的再创造过程。所谓"一千个读者，就会有一千个哈姆雷特"，说明对同一个哈姆雷特，不同读者因为自己的独特个性而产生不同的理解。由此表明，阅读不是被动地吸收，而是主动、有创造力地探索。阅读过程不可避免地会插入读者的评价、怀疑和预测，从而提高了阅读的效果和价值。另一方面，从信息论的角度看，阅读中难免会把新信息和已知的信息结合起来，纳入已有的认知体系，并寻找出某些联系，可能产生新的信息组合，因而就会有所发现，有所创造。教师有意地去深化阅读教学这种内在的创新机制，不仅是阅读素质教育的要求，也是教育造就 21 世纪的新人的需要，具有重要的时代意义。阅读了《美丽的公鸡》《骄傲的孔雀》这些课文，有的学生说："为什么外表美的都会犯错误，而外表不美的却都会很优秀？"阅读了《太阳》，讲了许多太阳给人类带来的好处，有的学生说："太阳那么好，为什么妈妈还要擦防晒霜？"……这些看来是十分幼稚的怀疑，却也有着创新思维的闪光。外表美的都会犯错误，是不是反映了创作上存在的一种俗套？说太阳给人类带来了许多好处，其重要性固然无可怀疑，但是不是也要讲一讲另一面：直射的、强烈的阳光也会给人带来伤害。从阅读教学的创造性这个视角看待这些学生的读后感，应当说是极其可贵的一种阅读思维品质。阅读素质教育，正需要大力培养学生的这种创造性阅读的能力。

阅读是一种从书面符号中获取意义的复杂心理过程，这从根本上决定了阅读教学将对学生的素质发展产生深刻的影响。学生通过阅读，把物化在书面材料中的别人的外部语言变为自己的思维工具和表达工具，这种心理过程包含了把握言语意义、储备言语材料、吸收言语营养、掌握言语规律，并以语言文字为中介来获得人类社会的历史经验和认识成果，逐步发展成为个性的心理素质。这个过程本身就充满了创造性。

阅读课堂教学改革应踏响新时代的节拍

季：尽管阅读教学的课堂改革已是风生水起，但在大面积的阅读课堂教学中，特别是在广大农村地区，教师仍然奉行着以讲问统全局、忙着"走教案"的僵化模式。这似乎离新时代的育人要求，离课标精神相去甚远。

周： 你说得不错，我们都有同感。有中国特色的社会主义新时代已经到来，陈旧的阅读课堂教学模式的设计必须得改，这不能只是体现在一些名师优课中，必须要大面积地改，特别是要体现在农村的阅读课堂教学中。我们应该让阅读课堂教学改革踏响新时代的节拍。

阅读课堂教学改革要踏响新时代的节拍，首先要扩大学生的阅读量。小学生一年才读五六十篇课文，六年毕业无非也就是300多篇，这怎么能支撑起一个当代小学毕业生应有的阅读生活？更不要说通过阅读生活培养人的核心素养和精神世界了。我们必须明白，阅读不只关乎语文，还关乎生命的充盈和发展。可以说，一所学校的整体教育质量，基

周一贯在"周一贯先生教学思想报告会"上

本上是由教师和学生的读书生活决定的。阅读课堂不只是阅读课文，而应当是以阅读课文为基地，去构建一个生命健康成长所需要的阅读世界。所以阅读课堂教学首先要考虑的便是如何放大课堂阅读效应，如群文阅读、"1+X"（"1"指课文，"X"指有机拓展的其他阅读片段）阅读、以课文带动"读一本书"、带动"亲子阅读"、带动"书香校园"建设……一句话，拆除阅读课堂教学不该设置的壁障，让阅读课堂变为成就读书人的基地和平台。现在，部分的改革实践已经证明，这些改革举措并非不可能实现，而且能给阅读课堂带来无限生机，也可以极大地激发学生的阅读兴趣。现在的问题是如何深化实践和研究，并实现大面积的普及。

季：扩大阅读量确实十分重要，质的提升离不开量的积淀。那么，您觉得阅读课堂教学改革还关系到其他哪些方面呢？

周：在扩大阅读量的过程中，不可忽视的一点是培养学生的阅读能力。所谓学生的阅读能力，首先是自读能力。在阅读教学中，自能读书是最重要的。这是因为阅读的本质也就是文本的意义是在读者阅读过程中生成的，所以最有效的读书是读者的思考和发现，也就是既不照搬老师的授予，也不靠道听途说而人云亦云。但在阅读的过程中，教师的指导也十分重要，正如叶圣陶先生所认为的：教是为了达到不需要教。阅读指导的目的还是为了自能读书。

在自能读书的培养过程中，指导学生养成运用工具书的习惯十分重要。这对小学生来说主要就是运用字典。尽管在义务教育阶段，字典已属标配，但在课堂上我们却很少看到学生把字典和语文书一起放在桌面上，更少有老师要求学生运用字典自学生字新词的。可见，在扩大阅读量的同时，我们并没有把注意力集中在如何提高学生的阅读能力上。

学会在自主阅读基础上的合作阅读，在"不待老师教"的前提下，通过小组的合作学习，在伙伴间的自由讨论中，解决疑难、深化理解、激活思维，这同样是小学生十分重要的阅读能力。这种合作阅读对小学生阅读能力的培养，是教师讲析课文所无法替代的。同龄人之间的交际会使学生觉得更放松、更自由、更能畅所欲言。在这样的场合，既可以提出自己的疑问，也可以大胆回答同学的疑问，不怕讲错，还可以就同学的发言表达自己的见解。确实，无拘无束、想啥说啥是激活思维、"燃烧大脑"最重要的前提。

再如从小就培养学生做笔记的习惯。从一年级会写一些字开始，就要学着在课文的空白处加"泡泡语"，提出自己的想法或疑问，直到五六年级时能全面运用圈、画、批、注来读书，写上简要的读书心得。这当然更是不可或缺的读书能力了。

季：在互联网时代，教育信息技术的普及步伐越来越快，这对阅读课堂教学的改革，也是一种挑战吧？

周：是啊！我正想说这个问题。要让阅读课堂教学改革踏响新时代的节拍，是无法回避"触电""触网"的。现在，许多新的教育信息技术正在深入基层学校，逐步普及。这些信息技术手段不仅要用起来，而且要高质量地有效运用，当然需要先进入教师的教学行为之中，使阅读课堂教学的课型、学程、方式、方法、课内外联动等方面都能够获得便捷、创新的最佳效果。当然，我们也会发现存在用得太多、用得不当的问题，但这不是信息技术的错。

前段时间，我听了一堂绍兴市朱娅娜老师讲授的三年级习作课《微笑的鱼》，课中有指导学生自改习作的重要环节。教师播放了一个如何自改习作的故事性短视频（微课），把要改的习作、小作者自读习作产生的疑虑、认为需要修改的话外音，以及如何使用修改符号做修改、教师旁白、师生对话交流沟通等过程都予以色彩明丽、情节生动、细节放大的形象表现。显然，以短视频的故事化形象呈现课程，会使学生注意力集中、情趣盎然，获得深刻感知。这对于三年级学生学习如何自改作文，无疑是很有效的。由此我感到在语文课堂上，教师制作和穿插一些针对性极强的短视频，只用二三分钟时间，就能突破重点、攻克难点，称得上是神奇的"课中课"。这正是巧妙地运用现代信息技术于教学，从而极大提高教学效率的一个例证，是十分值得提倡的。

另外，在阅读教学改革中，我们现在更注重启发学生的问题意识，提高解决问题的能力。高中的《语文课程标准》对课程内容的安排就提出了"学习任务群"的问题，有多达 18 个可供选择的学习任务群的专题研讨活动。

在小学的阅读教学设计中，有些老师也尝试穿插高年级的小课题研讨活动。这类小课题虽然题域比较小，而且都萌生于课文教学之中，但基本点都是源于课本的开放性话题，需要学生通过课外查找资料来拓展阅读面，求得问题的解决，甚至写成课题报告，这就更离不开"触电""触网"了。

季： 在今天的阅读课堂教学改革中确实要思考如何高效地运用现代信息技术，让学生从小就能跟上时代的节奏。

周： 阅读课堂向互联网开放是一个方面，更多的还应向现实生活实践开放。阅读不仅要读有字之书，更要读面向大自然、大社会的无字之书。这就要求在设计阅读课堂教学时，强化阅读活动中的社会实践内容，把有字之书与无字之书紧密结合起来，根据语文阅读的需要结合开展有效的生活实践活动，如参观、访问、调查、考察等。这同样是在阅读课堂教学改革中必须予以充分重视的方面。须知阅读不只是"坐读"，还需要"走读"，让阅读呵护学生生命的健康成长，从而立体地让学生在阅读中提升自己的精神生活，构建自己的人格力量。应当说：儿童阅读事，人间天地心！

第七章　市名师班：关注阅读教学改革的生命发展

语文教研，一生的读写路

季：您是 1984 年调任绍兴县教育局教研室副主任后开始分管小学教研的。1996 年退休到现在，您始终没有放弃语文教学研究这个专业，您是怎样把语文教学研究做到精益求精的呢？

周：应当说，有 27 年在农村小学教一到六年级语文的底子，在调任绍兴县教育局教研室副主任时，我已有了一定的研究基础，并取得了不少研究成果。当时，我在全国语文教育报刊发表的研究文章已有 70 多篇，正式出版的教学研究专著有 5 种，还搞了几个相当有影响力的研究课题。进入教研室，让我可以站得更高，看得更远，也更有时间和机会去研究语文专业。语文的外延与生活的外延相等，语文教学领域里的头绪纷繁，但我没有不知所措，而是牢牢抓住了读、写教学这个中心，而读与写的里子都是思，这就形成了我的语文教育研究的三字诀：读、写、思。这无疑也是儿童生命发展的三字诀。现在看来，这样的语文教学研究观显得单薄了一些。但也许正是读、写、思，才使学生有了语言文字的运用能力，提升了综合素养，为学好其他课程打下基础，也为学生形成正确的世界观、人生观、价值观找到途径，从而为学生的全面发展和终身发展奠定坚实的基础。

季：我在绍兴县第三届"名优教师研修班"里有幸做了您的导师助理。之后，绍兴市教师进修学校又聘请您去做市小学语文"名优教师研修班"

周一贯在"周一贯小学语文教学思想研讨会"会场门口留影

的导师，可惜我没有机会跟您一起过去。全市有 6 个县、区，范围更大了，学员也更多。您引领的培训总是围绕主题展开，更重视学员的理论学习，并且鼓励他们与课堂实践相结合，难怪他们都成长得这么快。

周：是的。在绍兴县第三届"名优教师研修班"里，你是导师助理，分担了我的不少研习指导事务，我十分感谢。不久之后，我又应聘去了绍兴市教师进修学校任顾问，那应该是 2000 年的事。我一到任就着手筹办绍兴市小学语文"名优教师研修班"，修业期限 5 年，招收了优秀语文教师共 32 人。我们每月都有两天的集中学习时间，或学习讨论，或教学观摩，或论文写作指导。学员来自市内各县区，专业平均水平较高，基本是市内各县区的佼佼者，感觉特别有收获，研修劲头也特别高。当时研修的重点紧紧围绕"阅读教学改革的生命发展"这个主题。

季：我曾在您的文章里读到过这样一段话："听"是耳朵的"读"，"读"

是心灵的"听"。"听"和"读"让我们广收外部世界的信息，在吸纳中养育着我们的生命。有了"听"与"读"的绿色通道，才有了人类生命的传承、成长和发展！那么，"听"和"读"又是如何成为生命成长的绿色通道的呢？

周：人在听到的和读到的内容中有了对历史的了解、对外部世界的了解。可以说，听到和读到的信息都有一个共同的本质：对来自人的主体之外的事物的吸纳。每个人都不是孤立于世，而是生活在环境之中；人又是"社会的动物"，我们的生活离不开社会这个"大天下"。所以，人只有不断地通过听和读，才能了解自然，了解历史，了解社会，从而有效地促进自身生命的成长。

先说"听"。人们明白听到了什么，这并不困难，难的是你还必须充分理解听到的信息的全部含义。有这样一个故事：德国大诗人歌德在公园与一位批评家相遇，两人都在嘲弄对方为傻子，但所采用的语言方式却完全不同。那位批评家先傲慢地说："对一个傻子，我绝不让路。"歌德听后，微笑地往旁边一站，说："我却让的。"批评家的言语很直接，说歌德是傻子，所以他不让路。但歌德却站到了一旁，让路了。那么歌德是不是没有说批评家是傻子呢？不是的。因为歌德边让路边说："我却让的。"这里的一个"却"字，道出了歌德是愿意为傻子让路的。这与批评家的态度截然不同，但含意却也是说批评家是傻子，只是歌德的说法不同而已。他巧妙地承接了批评家的语意，只是把具体的话省略了，并成功地用一个表示转折关系的副词"却"来连接，表明自己对待傻子的态度与批评家的截然相反。可见，如果不是仔细听，可能就不明白，还以为歌德对批评家很尊敬地让了路。于此可见，"锣鼓听声，说话听音"，听别人说话并不那么简单。

听话是如此，读书就更不易了。这是因为听话毕竟有现场性的条件，人必须在场。而读书就很不简单，依靠文字符号书面记录的方便，可以大大超越时间、空间的局限性。上下五千年，纵横亿万里，我们可以在书籍中跨越时空的阻隔，去走遍地球、穿越太空，和中外的古今先贤、平民百姓对话交流；去俯瞰宇宙之广，去体察万物之微。所以，我们把阅读视为人的生命成长之旅，确实并不为过。

当然，听和读不是完全割裂的，因为读中还有听，听中也有读。如擅长写人物对话的《红楼梦》，就如鲁迅先生所评价，"能使读者由说话看出人来"。这就是说读书的人会从书中说话人的种种表情去窥见不同人物的内心世界。如第八十三回写到一个管园子的老婆子对着自己的外孙女嚷道："你是个什么东西，来这园子里头混搅！"黛玉一听，却以为是在骂她，大叫："这里住不得了！"哭得晕过去了。其实，对老婆子的骂，她外孙女听到的信息与林黛玉（贾母的外孙女）听到的信息完全不一样：前者听到的是老婆子的原意，叫外孙女不要在园子里玩；而后者则因多心，误以为是在撵她走。这种"误听"当然和林黛玉寄人篱下的处境和多愁善感的心情是分不开的。这一切书中没有明说，全靠读者自己去体会。

季：*在阅读教学中，师生间的互相倾听显得尤为重要。那么，教师应当如何倾听才好呢？*

周：教师与学生课堂沟通的纽带和桥梁，是师生之间的相互倾听与对话，其关键在于教师的耐心倾听。这种基于耐心倾听的沟通，不仅是唤起学生自主、积极地投入学习的重要条件，还是课堂教学赖以健康推进的载体和动力，足以唤醒学生之间生命与生命的呼应和交融。所以，它是师生之间的心灵相约。

教师的课堂倾听，不等同于一般的"听话"。"听话"只是通过听觉器官吸收和理解口头语言信息的行为，那是大自然赋予每个人的礼物。

而教师的课堂倾听，不只是能力和意愿的问题，它同时还是一项特殊的专业要求和道德责任。然而在传统教学中，以教师为中心，总是试图全面规范、控制学生的学习，采取填鸭式的灌输，不仅导致对学生独立存在的遗忘，还忽视了来自学生主体的微弱反馈，形成了可怕的"失聪"。久而久之，必然会使教师忽略倾听的教育价值。教师课堂倾听的弱化，从本质上说造成了教学过程中学生生命的缺席，学生的声音被不同程度地漏听、屏蔽甚至拒斥，又哪里谈得上学生主体地位在课堂教学中的真正落实。

在"以学生的发展为本"理念指导下的课程教材改革，把我们试图带给学生的和学生体验到的一切都广义地视为课程。于是，学生在课堂上能表现出来的鲜活学情，便是最重要的教学资源。今天，课堂教学的现场生成，要求教师必须机敏地去把握学生即时的学习情绪和认知需要，去灵活地组织教学环节。在这个过程中，教师的善于倾听更具有重要意义，不能满足于滴水不漏地由自己来展示课前主观编拟的细密教案，而忽视了学生在反馈中所给予的最可宝贵的教学机遇。

季：课堂倾听在上课时段里应该无处不在、无时不在。但也许是因为它太司空见惯了，教师一般不会很重视。我们应该怎样做一个善于倾听的教师呢？

周：若教师不重视倾听，大多是不了解它的独特价值和意义，所以也不太思考如何去倾听。善于倾听的教师应做到以下几点：

第一，善于倾听要以童心相待。课堂倾听的根本目的是倾听生命和呼应生命，这里的生命不是一个抽象的概念，而应当是具体的学生的鲜活生命。教师要平等地接纳学生，就必须最大限度地尊重、理解学生，宽容对待学生。以自己未泯的童心相待，方能达到心心相印、声息相通的境界。如果教师只是把学生看成是完全不懂事的对象，把他们置于接受自己教化的一面，就不可能有真正意义的倾听。即使听到了学生的声音，也会不恰当地强行排斥于以教师为中心的"听力场"外，并且用这个场域的运行规则来进行改造。

第二，善于倾听要能够闻微显著。在一节作文课上，一位学生口述："暑假里，我和爸爸有事到杭州……"这在一般老师可能会完全认可的话里，特级教师贾志敏听来却并不如此。他马上说："这个开头不错，但句子有几处地方还得改一改，你们听出来了吗？"于是，在教师的引导下，大家发现：

1. 暑假年年有，是哪一年的暑假，要交代清楚。

2. "我和爸爸"不妥，孩子去杭州，用"我随爸爸"更合适。

3. "有事"放在这里不当，上海到杭州很方便，如改为"我有幸随爸爸……"会更好。

4. 在上海说"去杭州"会比"到杭州"更恰当。

5. "去杭州"干什么要交代清楚，因为前面交代是"有幸"，因此加上"去游览"比较好。

贾志敏先生不愧为业内人称道的语言大师，他凭着敏锐的语感，在瞬间的倾听中，闻其微而知其著，在短短的 12 个字的句子中就发现了 5 处不妥，并且把它及时开拓为鲜活的教学资源，有的放矢地开展了一场言语训练。

第三，善于倾听要联系察言观色。课堂倾听，不能仅仅局限于听觉器官的功能，它必须同时辅以察言观色，与其他感觉器官联动，方能充分达到倾听的全方位效果。这是因为倾听是生命与生命之间的交流，学生在课堂上不仅通过话语，同时也通过表情、身姿、动作表达自己的欲望、需求、情感和思想。显然，所有这些方面都和话语一起共同抒发着学生的生命情怀。

第四，善于倾听要继以多谋善断。如果说教师的课堂倾听只是一种信息纳入，这是不完整的，其中十分重要的一环是对倾听获取的情况必须及时做出教学决策，形成完整的教学行为，以积极推进课堂教学，达成教学目标。因此，善于倾听必须要继以多谋善断，如此方能把握好每一个教学良机，使其适时转化为效益。

第五，善于倾听更要善于识情知性。一个具有倾听意识和习惯的教师不会满足于仅仅听到了学生的言辞，他还善于倾听言辞背后的思绪、性情、欲望和需求，并予以热情地呵护和细心地引导。当学生发现自己那些隐藏不露的性情被老师认可和爱护时，他们就会与教师建立起更深一层的信赖和乐于交往的关系，同时也会更加自信，真正感受到作为一个独立生命受人尊重、爱护的喜悦之情。如河北特级教师王庆丰讲授《海上日出》一课时，一个学生问："一刹那间，这深红的圆东西发出夺目的亮光——什么叫'夺目'？"王老师请同学们回答。这时，一个小女孩怯生生地站起来说："夺目，就是把眼睛突出来了。"话音刚落，全场哄堂大笑。王老师等大家静下后却说："你想得并不错——能不能再换个说法？"本来那个小女孩满脸通红，低着头，觉得很不好意思，听了王老师的话，她又抬起头举起了手说："就是光线太强，刺人的眼睛。"听了这个回答，在王老师带动下，全体同学都鼓起掌来。小女孩的回答因为词不达意而遭到哄笑，使本来就胆小的她更不自在了。教师若轻易否定，也许会使一颗稚嫩的心雪上加霜。而由于教师的善于倾听，不仅能听出小女孩距离正确答案不远了的一面，而且听出了她无奈尴尬的一面，并给予她最需要的鼓励和呵护。"你想得并不错——能不能再换个说法？"是肯定在前，鼓励在后，终于使小女孩成功了。

课堂倾听，应当是一个充满爱的行动！教师的倾听是如此，学生之间、师生之间的倾听更是如此。

季：您认为在阅读中晓事明理，汲取智慧，才成就了个人生命的精神史。您写过许多研究阅读教学的文章，我想请您谈谈阅读的哪些本质特征是具有人的"精神成长史"意义的？

周：阅读应当是人类特有的最普遍最持久的学习方式。它不仅关乎知识的增长，还关乎生命的成长，即在获得知识的同时，形成了健全的人格品性和丰美的精神家园。但是，有些人以为读书很简单，凡识字的人都读过书，这不就是一种最普通不过的生活行为吗？这种认识很错误。正如鲁迅先生所言："说到读书，似乎是很明白的事，只要拿书来读就是了，但是并不这样简单。"为什么？因为阅读的本质是一种从书面语言和其他书面符号中获得意义的社会行为、实际活动。在阅读中晓事明理，汲取智慧，才成就了个人的精神史。对于这样一件事关生命成长的大事，我们必须有深刻的认识。具体地说，阅读具有如下基本特点：

一是阅读活动所具有的交际性。阅读首先是人与社会之间的一种最基本也是最重要的交际活动。这种交际以书面材料为中介，由"作者—文本—读者"这三方面构成了一个完整的书面交际流程。作者是发出交际信息的一端，通过文本这个信息载体，让另一端的读者接收到信息。阅读活动就这样实现了作者与读者之间的信息连通。正是这样一个完整而有效的书面交际过程，使我们得以目接今古、视通万里，博闻而广识，悦目而养心。

二是阅读活动所具有的个体性。阅读是一种生命个体的行为和活动。它对人为什么有如此大的影响？这主要因为它体现了阅读主体的心智性。这种心智活动的工作机能主要是思维。显然，思维在阅读心理过程中的作用是巨大的，处在核心地位。真正完成一次有效的阅读，思维的功能体现于感知、理解、想象、分析、综合、推理、拓展等全部的心智活动和情感意向，读者能准确把握文本所反映的客观事物及意义，受到深深的教益。

三是阅读活动所具有的实践性。实践是人能动地改造客观世界的物质活动，阅读之所以被称为一种实践，是不难理解的。首先，如上所述，阅读作为一种社会交际过程，本身就属于一种社会实践。另一方面，这种实践活动的机制即通过阅读实践把书面文字这种密码式的符号系统还原为真实的生活场景，并从中发现蕴含的丰富意义。这样复杂的过程无疑是充满生命性、实践性的。还有更为重要的一方面，这种阅读的实践是对阅读者自身的一番改造。我们习惯于把阅读活动的引领者称誉为"点灯的人"，意为引领阅读就是为读者点亮了一盏心灯，因此照亮了他前行的路。于是他从此心地透亮，开启了一个灿然的精神世界。这中间自然充满了读者在阅读中丰富精神生活、不断改造自我的实践活动。

为生命成长点灯的鲁迅儿童阅读观

季：绍兴人说阅读教学，都会想起中国现代著名的文学家、思想家、革命家鲁迅先生，他在精神宝库中为我们留下了十分丰富、卓越的教育思想。您专门研究过鲁迅的儿童阅读观，您认为他的儿童阅读观主要有哪些主张呢？

周：在语文教育研究的实践中，作为绍兴教师，我一直关注鲁迅先生的教育文化精神。鲁迅先生对读、写问题有许多真知灼见，这是我们的宝贵财富。所以，在"名优教师研修班"的教学里，我一直引导学员学习和领会鲁迅先生关于语文方面的论述。我还将研究心得，接连写了4篇文章发表在《中国教育报》上。鲁迅，作为中国现代著名的教育家是当之无愧的。他一生中从事时间最长的社会职业是教师，而且留下了十分丰富、卓越的教育思想。鲁迅的教育思想是以"立人"为核心的，"人立而后凡事举"。"立人"，也就是人的全面彻底解放，每个人都具有独立的精神自由，指向个体人格的现代化。鲁迅不仅以理论，而且以其伟大的人格和革命斗争实践表达了他的教育思想。

在鲁迅极其丰厚深邃的儿童教育观中，他对儿童阅读的观点和指导儿童阅读的实践，是留给我们的一笔巨大财富。他把提倡儿童阅读放在一个培养"完全的人"的整体背景之中，即"健全的产生，尽力的教育，完全的解放"，以"养成他们有耐劳作的体力，纯洁高尚的道德，广博自由能容纳新潮流的精神，也就是能在世界新潮流中游泳，不被淹没的力

周一贯深入研究鲁迅的儿童观

量"。少年儿童正处在求知欲最旺盛的时候，又是思想极易受熏陶的阶段，可塑性较强。所以，他主张鼓励儿童读书，这不仅可以激发儿童的心智，还可以使儿童获得乐趣、陶冶身心，养成良好的读书习惯。周海婴《记忆中的父亲》一文曾提到，他小时候拥有的图书中有商务印书馆出版的"儿童文库"和"少年文库"两套丛书，每套各有几十册，内容包含文史、童话、常识、卫生、科普等。当时，母亲只让他读"儿童文库"，把"少年文库"藏起来了。海婴把"儿童文库"的书反复翻阅了多遍之后，就想读"少年文库"的书，而母亲让他长大些再看。父亲听到了海婴执意

要看的嚷嚷声，便让母亲从柜子里把书取出来，放在海婴的专用书柜中任凭他自由取阅。这只是一件生活琐事，但也从一个侧面体现了鲁迅的儿童阅读观。

一是重视培养读书的兴趣。鲁迅十分重视这种读书兴趣的培养。他在《读书杂谈》中提出，读书"至少，就有两种：一种是职业的读书，一种是嗜好的读书"。对职业的读书，有时就"非看不喜欢看的书不可"。可"嗜好的读书"就不一样，"那是出于自愿，全不勉强，离开了利害关系的"。鲁迅著文回忆自己儿时的读书，就是寻找爱看的书。他说："一认识字，对于书就发生了兴趣，家里原有两三箱破烂书，于是翻来翻去……这样就成了习惯……"为了寻找爱看的书，放学之后他便经常到启蒙塾师周玉田家去，他对其中的一本《花镜》特别感兴趣。为了让自己有一本《花镜》，鲁迅竟用节省下来的二百文零花钱去买了一本。当他听周玉田说曾经有过一本绘图的《山海经》时，便十分向往那书里描绘的长翅膀的人、人面的兽、三脚的鸟、九头的蛇……以后，他就拿积蓄起来的压岁钱去买《山海经》，但就是买不到。一次，长妈妈探家回来，高兴地把一包书递给了鲁迅，说："哥儿，有画儿的'三哼经'，我给你买来了！"这使鲁迅喜出望外，马上翻开来看，以后就一直看着，越看越爱看。这件事使鲁迅对长妈妈"发生新的敬意了"，直到数十年后，鲁迅还怀着深深的感情写道："这四本书，乃是我最初得到，最为心爱的宝书。……书的模样，到现在还在眼前……"鲁迅十分理解儿童的阅读心理，孩子们往往并不以成人的功利逻辑来看待读书。

二是提倡可以闲杂地读书。儿童阅读兴趣的建立离不开读书的自主和自由，这就无法排斥个人闲杂的读书状态。应当说，鲁迅是主张闲杂地读书的。他在《随便翻翻》一文中曾提到"这里只说我消闲的看书——有些正经人是反对的，以为这么一来，就'杂'！'杂'，现在又算是很坏的形容词，但我以为也有好处"。对于学生，他也一样认为：我们虽然不可能"退了学，去看自己喜欢看的书去"，但"大可以看看本分以外的书，即课外的书，不要只将课内的书抱住"。他把闲杂地读书比喻为"必须如蜜蜂一样，采过许多花，这才能酿出蜜来，倘若叮在一处，所得就非常有限，枯燥了"。他幼时就常到塾师周玉田家去看书，不仅对故事书感兴趣，也特别爱读中国古代的科学读物，如《毛诗草木鸟兽虫鱼疏》《释虫小记》《南方草木状》《广群芳谱》等。也许正是从小就喜欢闲杂地读书的习惯，才成就了他的博学多识。他对儿子海婴孩提时代阅读的态度也是这样，不仅认为可以自由地翻读"儿童文库""少年文库"的那几十册书，而且从来不问他选阅了哪些，更不指定他"要看哪几篇、背诵哪几段，完全'放任自流'"。我之所以特别喜欢鲁迅的这种"读书观"，是因为我童年的读书状态也是如此。

三是主张读书与生活实践相联系。读书应当联系生活实际是鲁迅一贯的主张。他说："专读书也有弊病，所以必须和实社会接触，使所读的书活起来。"他认为盲目地、迷信地读大家的书，就是叔本华所谓的"脑里给别人跑马"。所以，"更好的是观察者，他用自己的眼睛去读世间这一部活书"。因为，"实地经验总比看，听，空想确凿"。他小时候读《花镜》，一面向周玉田请教看不懂的地方，一面在周玉田家的庭院里对着插图辨认。他还在自己家里栽种了一些《花镜》里有的花草。在厦门工作时，有一次集美学校请鲁迅去演讲，校长专门派了秘书事先去跟他打招呼："校长的意思是以为学生应该专门埋头读书的。"但是鲁迅说："我却以为也应该留心世事，和校长的尊意正相反。"

提倡读书与生活实践相联系，就应当边读边思，有一种批判的眼光，而不是一概盲目地囫囵吞枣。鲁迅儿时读课外书，就并非一概接受，一概喜欢。读《二十四孝图》，他怀疑"哭竹生笋"的真实性，觉得"卧冰求鲤"太残忍，"老莱娱亲"是把"肉麻当作有趣"。所以，他只看了一回，"没有再看第二回，一到这一叶，便急速地翻过去了"。

鲁迅先生在这些脍炙人口的回忆文章中所提及的孩提时代的往事，当然绝不仅仅只是怀旧。从儿童阅读的视角看，他给了我们极为深刻的启迪：应当让儿童在自由的阅读中去自由地思考，去获取联系生活实践的可贵感悟，真正使阅读成为孩子们的一种生活，一种极大地丰富和延长他们生命的独特体验的生活。应当说，这正是今天儿童阅读中十分欠缺的一面。

四是为了成为"完全的人"去健康地读书。鲁迅说："读死书是害己，一开口就害人；但不读书也并不见得好。"鲁迅辩证地指出要在一个"完全的人"的背景下健康地读书。关于这种"完全的人"，鲁迅寄希望于"后起的生命，总比以前的更有意义，更近完全，因此也更有价值，更可宝贵"。他在《从孩子的照相说起》一文中认为孩子应当是"健康，活泼，顽皮，毫没有被压迫得瘟头瘟脑"。在这方面，鲁迅的《五猖会》给我们留下了深刻的印象。文章讲的是极其平常的一件小事："我"迫不及待地要去离城很远的东关看迎神赛会，父亲却偏偏在即将起篙开船的当口要"我"背书，而且书背不出不能去。文章最后一句写道："我至今一想起，还诧异我的父亲何以要在那时候叫我来背书。"孩子总是很渴望到热闹的、很远的、陌生的、特别的地方去，这是出于天生的好奇心。《五猖会》中"我"将去东关看五猖会看作"是我儿时所罕逢的一件盛事"。父亲的一句"给我读熟。背不出，就不准去看会"，无疑是在"我"的"头上浇了一盆冷水"。于是，心里不服，却也只能读下去……好不容易，终于背下来了，等在一旁的众人露出笑容，十分地高兴，可"我""却并没有他们那么高兴……"留下的，竟是终生难忘的一个"强迫背诵"的记忆。

一个人的童年记忆是十分重要的，难忘的记忆往往会影响他一辈子。

然而，作为成人，他给孩子留下了什么样的童年记忆，他是不了解的，而且他也不想了解。因为这似乎无足轻重。鲁迅先生把这段童年记忆写成文章，不也正是从一个侧面强烈地显示出他对儿童读书的某种主张吗？

季： 鲁迅先生当时不仅关注儿童阅读，而且一贯身体力行地支持和倡导儿童阅读。一个大作家为儿童阅读费心出力，很令我感动。

周： 确实是这样。鲁迅是大作家，却为小孩子的阅读做了很多事。鲁迅非常不满意当时的作家和出版界对儿童读物的不负责任的态度。他深感"关于少年读物，诚然是一个大问题，偶然看到一点印出来的东西，内容和文章，都没有生气，受了这样的教育，少年的前途可想"。为此，他身体力行，大声疾呼应当给儿童健康的精神食粮，他在《通俗教育研究录》中指出，童话等"亟须编纂发行"，"其适合儿童心理"；又在所写的《拟播布美术意见书》里，提议对歌谣、童话等进行整理，"发扬光大之，并以辅翼教育"。同时，他又十分认真地为孩子们工作。一方面，他积极扶持优秀儿童读物的出版。如他支持孙用翻译出版了裴多菲的长篇童话叙事诗《勇敢的约翰》。对此事，许广平曾在《鲁迅回忆录》中谈及："这本小书如果不碰到鲁迅，大约在中国未必有和读者见面的机会的。"另一方面，他自己又先后译出了前期的科幻小说《月界旅行》和《地底旅行》，后期有俄国的《爱罗先珂童话集》《桃色的云》《小约翰》《表》等优秀的儿童读物，还校订了《小彼得》。他在《表》的《译者的话》中说："译成中文时，自然也想到中国。十来年前，叶绍钧先生的《稻草人》是给中国的童话开了一条自己创作的路的。不料此后不但并无蜕变，而且也没有人追踪，倒是拼命的在向后转。"表达了他对当时儿童读物出版的暗淡和冷清的痛心疾首。而在说到译介童话的目的时鲁迅则强调："第一，是要将这样的崭新的童话，介绍一点进中国来，以供孩子们的父母，师长，以及教育家，童话作家来参考；第二，想不用什么难字，给十岁上下的孩子们也可以看。"他还引用了日本槇本楠郎《全时计》中的一段话，强调创作或译介儿童读物必须讲究质量："旧的作品中，就只有古时候的'有益'，古时候的'有味'……而像现代的新的孩子那样，以新的眼睛和新的耳朵，来观察动物，植物和人类的世界者，却是没有的。""为了新的孩子们，是一定要给他新作品，使他向着变化不停的新世界，不断的发荣滋长的。"鲁迅在自己的不少作品中生动刻画了孩子的形象和故事，如《风波》里的六斤，《社戏》里的双喜、阿发，《故乡》里的闰土等。于此可见，鲁迅先生提倡儿童读物应当面向新的时代要求，面向新的社会现实，一切为了"新的孩子们"的健康成长，其良苦用心可见一斑。

从连环画到绘本：读图时代我想说

季：如今，形形色色的图画书正在走进儿童的阅读生活。但对图画书的教育价值持怀疑态度的人尚不在少数，认为这只是"浅阅读"。而您却坚信图画书是童年的天使，这是为什么？

周：认为我们走进了读图时代的理由可能很多，但一个重要方面是无字书、绘本、动漫和有着中国传统元素的连环画等，构成了一支蔚为壮观的图画书大军，也深深地影响着成人的阅读天地。正如金波先生认为：好的图画书是"一辈子的书"，因为它可以让"孩子读故事，年轻人读情感，老年人读思想"。

然而，即使在今天，仍有许多人（包括家长）总是习惯性地认为看文字书才能使孩子增长知识、开启智慧，而翻翻图画书，看看五彩缤纷的画面，不用动脑子，对学习不会有什么帮助。特别在当下，高考仍然是极其重要的选拔人才的制度，人们更觉得已经识了一些字的孩子应当读纯文字的书才会丰富知识、提高阅读能力，以有助于在激烈的应试竞争中胜出。显然，对"生命的第一本书"——图画书的不应有的歧视，会深深地影响"书香人生"的构建。

季：确实，读图是一种阅读状态，读文也是一种阅读状态，那么您认为读图与读文之间有着怎样的互动效应呢？

周：以为图画书是少儿读物且一味走"浅"的看法是不确切的。首先，阅读的深度来自读者对读物内容的解读程度，而不仅仅是由读物的表达形式决定的。好的图画书一样可以承载丰富的思想内涵和发人深思的力量，从而启发读者的智慧，触动丰富的情感世界。鲁迅童年对所接触的图画书也不是一概接受，而是对读物内容有亲疏好恶的强烈情感。有一次，一位长辈送给他一本《二十四孝图》，他起初很高兴，因为里面有许多画，而且鬼少人多，但翻看后"高兴之余，接着就是扫兴"。由此可知儿童有着自己的阅读视角，有着自己的审美诉求，读图画书一样会激荡他们的情感世界，只是与成人的功利阅读没有任何一点联系而已。一本不健康的图画书，会肆意践踏他们幼小的心灵；而一本好的图画书却可以成为他们精神家园的一方绿洲。图画书又怎么注定是"浅阅读"呢？

其实，图画和文字一样也是一种书面符号，而且是比文字更直观的一种语言。孩子用想象来理解世界，他们的思维是具体形象的，用图画表达的方式更符合他们的接受能力。图画书用图像代替了文字，没有文字的限制和由此带来的抽象化的干扰，使孩子的解读有了无限的可能性，只有想象力才是它的边界，而想象力又是创造力之源，会影响孩子的学习成长和一生作为。把图画书等同于"浅阅读"，讥以幼稚，实在是一个危害不浅的认识误区。

当然，我们强调读各类形式的图画书重要，只是因为在当下它受到了不应有的忽视和排斥，但并不否认图画书只是一种读本形态。画本与文本虽然形态各异，但都是阅读生活中不可缺少的重要内容。它们不仅不矛盾，而且在营造 "书香人生" 中有着良好的互动效应。由于儿童时期的生理心理特征，读图自然会多一些，但这并不影响他们会对读文发生兴趣。

应当认为，在每个人的阅读生活中，读图与读文总是互动互促地构筑着一个人的读书生活。以为读图的轻松会使阅读者惧怕读文的繁重，从而远离了文字阅读的顾虑是没有根据的。对阅读者来说，阅读行为的真正推手是对读物内容的好奇心和求知欲。加拿大的培里·诺德曼在《儿童文学的乐趣》中认为："严格说来，所有的图画书都是拼图。图的细节要我们注意其意涵；静止的画面则需要我们解开所代表之行动与动作的迷惑。"图画书的乐趣不仅在于所述说的故事与暗示的故事谜底之间的关联性，更在于表述这个故事的形象和意境所传达的立体的美。图画书这种审美情怀往往会对人的一辈子产生强大的多方面的影响。

在当代的物质世界越来越依赖于科技的时候，人类精神世界的追求也必将越来越依赖于艺术。科学从一个方面把分类不断细化的同时，精神却从另一方面要求整合性的发展。让形形色色的图画书能在这方面以新的理念和姿态，进入我们的阅读生活，尤其是事关一生的童年的阅读起步。

从"接受式阅读"到"比较式阅读"的发展

周一贯在做关于阅读教学改革的讲座

季：从过去习以为常的"接受式阅读"向"比较式阅读"发展，是当下小学阅读教学改革的一个根本性、方向性的发展态势吗？

周：是的。这种发展集中体现了阅读教学的根本目标，就是不仅仅接受读物的内容，更要在阅读的过程中激活学生的思维，唤起学生生命的参与。而要实现这样的发展之契机，则在于围绕一个主导文本，组织具有比较功能的多文本辅助参照阅读，达到在比较阅读的过程中拓宽视野、激活思维、深化解读和提出问题、解决问题。这也正是语文教育生命观的体现。

应当看到，"接受式阅读"在我国语文教育发展史上沿袭已久，我们历来总是把阅读教学的任务，定位在全盘接受读物的思想内容。这种"接受式阅读"衍生出两种状态：一是学生的被动阅读，严重缺乏个体鲜活生命力的参与，使学生只会被动接受读物的思想内容；二是教师过度追求对课文思想内容的讲深讲透，以至于有多位专家呼吁阅读教学要"与教师的课文思想内容分析式说再见"。而"比较式阅读"强调的是把课堂还给学生，让学生自己去主动阅读，并借助多文本比较，在充分展开思维活动的过程中去深化解读，教师只是在一旁做必要的引导。可以认为这正是一种以学生为本的生命阅读状态。

季：小学语文课由沿袭的"接受式阅读"，向以学生为主体的"比较式阅读"发展，无疑是阅读教学从理念到方式的重大革新。这是不是可以认为阅读教学正在走向深度生命参与的理想状态呢？

周：对，完全可以这样认为。所谓"比较式阅读"，就是"在分析综合的基础上借助比较的思维过程而进行的一种积极主动的阅读"。①比较是认识事物的一种基本方法。鲁迅有一句名言："比较是医治受骗的好方子。"俄国著名教育家乌申斯基从更基本的方面强调了"比较是一切理解和思维的基础"。确实，每个人都是通过比较来了解生活、了解世界的。学生的阅读又怎么能不让他们通过多方面的比较，去实现对读物内容的解读，引发激励思维的深度阅读，在获得个体认知的同时提升阅读能力呢？正如一位专家所认为的："比较，在揭示事物内涵的丰富性、复杂性乃至它的缺损性方面，不失为一种基本的方法。从哲学思辨到科学研究，它几乎无处不在。在常见的阅读方法中，它具有特殊的地位。"古人云："不

---

① 李德成主编《阅读辞典》，四川辞书出版社，1988。

清不见尘，不高不见危，不广不见削，不盈不见亏。"说明要认识事物的本质属性，是少不了要比较的。由此，我们也不难理解，多文本的拓展性阅读，不只是扩大阅读量的问题，尤其需要提升阅读质，而实现后者，就少不了比较阅读的全方位投入。由此反思前一时期"走红"的"群文阅读"，虽然在推动扩大阅读量方面起了很大作用，但其中也有一些只见群文的"肉身"呈现，少见群文的"精神"张扬，即群文之间"比较功能的缺席"的现象。因比较的视角不同，在比较阅读中比较的内容往往是多种多样的，可以是比较文本体裁的、文本作家的、文本年代的、文本地域的、文本细节的等。就比较的方向而论，则主要有：

一是同向比较。即以不同文本反映的事理本质属性之相同方面做比较，可以是形象方面（景、物、人、事）的类比，也可以是抽象方面（某种理念、思想、品行、习惯）的类比。如将课文《七颗钻石》(人教版)与《田螺姑娘》《幸福鸟》联读，就必须先做减法，指导学生自主读课文，几个人合作或用工具书学习字词，在读通课文、知晓内容的基础上，将教学目标适度简化，凸显要比较的重点：是善良的人、真诚的爱，让水罐出现了一次次的变化，不仅从水罐里跳出了七颗很大的钻石，而且涌出了救命的清澈、新鲜的水流。以此对比读《田螺姑娘》和《幸福鸟》，让学生迁移《七颗钻石》中事物的变化脉络做比较，凸显善良的爱与幸福的结果之间有着怎样的内在联系。无论从课文的主题思想、故事的情节发展线索安排，还是从最后的结果来比较，都是一种同向的比较。三个故事有很大的相似性，让学生在比较中思考"这是为什么"，从而可以大大深化对善良的认识。

二是反向比较。与同向比较相反，反向比较是把两种对立的事物或同一事物的两种不同状态做比较，目的在于通过这种鲜明的对照来深化认识，以理解事物的复杂性。如阅读课文《与象共舞》与新闻稿《残忍！我们在泰国骑大象的背后，真相竟然如此黑暗》，让学生比较同样是人与大象之间的关系，为什么有些人可以与动物做朋友，有些人却是残害动物的凶手。这样，能使学生进一步了解人性的复杂，思考形成这样两种对大象截然不同的态度的根源在哪里。如果没有这样的比较，阅读过程中又如何去打开学生的"脑洞"，激发思维的碰撞，从而进入比较学习的境界？

三是侧向比较。选择介于同向比较与反向比较之间的比较点，这是一个可以做侧向比较的宏阔界域。如以课文《跨越百年的美丽》与《中国科学家屠呦呦获 2015 年诺贝尔生理学或医学奖》（节选）做比较阅读，两位科学家在不同的年代、不同的环境里从事不同的科学研究，获得不一样的成果。但是在那么多不同的方面，我们可以发现其中相似的东西吗？显然，这样的比较点是分散的、多元的，既不完全是同向的，也不完全是反向的，但学生还是一样可以发现其中相似的地方和不同的地方。教师最后要求学生为两位女科学家分别写"诺贝尔颁奖词"："这是两位美丽的女性。在她们一生的艰苦奋斗中，容貌是会改变的，但是＿＿＿＿是不变的，＿＿＿＿是不变的，＿＿＿＿是不变的，＿＿＿＿是不变的。正因为这些，才成就了她们生命的美丽。"

当然，还有全向比较。在一次多文本联读中，我们还可以同时从正向、反向、侧向去设置比较点，形成一种全向比较的格局。也就是说，在一次联读中可因文、因生（年级高低）而异，不一定只设置一种比较点，也可以设置多种比较点；可以是文本思想主旨方面的比较点，也可以是文体特点方面的比较点、语文知识的比较点、写作技巧方面的比较点。教师要把放在讲深讲透课文上的时间，让位给学生的自主阅读和比较，从而让学生的思维全方位地开动起来，把我们习以为常、"少慢差费"的"接受式阅读"转变为"比较式阅读"，让阅读的主动权、参与权真正掌握在学生手中。

痴迷"改课"命脉：让学生自主解读课文

周一贯与著名特级教师霍懋征（右）在一起

季：在阅读教学中，一个核心的环节便是对课文的解读。在传统的教学观念中，解读课文是教师的事情，与学生无关。而您认为解读课文是学生应有的一种权利，是他们获得生命发展、全面提升语言素养的重要途径。您甚至把学生自主解读课文看成是当下"课改"行动中"改课"的命脉所在，这是为什么呢？

周: "为什么我们的学校总是培养不出杰出人才?"这是令国人颇为揪心的"钱学森之问"。当然,这个问题的原因有许多,但与我们长期以来的课堂教学状态应该不无关系吧。课堂教学的问题有许多,就以语文教学来说,为什么完全由教师来解读课文给学生听?这种很不正常、很不合理的现象,人们为什么一直熟视无睹?为什么学生就不能在自主解读课文中获得人格独立和思想自由,也真正培养出阅读能力?

我们的语文教学以阅读为本位,阅读教学中的一个核心环节便是对课文的解读。解读应该是一种属于读者的、个性化的、再创造的过程,是对阅读生命的一种唤醒,应当由学生主动探索,而不是被动接受老师的解读。因为解读是把课文中的新信息和学生个体已知的旧信息不断结合的过程,是在结合里寻找、发现关系,也就是学生有所感悟、有所创造的过程。在这个过程中,学生把文字符号转变为意义世界。就这样,学生获得了知识,锻炼了技能,丰富了精神世界,提升了思考力和创造力。然而,遗憾的是这样珍贵的解读过程,却是由老师在备课中完成的:确定解读的方向,展示解读的思路,编制解读的顺序乃至解读的言语,然后在课堂教学上详尽地呈现给学生,让学生七折八扣地去接受,不管他们爱听不爱听。这真是语文教学之所以高耗低效的要害所在!

首先,从解读的价值看,课文的意义不是一种凝固不变的现存物。从现代解释学的角度说,课文的意义是在学生自主解读过程中不断生成的。不同的学生对同一课文解读生成的意义不会完全一样。如果教师不让学生自己去解读,而只把自己生成的解读意义强加给学生,给予标准化的定格,其实就是使解读活动趋向僵化、狭隘化和教条化。

再从课文的价值看,课文的价值不在于向学生提供多少信息,而在于能否刺激学生审美的欲望和对事物的联想,并通过对文字符号密码的驱遣和运用引发信息和意义的扩展。这就必须由学生直接地、原生态式地去"拥抱"课文，直接形成个性化的感知、感受和感悟。老师在学生与课文之间发挥一些助力是必要的，但不是要老师把课文嚼烂了再一口一口喂给学生，这只会使课文的真正价值被消弭。

当然，我们更应当从学生的学习和成长的价值看，教师无论是因袭教学指导书，还是独立钻研教材获得了解读成果，都不应在课堂上做全盘展示，试图代替学生的自主解读。因为这样的方式往往会形成学生对教师的依赖，排斥了学生自主的、自由的、自然的解读探究（包括其中必然会遭遇到的可贵的困惑和挫折），结果就是真实的学习活动并没有发生在学生身上，却阴差阳错地只发生在教师的备课之中。这样，学生的成长发展当然也就难以实现。也许有人会说，老师在展示自己的解读成果时不是有提问让学生参与吗？其实，大家都清楚，这类简单的提问只是形式上让学生配合一下老师的讲说，以避免唱独角戏的尴尬而已，教师解读的思路、内容、程序是不容学生打乱的。

从本质上说，解读课文是学生应有的一种权利，是他们获得生命发展、全面提升语言素养的重要途径。为此，课程标准已做出强调，并提出种种警示：

"学生是学习的主体"，要"充分激发他们的问题意识和进取精神，关注个体差异和不同的学习需求"——这是解读课文要"以生为本"的依据。

"阅读教学应引导学生钻研文本，在主动积极的思维和情感活动中，加深理解和体验，有所感悟和思考"——这是对学生解读课文的基本要求。

"要珍视学生独特的感受、体验和理解"——这是对应当呵护学生自主解读课文的提醒。

"不应以教师的分析来代替学生的阅读实践，不应以模式化的解读来代替学生的体验和思考"——这可以说是对当下课堂中教师单边解读课文现象的尖锐批评。

季：您强调让学生自主解读课文，希望教师把解读课文的权利归还给学生，让解读的这一重要学习过程能真实地发生在学生身上。那么在帮助学生自主解读课文这个问题上，我们可以采用哪些具体的办法呢？

周：我们把学生自主解读课文看成是当下"课改"行动中"改课"的命脉所在是有充分理由的。问题是学生可以自主解读课文吗？答案是肯定的。我在这里通过梳理一些优秀课例也可略见端倪。

一是板块式的学生自主解读。学生学会自主解读当然不可能一步到位，必然会有一个逐步训练提高的过程。板块式解读便是这方面的一种策略。所谓板块式解读，就是根据不同课文的结构特点，在学生初读课文、读通课文的基础上，将课文内容在理出线索之后分成几个合理板块（一般会大于段落或等于段落），然后化整为零，由学生分板块做解读准备，然后再聚零为整，由学生做系统的整体解读。

二是主问题式的学生自主解读。在传统的由教师讲问解读的课堂里，教师的问题往往烦琐而又简单，缺乏对学生思考和表达的训练力度。教师简单地问，学生则用课文中的一个词或一个句子作答，留下的大量时间便由教师做内容分析式的单边解读。显然，在这样的课堂里学生的简单回答是无法代替自主解读课文的。而教师在一篇课文中提炼出一个主问题作为学生进入自主解读课文的抓手，无疑是可取的策略。当然，这个主问题应当具有较大的课文覆盖面和穿透力。探究这个主问题又必须以学生读通课文、了解结构、初知大意为基础。

一位教师讲授唐代张志和的《渔歌子》（人教版）这首词时，设计了一个主问题："斜风细雨不须归"，为什么刮风下雨了词人还是不回家？请你仔细研读全词，找一找"不须归"的原因有哪些。结果学生自主发现了这首词的每一句都是"不须归"的理由。

三是学生质疑式的自主解读。苏霍姆林斯基在《给教师的建议》中说过，有经验的教师总是牢记着亚里士多德的那句名言：思维是从疑问和惊奇开始的。教师组织引导学生的自主解读，若能从疑问（尤其是学生的质疑）开始，会十分有利于激发和形成学生对课文解读的内部诱因，从而调动学生深层的生命活力。当然，现实的问题是学生在课堂上鲜有质疑的行为，但这并不等于学生没有质疑，而是没有质疑的气氛和习惯。正如李政道博士所言："学问学问是要学会问，而不是只学会答。"的确，学生的只会答不会问，难道不正是教师的讲问式教学长年累积而成的状态？

在课堂上给学生提问质疑的时间和氛围是必须的。一位教师在讲授《五彩池》（人教版）一课时，让学生提问，一学生说："五彩池可以游泳吗？"乍一听，这是一个不大靠谱的问题，但也不能不说这是出于孩子的好奇，好奇便是一种求知的需求，教师也应当尽可能给以满足。要回答这个问题本来也很简单，但教师灵光一现，觉得不妨让学生借着这个问题去自主读懂课文，便当机立断，放弃了原先的讲问安排，跟学生说："看一个水域能不能游泳，要看四个基本条件，一是水域大小，二是水域深浅，三是水质是否清洁，四是水底有没有危险物。我们不妨从这四个方面去细读课文找出答案来，然后自己回答能不能游泳的问题。"学生兴致很高地投入了自读课文，圈圈画画写写，一会儿，便进入了课堂的讨论交流环节。

四是换位互助式的学生自主解读。著名教育家陶行知推行过"小先生制"，即在课堂上不仅有先生教学生，也有学生教学生，学生当先生。在国外，一度提倡的"伙伴教学法"也具有相似的性质和效能。同伴教学法的优势是明显的，因为同龄人的认知水平相仿，心理特征相近，思维方式相似，会更易于相互沟通，找到恰当的表达方式。所以，让学生做小先生，开展互教互学，在有些方面的效果是教师无法达到的。同时，由小伙伴当小老师，也更容易激发学生的兴趣，调动学习的主动性和积极性。

以师生换位互动的这种同伴教学法，作为推进学生自主解读课文的一种方式，是很值得尝试的。特级教师张祖庆在《穷人》一课的教学中就做了这样的探索。教师在学生读通课文，对文本的内容和结构有了整体感知的基础上，提出了一个发人深省的问题："读完全文，这篇叫《穷人》的课文却没有出现一个'穷'字，那么作者又是从哪些方面写出了穷人的'穷'呢？"在学生细读圈画、标序梳理，有了充分的准备，又在小组合作分享的基础上，采用师生换位的方法，让学生自告奋勇上台当小老师，老师则坐在学生的座位上，由小老师来组织全体同学讨论、解读，老师在关键处参与质疑，再由小老师组织同学作答，并最后做了总结性陈述。课堂气氛十分活跃，学生参与热情明显高涨。当然，这种师生换位互动式只是在一节课中的某一关键环节灵活运用，方能实现教学效益的最大化。

五是读写一体式的学生自主解读。中国的语文教学一直以阅读为本位，一本语文书基本上就是由选编的阅读文章组成的，虽然也有一些如口语交际、习作等方面的内容，但这些在数量和体系上，无法与阅读相提并论。当然，一些名师、学者有以写作为本位组织语文教学的主张和实践，但毕竟少之又少。不过，无论是以阅读还是以写作为本位，都没有否定读写结合的重要意义。

其实，从语文是人的一种生命存在的角度看，读写本是一回事，这恰如人的吸气与呼气是生命存在和表现的一个共同体。"读"是读人家的"写"，"写"是为了自己和别人的"读"。从这个意义上说，每一篇阅读课文也可以同时具有写作范文的功能。所以，对某些课文的解读，就可以让学生用作文的方式来实现。特级教师于永正和戴建荣就做过这样的尝试。讲授《珍珠鸟》一课时，第一节由戴建荣指导学生初读课文，识字、学词，理清层次和初识大意。第二节便由于永正指导学生自行深究课文，让学生以反写课文来深化解读。所谓反写课文，就是用一节课的时间，指导学生从珍珠鸟的角度反写一篇《我的主人冯骥才》。两节课在"读写一体"思想指导下实现了读中寓写，让课文现身说法；写中促读，以写解读课文。由此推想，一册语文书中的部分课文，是否都有可能既当阅读教材，又当作文教材？抑或以读写一体编出一套全新的语文课本？

六是针对课文特点的学生另类解读。选入语文课本的文章，一般都是文质皆美的佳作，不同的课文又以不同的题材、格调、文笔、结构而显示其独特的品格。课文的万千气象，当然也会极大地丰富解读思路。所以，教师在引导学生自主解读课文时，应当重视针对课文的不同特点来"因文制宜"，力避解读的模式化。我听过一节印象颇为深刻的课《手术台就是阵地》，教师抓住课文最后一小节"齐会战斗进行了三天三夜，胜利结束了。白求恩大夫在手术台旁，连续工作了六十九个小时"，设计引导学生解读。他让大家体会这句话的含义，再细读课文，完成两道数学题：

1. 白求恩大夫三天三夜在手术台旁连续工作了 69 个小时，他每昼夜工作多少小时？

2. 白求恩在三天三夜中每昼夜可以休息几个小时？

计算以后再读课文思考：你认为白求恩在休息时间里应当做什么？他可能会做什么？从这里你又感受到了什么？

计算的结果使同学们大为感动。因为白求恩每天在手术台旁工作 23

小时才休息 1 小时，包括了吃饭、上厕所、打盹……可是就在这 1 小时里，他肯定还得去看看刚做完手术的伤员，也会去特别帮助手术后反应不太好的伤员，还得去关照刚抬进来准备手术的伤员……

显然，这样的计算和计算以后的讨论，以及在计算和讨论中学生的交流和感受，便是对课文最好的解读。学生在这样的另类解读中获得的体验，会比听老师展示自己的解读留下更深刻的印象。

我们强调学生自主解读课文，绝不是要弱化教师在教学活动中应发挥的重要作用，只是希望教师不要只按照自己主观预设的解读方案、依循预设的解读顺序，用讲问分析式去一成不变地展示自己的单边设计。而应当把解读课文的权利归还给学生，让解读的这一重要学习过程能真实地发生在学生身上。

化讲深讲透为深度学习

季：您强调要化讲深讲透为深度学习，这是为什么？

周：教的过度和学的失位，一直是教学的痼疾，很难有根本性的改变，以至于陶行知先生早就感慨："学校"从什么时候起变成"教校"了。解决教的过度和学的失位，当然最佳策略是"化教为学"。提出"化教为学"并不是否定教、不要教，而是要把教隐身在学生学的活动之中，更好地实现以学为主。走进 21 世纪，在教育改革大潮的冲击下，以生为本、以学为基的教学理念逐渐为业界同人所接受，"化教为学"的改课共识正在成为人们的行动。然而，在学生学起来了以后，还有一个如何学的问题，

周一贯在课堂教学观摩会上评课

即怎样使有效学习真正成为面向未来育人的重要战略手段。于是，能动学习、深度学习的问题就不失时机地被提到了当下课改的议事日程之中。

"化教为学"不仅要求教师以教导学，去落实以学为基，更要求这种学逐步变成深度学习，从而让学生真正学会学习，终生受益。深度学习也是人工智能研究中形成的一个概念，但这与学习科学中的深度学习概念还是有区别的。后者研究的是人的深度学习，特别是学生的深度学习问题，更具有根本性，因为会学习是人的显著特点之一。人工智能学习的研究只是模仿人的学习而已。学生的深度学习，其所谓的深度，集中在理解和创新上。理解是深度学习中的第一要义。理解不仅是对学习内容的理解，更在于对自己学习行为的反思和改进，即明白自身学习效率高低、成败的原因在哪里，从而能动地积极调整，在学习中学会学习。这是一种元认知的能力，即对自己的认知活动的再认知，从而获得主体能动的学习力。当然，创新也是深度学习中"深度"的应有之义。因为学习科学之所以要强调学习的深度，就是认定有效的学习不应当只是一种被动的授受关系，而应当是充满了批判的创新活动，有着学习者可以自主发现的自由天地。教育的根本目的不是要培养只知守成的匠人，而是要培养富有创造力的勇者，去适应时代新潮流的种种挑战。

深度学习的理解与创新，从根本上说都关乎人的思维能力。所以，深度学习的背后，就是深度思维所生发的张力。有人说人有三条命：生活、语言和思维。其实，归根到底，这三条命也就是一条命：精神生命。人类因为有了语言才有了思维（思维是与口头语言、书面语言不同的一种内部语言），有了语言和思维，才有了生活的能力。学习语言也可以说是在修炼思维、陶冶精神。所以，比之其他学科，语文在培养学生深度学习能力、提升思维张力方面就显得更为直接，也可以更见成效。思维活动只有在激发碰撞时，才会有更多的张力显示出来。

季：深度学习是当前语文"改课"的方向。我们是不是可以这样说：深度学习的背后，就是深度思维所生发的张力。这显然是语文教育生命观中的又一个重要问题，为此，我想请您谈谈在语文教学的深度学习中，我们应该如何来重视激发思维张力？

周：这个问题提得好。深度学习自然比浅度学习好，问题是怎样才能深下去。其实深度学习的"深"，关键是指在学习过程中须要深化学生思维的张力。在这方面，如果我们对照美国教育心理学家布鲁姆认知目标分类学的要求——识记、理解、运用、分析、综合和评价就可以发现，机械记忆、简单提取和浅层理解是比较简单的思维活动，即属于浅层学习的范畴；而运用、分析、综合和评价则属于复杂的思维活动，也就是深度学习的范畴。这些复杂的思维活动涉及问题解决的建构，对元认知的关注，对创造性思维的拓展等。显然，这些都是高阶的思维活动。在具体操作上，就必须在以下一些要点上花功夫。

一是思维指向的多极化。思维的张力来自不同思维之间发生的碰撞，而碰撞当始于质疑。明代著名思想家陈献章提出著名的"贵疑论"："前辈谓学贵知疑，小疑则小进，大疑则大进。疑者，觉悟之机也。"有疑，拓展了思维的多极，诚如美国学者卡比和古德帕斯特在《批判性思维与创造性思维》中指出：问题意识是批判性思维和创造性思维的认知基础。只有提出一个好问题，我们才能进入由问题驱动的认知框架中，更有效地完成知识的内化和生成。据说苏格拉底在教学中并不刻意告诉学生什么，而常常喜欢用多个反问或反驳，激起学生多极化的审辩式思维，形成批判性学习，从而达到发展思维的目的。

二是思维品质的个性化。面对同一个问题，不同的人会产生不同的思维活动。这种思维的个性化现象不仅是因材施教的重要依据，也是维护学生人格发展、形成思维创新的必要条件。讲授《伯牙绝弦》（人教版）一课时，在结课阶段，老师让大家写几句话劝慰伯牙，多数学生都为伯牙的看重友情点赞，认为他对友情的珍视表现了他如高山流水一样的尊贵的人格品质，但也有几位同学表达的见解大相径庭。有的说："好朋友走了，当然很心疼，但你把那么好的琴弄坏了，多可惜！是不是太任性？"有的说："从此不再弹琴，你怎么生活？"有的还说："如果你能继续弹下去，新的知音还是会有的。"……当然，这些不同的想法是因为学生还分不清功利价值与审美价值的关系。伯牙绝弦从功利上看似乎是做了一件蠢事，但它的审美价值却足以为万世传颂，不知感动了多少人。现在，学生提出了这一问题，教师就应充分呵护这种思维品质的个性化特点，尽管说得不太对，但说出来要比捂起来好。教师可以让学生想一想：如果伯牙当时对知音的离世只是悲痛了一会，接下来还是照样弹他的琴，那么这段佳话还会流芳百世吗？我们对伯牙的重情还会如此感动吗？

可见，正是因为学生思维的个性表达如此真切，我们才有了思辨的机会，抓住了深度学习的机会，思维才可以在鲜活的交流中得以碰撞发展，收获激浊扬清的快乐。

三是思维建构的互联化。学生在语文学习中实现思维的发展，在大数据信息时代，十分重要的一条是万物皆可互联。学习资源可以综合运用的便捷，极大地提升了学生思维建构的速度和质量，也必然牵动着语文学习方式的改变，深度学习便自然地生在其中。据报道，2017年适逢宋朝大诗人苏轼诞辰980周年，清华附小六年级的学生们就运用"大数据""朋友圈""交叉分析"等时髦方式，通过自主学习与小组合作，形成了23份苏轼的研究报告。在社会的一片赞誉中，我们感受到孩子们是可以开展深度学习的。他们本来就有着强烈的问题意识，有着丰富的想象力和一定的逻辑思维能力。移动互联时代又为孩子们的能动学习、综合性学习提供了极为有利的条件。而这种深度学习正是发展思维的极好形式。我们纵观当下在语文课改范畴里出现的种种新常态，诸如古诗群读、群文阅读、"1+X"阅读、文化主题阅读乃至万物启蒙全科阅读等，无不体现了深度阅读的真谛：思维建构的互联化。

四是思维过程的显性化。在一般情况下，人的思维活动具有隐性的效应。为了在语文教学中有效地发展学生的思维能力，我们都会追求让思维过程显性化。在这方面，运用思维导图于阅读教学应当是不错的选择。思维导图是将内隐的思维以图式做物化显示的过程，也叫心智图、脑图，在香港和台湾则常称概念图。"图式"最早由德国哲学家、心理学家康德提出，之后成为心理学图式理论的一个核心概念。苏联教育家沙塔洛夫在20世纪60年代末创立的"纲要信号图示法"，由字母、数字和其他信号组成图形，用以指导理解和记忆教学内容，也是一种与思维导图相似的教学方法。

周一贯与杨澜（左）、王崧舟（右二）、窦桂梅（右一）在一起讨论教育发展

五是思维成果的共享化。进入互联网时代，我们拥有了便捷海量的信息传递，不仅万物皆可互联，而且万物皆可共享。一个共享的新时代正在悄然走来。从共享单车到共享客厅，着眼的是人的福祉，盘活的是社会资源。在语文教学中，师生的思维成果是一笔宝贵的精神资源，也应当实现共享。哲人说：你有一个苹果，我也有一个苹果，交换之后每人还是一个苹果。但如果我有一种思想，你有一种思想，交换之后，我们每人都可以拥有两种思想。这个通俗的比喻道出了思维成果的交流共享何等重要，"1+1"不仅可以等于"2"，而且加上因交互发生的思维张力，结果可以远远大于"2"。

六是思维品质的创新化。我们在教学中关注思维的发展程度，其中一个关键因素是思维的品质。因循守旧的思考，充其量只能是鹦鹉学舌、人云亦云，重复的都是"昨天的故事"。这样的思维形态，缺乏发现、缺少创造、缺失进步。固守这种思维方式的人不免墨守成规、故步自封，不能解决实际问题。因为实际问题都是新问题，都会有特定的情境、复杂的矛盾和有别于其他问题的性质，如果不从问题的实际出发，创造性地予以应答，就无法解决问题。未来社会科学昌明，经济发展一日千里，更需要我们以思维的创造性去应对。思维品质的创新化需要从小培养，因为创新化的根基在于善于把握自己的思想，尊重自己的独立见解，不人云亦云。

你提到的这些问题，都关乎阅读教学改革的生命发展，也是我在绍兴市语文"名优教师研修班"中和学员们讨论最多的话题。

第八章 『名师工作室』与『儿童作文』的生命意绪

"周一贯名师工作室" 应运而生

季：大概是 10 年前，您经绍兴县教育局领导同意，成立了"名师工作室"，这可以认为是您的语文教育研究事业又进入了一个新阶段。

"周一贯名师工作室"部分成员

周：那应该是 2008 年的事了。春节将至，县教育局局长许义平一行走访慰问到了我家里。叙谈间，我提出欲在绍兴县招收五位入室弟子，并成立一个工作室。许局长表示全力支持，并答应将前来参加拜师仪式并讲话。之后，我借兼任绍兴县实验小学顾问之便，在金明东校长的大力支持下，成立了"周一贯名师工作室"（"语文教育研究工作室"）。记得当年的 4 月 12 日，周一贯入室弟子拜师仪式（结合县小学语文知名学科打造启动仪式和县第三届小学语文骨干教师研修班结业典礼）在柯桥小学教育集团笛扬校区举行。许义平局长到会并讲话。入室弟子有鲍国潮、包林军、俞东江、刘发建和俞慧琴。之后又逐步发展入室的有张幼琴、倪水良、曹丽君、陈建新等。2016 年第一期《小学语文教学·人物》杂志编发了"周一贯语文教育名师工作室"专辑，发表工作室成员的研究文章 27 篇。

工作室对小学语文教育的历史和现状、理论和实践、国际与本土做全方位研究，尤其关注儿童作文的实践和探究。你因为已经是正高级的特级教师了，当然就不再是工作室成员，但事实上你一直在"客串"工作室的活动。

"儿童作文"宣言，曾经的轰动效应

季：我虽然不是您的工作室的成员，但一直关注着你们对儿童作文教学改革的实践研究。而且我还读过您的《"儿童作文"教学论》，知道您曾经在 2003 年的《新作文·小学教学》刊物上发表过一组文章《"儿童作文"宣言》，当时在小学语文界产生了轰动效应。您能介绍一下当时的情况吗？

周：我对语文教育生命观的实践研究较早，尤其在作文教学方面。因为我觉得作文教学的问题太严重了，归结起来就是鲜活的儿童生命的存在和表达，完全受制于"应题"（命题作文）的束缚，"应体"（写记叙文）的拘泥，"应命"（教师的命题）的违心，"应法"（讲究写作方法）的尴尬，"应套"（所谓模范作文）的僵化，而这一切都出于"应试"（考试得分）的无奈。为此，我于2003年在《新作文·小学教学》（后来改名为《新作文·小学作文创新教学》）上发表我的《"儿童作文"宣言》共五篇，分期连载为《为"儿童作文"正名》《从"儿童画"看"儿童作文"》《儿童作文"不是技术活》《"儿童作文"让儿童说话》《"儿童作文"应当是真作文》。当时，确实产生了轰动效应。因为那时是2003年，作文教学的理念和现状都是相当传统的。说"轰动效应"，是因为引起的反响强烈，《新作文》编辑部还专门为此开辟了"儿童作文"论坛。

周一贯在"儿童作文"论坛上即兴发言

季:《"儿童作文"宣言》的发表并因此推动的小学作文教学改革，体现了您的语文教学生命观在作文教学方面的基本观点，它有哪些方面内容呢？

周：总的来说，是要让作文回归儿童生命的真实表达，在此基础上还要"求善"和"尚美"。真实的思想并不一定就是正确的。童言可以无忌，因为说出来总要比捂起来好，好在哪里？好在说出来可以交流，在交流中可以提高认识。有的老师以为儿童说的只要真实就都是好的、对的，以致常常把他们说的粗话、脏话、错话、片面的话都认为是好作文而津津乐道，以为这就是作文教学的成功，因为说真话了，不说套话了。显然，这样的认识不完整。作文不但要真实，还需要教学提高。这提高就是要"求善"、要"尚美"。这是儿童生命健康成长的必需。当然"求善"与"尚美"不是靠说教，不能靠灌输，而是要让学生自己来反思，来再认识，自己来修改。这就不能没有老师的帮助。只有作文而没有教学，就不是完整的作文教学。

周一贯在作文教学研讨会上讲话

季：我发现您喜欢把"小学生作文"更多地称呼为"儿童习作"，这两者有区别吗？

周：当然，说"小学生作文"也没错，而且我们一直就是这样称呼的。我之所以更多地喜欢说"儿童习作"，则是从语文教育生命观的角度思考的。小学生作文的生命原点应当是儿童。因为小学生只是一个学历概念，不是生命概念。小学生可以是儿童，但也可以是只受过小学教育的成人。而儿童是人生发展中最重要的一个生命阶段。那么，儿童作文的课程原点应当是什么呢？是习作，是练习写作文的"作文起步阶段"。《语文课程标准》已十分明确地规定：小学生一、二年级是写话，三至六年级是习作。课标为什么要做这样明确的定性、定位？写话与习作区别在哪里？习作与作文的区别又在哪里？这样的"正名"应当如何落实到我们的教学实际中去？这些难道不是我们首先要搞清楚的问题吗？

儿童是生命历程的一个特定阶段，是人生之旅十分重要、十分珍贵的驿站。童年对每个人终身发展产生极其重要的影响。童年留下的印痕，往往是一生都不会磨灭的。可以这样认为，"儿童"这个词广义地说乃是希望、未来、成长。但在无视儿童的观念下，其却常被成人视为无知和幼稚。这就是为什么当下小学生作文受着或深或浅的"成人化"的"祸害"。成人总要求小学生在作文中能深明大义，说一番在当今社会被称赞的豪言壮语，成为懂事、懂理的"小大人"。这不能不使孩子误以为作文不是写自己的真实生活和真实思想，不是自由地写自己想说的话，而是另有玄机的、自己所根本不熟悉的一套话语。这就难怪孩子会陷入虽有自己的生活，但笔下确实无话可写的困境。

记得 2003 年 6 月 27 日的杭州《都市快报》开展过"这样的作文是否侵犯了家庭隐私"的讨论。一名小学生家长在报上公布了被撕掉了后半篇的儿子的作文，认为这样的作文侵犯了家庭隐私，老师应当加强指

导、教育。题目是"我的爸爸":

> 我的爸爸很好酒,他每天都喝好多好多的酒。我经常被迫接受替爸爸买酒的光荣任务。
>
> 爸爸喝了酒,总是会有一些家务事情和妈妈吵架。记得那是中秋节的晚上,我们全家都在外婆家吃团圆饭。还没吃完饭,妈妈为了搓麻将就催爸爸回家。爸爸就很不高兴的(地)回了家。回到家,妈妈要去搓麻将,但爸爸不同意,爸爸和妈妈就吵了起来。吵到厉害的时候,妈妈给了爸爸一个巴掌,于是爸爸挥出老拳……妈妈走了。
>
> 我不知道谁对谁错,我也不知道大人为什么总是这样。如果……(后面半篇被爸爸撕了。)

这应当就是儿童作文状态的可怜的一面:文中"我不知道谁对谁错",反映出孩子郁结于心想一吐为快的情感,便"我手写我口"了;"我也不知道大人为什么总是这样",那是儿童纯洁的心灵读不懂大人的无奈。儿童读不懂大人是正常的;但大人不理解儿童是不正常的,因为大人也曾经是儿童。对此,鲁迅曾经非常精简而尖锐地指出:"……不可救药的民族中,一定有许多英雄,专向孩子瞪眼,这些屠头们!"小学生作文的生态堪忧,一个主要问题便是成人读不懂儿童而"瞪眼",使儿童在大人——包括家长、教师,乃至社会——面前无话可说、无话可写。所以,让小学生作文回归到作文的生命原点——儿童,是首要的问题。因为作文不仅是一门学科作业,如数学学科作业,它更是生命的真实表达和倾情交流。

季:这确实有道理。"儿童习作"强调儿童生命的特殊性很重要。

周:再说作文和习作吧,说是"习作",也确实是抓准了要害:小学生作文，作的还不是有模有样的文章，只能说是正在练习写作的过程之中。甲骨文中的"习"上部是两根羽毛，代表鸟的翅膀，下部是个"日"（太阳），表示百鸟在阳光下练习飞翔的意思。许慎在《说文解字》中认为："习，数飞也。"这里的"数"是多次之义，即多次反复地练习。显然，"课标"把"作文"改为"习作"，强调的正是必须放低作文教学的要求，小学三至六年级应当只是一个逐步练习到能写成作文的过程，即在写话的基础上，练习写段、写片段、写语段到学写独立成文的过程。"应贴近学生实际，让学生易于动笔、乐于表达"；要求学生"写真话、实话、心里话"，"课标"都为习作放低身段，提出了明确的教学策略。什么是"贴近学生实际"？就是必须以儿童为本位，而不能以成人（教师、家长）为本位。怎样写才能"让学生易于动笔"？就是教师不能过度地把作文看成是一种远离儿童生活、思想、认知能力的"技术活"，过早地在什么首尾圆合、呼应严密、结构逻辑给力、情节一波三折上下功夫，企望儿童只是习作就能成为脍炙人口的美文。什么是"乐于表达"？那就是要写儿童喜欢写的话，表达儿童想要表达的思想。作家梅阁曾著文说到他 11 岁的儿子写作文，常常"头不像头，尾不像尾"，甚或"身子"都难见。儿子说，这叫"苗条"作文，头小、身子细、腿长……酷着呢！他儿子曾到上海借读一年，以后又回南京复读，开学没几天，老师布置了一道作文题"开学啦"，让全班同学写。他在作文里大发牢骚："星星还是那个星星，月亮还是那个月亮，学校还是那所学校，老师还是那位老师……就是自己的地位改变了，在上海是中队委，回到南京却成了老百姓，我不服气！"从成人的眼光看，也许会觉得他小小年纪就追求地位，不甘心当"老百姓"，思想不够"主流"。"开学啦"的命题，应当多写写新学期的新气象、"我"的新决心、新行动才好。然而，可惜，这并不是他当时"乐于表达"的内容，现在他把自己最想说的话表达出来，显得坦诚而率真，在带有童真的"牢骚"里,甚至我们也可以感受到他的奋发上进的另一面。应当说,这才是真实的儿童习作。至于认识不够全面,那也正常,就因为它是儿童习作,是可以在老师的帮助下,继续提高的。

思想缺位是作文教学的"脑瘫症"

季: 小学作文教学以模仿为主还是以思想的真情表达为主,一直是引人关注并且争辩不休的问题。从语文教育生命观的视角,您对这个问题是怎么看的?

周: 我不认可作文要"以模仿为主"。因为作文既然是生命的存在与表达,就要从小开始习惯于坦陈自身生命的真实。源于自我生命的思想表达,主要不是靠模仿。有一个事例应当引起我们的注意:2006年全国"冰心作文奖"揭晓,荣获小学组一等奖的是一名三年级学生参赛前两年写的《妈妈回来了》,全文如下:

前段时间,妈妈去杭州学习,去了好长时间,可能有一个月吧。今天,妈妈终于从杭州回来了,我非常高兴!因为妈妈的怀抱很温和,因为妈妈回来会给爸爸过生日,因为妈妈在家里会给我读书……妈妈不在家的时候,我很想她,想妈妈的感觉,是一种想哭的感觉。

这篇仅107个字(不含标点)的短文,显然是短了点,甚至被认为"不太像一篇作文",但最终还是打动了评委们的心,从海内外5万多篇参赛作品中胜出。可以肯定地说，在这 5 万多篇参赛作文中，文辞华丽的、结构精巧的，如成人文章的那种"拟似版"或"微型版"的数不胜数，可为什么比不过这样一篇"不太像作文"的作文？原因可能只有一个，那就是有些作品虽有很好的模仿功力，但因思想缺位、真情缺位而落选。作文的原点应当是生命的真实表达和倾情交流，离开了这个原点，作文就不再拥有"言为心声"的本质，而仅仅只是一种完全着力于模仿、矫揉造作的"技术活"。这是作文教学的悲哀。

强调作文教学以模仿为主，让小学生写出成人心目中的"像样"作文，从根本上说，有着漫长封建社会科举考试"八股文"的历史阴影。当然，在我们的传统作文教学理论中，并不缺少精华，如"读写结合""言为心声""纸上得来终觉浅，绝知此事要躬行"，等等，都是难能可贵的真知灼见。但是，如"八股文"那样严格地崇尚形式，确实也反映了封建统治者刻意提倡模仿，以形式束缚文人思想的用心。这已是历史的定论、人们的共识。今天的小学作文教学如仍然奉行以模仿为主的方法，就不能不认为与此有一脉相承之印痕。这不仅会不利于作文教学的时代改革，而且学生以现成套话，模仿组装成篇的"雷同作文"，会延续小学生作文思想缺位、"套"声依旧的积疾。这是可怕的"脑瘫症"。一位老师曾讲过这样一件事，一名小学三年级的学生，在参观完"澳门回归展览"后在一篇首尾圆合、段落分明的观后感中写道："我日夜思念着澳门的小朋友，白天吃不下饭，晚上总是被噩梦惊醒，今天，澳门总算回到祖国的怀抱中了……"当老师问她："你真的这样思念澳门的小朋友吗？"她笑答："这不是作文嘛！"这位小朋友心里一定觉得挺奇怪，这有什么好问的，作文总要照这样的套路写，才能符合老师的要求。写这样的作文，当然要写出"日夜思念"；写"日夜思念"，当然就"白天吃不下饭，晚上被噩梦惊醒"了，书上不都是这样写的？作文能这样去较真吗？难怪她会说"这不是作文嘛!""80 后"作家韩寒在博客中曾说过,"很多人的撒谎体验都是从作文开始的"。这话说得狠了点,但细细想来,不是一点道理都没有。

季:*不认可"以模仿为主",当然不是完全不要模仿。那么我们又应当怎样对待模仿呢?*

周:小学作文教学要提倡以思想的真情表达为主,而不宜以模仿为主,因为小学生写作文是在已掌握了口头言语表达和文字书写的基础上进行的。应当说,有了这样的基础,只要不是教师、家长的要求太高,硬要学生写出成人心中的作文范式,而真正落实在放手让孩子"我手写我心",就并不会太难。孩子在小伙伴中闲聊会很有话说,为什么写作文时就笔下无话了? 主要原因就是已不习惯把自己的感受、思想写出来,总以为作文是要用另外一套言语,并且按规定的套路来表达的。而习惯于模仿别人的话语,无疑会加剧对自我思想的遮蔽。

要正确认识小学生作文不宜以模仿为主并不容易。这是因为人们通常记住的一句话是"学习始于模仿"。这话不错,但"从模仿开始"并不等于"以模仿为主",也不等于就可以否定"以表达真实思想为主"。再说,不同的学科对学习模仿的要求也是不一样的。如写字在临帖阶段就不仅是模仿的问题,而且是模仿得越像越好,达到几可乱真的程度更是人人求之不得的。这与在作文学习中的合理模仿不是一回事。

还有人认为"读书破万卷,下笔如有神",不也是在说因模仿得益吗? 这种认识同样不确切。"读书破万卷"贵在一个"破"字,"破"在这里意味着于彻底领悟之后,打破陈规,融入自己的思想。这样的吸收,从根本上已超越了模仿的层次,经发展创造后融合在自己的文章之中。"下笔如有神"所指根本就不是模仿,而是作者的推陈出新、点石成金的写作功力。

在艺术创作中的吸收化解、古为今用、洋为中用而达到推陈出新，也不属于模仿。唐代诗人王勃的"海内存知己，天涯若比邻"是脍炙人口的名句，我们也可以认为他是化用了曹植《赠白马王彪》的诗句："丈夫志四海，万里犹比邻。"但这就不是简单地模仿，而是在新的立意、新的情境中的改造提升，是"青出于蓝而胜于蓝"，所以许多人只知道"海内存知己，天涯若比邻"是王勃《送杜少府之任蜀州》的名句，却少有人知曹植的"丈夫志四海，万里犹比邻"。

我们之所以要特别强调作文不应提倡以模仿为主，而应当以表达真实思想为主，还因为小学生作文若习惯于模仿往往会养成十分不好的习惯：每每提笔写作文就先想去哪里找模仿的样本，形成严重的依赖倾向，而不是首先去关注自己的想法。久而久之，写作就再也离不开模仿，而自我的感受、思想、情感却日渐萎缩。这当然会极不利于学生主体生命的健康成长。

教"教材作文"还是"用教材教作文"

季：在对小学生作文的讨论中，教师们有一个绕不开的话题："教材作文"与"用教材教作文。"您认为这两种状态有什么不一样？

周：教"教材作文"与"用教材教作文"应当是两种完全不同的教学状态。小学语文课本，从三年级开始，在每组的"语文园地"中都编有习作教学的内容。在没有独立的作文教材的情况下，语文课本中有了习作的系统安排，无论对学生还是教师来说，都是一件大好事。俗话说"课

周一贯与"作文教学革命"探索者管建刚(右)在一起

本课本,一课之本",作文教学自然也需要有教材的凭借。然而,怎样用好课本中的习作教材,却令教师频生困惑。

首先,正如有些人所认为,现在已进入"后作文时代"了。"前作文"的传统是作文以得到老师的欢心和高分为目标,绝对以社会规范的核心话题为准则,以公共的话语系统(套话)隐蔽自己的真情实感来为他人立言。这样的习作训练自然会走通过"模板"来"模铸"的捷径。于是,"人生的第一句谎话从作文开始"竟成了谶语。"后作文时代"的变革在于强调作文是生命的自由表达和真情交流,它本应是放飞思绪、抒写性灵、展示才情的平台。尽管教材对作文教学内容和要求的安排已有了很大的自由度和灵活性,但毕竟有其规定度和局限性,很难帮助各地、各学校的不同学生真正实现"我手写我口"、放飞心灵、自由表达。

另一方面,语文教材的习作安排,毕竟体现了小学作文教学的目标和训练序列,有知识、能力、情感发展内在规律性的重要价值,如果完全弃之不顾，另搞一套自由表达无疑会有违"课标"习作教学的具体要求和科学程序。教学是促进学生科学发展的有组织行为，习作教学自然也不应当如"脚踏西瓜皮，滑到哪里算哪里"一样无序。

还有不可忽视的是作文教学虽要强调生命的自由表达，但也不可小觑了规则指导的重要。这是因为作文要自由表达好，让人家看得懂、乐意看，就得讲究表达的规则，如正确的书写和标点、规范的遣词造句、合理的谋篇布局，为了表达得生动，还得讲一点写作技巧。如果不讲规则，只讲自由，有些小学生作文也会陷入崇尚猎奇、标新立异和追求另类的境地。当下出现的某些"灰色作文""疯狂作文""火星文作文"，便是从旧的造作滑入新的造作，从旧的套路陷入新的套路，同样远离了真情实感。我们反对说假话的"伪圣"，说大话的"拔高"，但我们仍然会十分重视儿童习作中的理智感、道德感和社会责任感。所以遵循教材的引领作用，对于实现习作教学中自由表达和规则指导相结合的原则还是有重要意义的。

要正确对待教材中的习作安排，就不应当是一成不变地去教"教材作文"，也不应当完全弃教材于不顾，而应该是"用教材教作文"。前者的态度是把教材奉为圭臬，只是一字不变地按教材教，不从本地本班的实际出发，完全是僵化地照本宣科。编得最好的教材也难以适应不同地区、不同学校、不同班级、不同学生的自由表达要求，依教材的"葫芦"画瓢，其教学效果不免"照猫画虎反类犬"。"用教材教作文"就完全不一样了，教师只是把教材作为一种媒介，充分考虑了本地、本校、本班的不同学生学习的需求，在充分发掘教材教学价值的同时，做必要的发展创造，使习作教材更能激发不同学生的生命歌唱，从中找到自由表达的广阔天地。如果说教师教"教材作文"只是一种僵化的执行，那么"用教材教作文"便是对教材做了应时、应地、应人的再开发和再创造。教师不仅是教材执行者，更是教材的创造者。教师在执行中创新，就有可能实现习作教材的实施效益最大化。

季：那么，教师应当如何对习作教材实行再开发，创造性地用教材教，更好地体现自由表达与规则指导相结合呢？

周：教"教材作文"是唯教材是从；"用教材教作文"，是更尊重学生的生命状态，把教材当作一个"用件"，在使用过程中必须根据学生的实际，有所改动和变化。

这首先要从写作的原点意识上深化。儿童作文的原点应当是孩子有出自心灵深处的表达欲望和交流需求，唯此才能真正触发他们的兴奋点，使表达的状态达到一种自然的境地，既不至于陷入"硬逼"的无奈，又不会走入"落套"的困境。这就必须从写作意识上引导学生向深处推进。如人教版语文五年级上册第三组的习作是写说明性文章："读了本组课文，你一定体会到了说明性文章的一些特点，学到了一些说明方法。本次习作，我们就练习写说明性文章。你可以选择一种物品介绍给大家，如蔬菜、水果、玩具、文具或电器。在习作之前，通过观察、参观、访问、阅读说明书等方式，尽可能多地了解这种物品，然后再想一想，可以从哪些方面、按照怎样的顺序来介绍，能用上哪些说明方法。写完以后读给同学听，看看介绍清楚了没有，不清楚的地方再改一改。"

显然，教材的说明是十分全面详尽了，但写作的实践告诉我们，学生在完成这一习作时写得并不出彩。原因往往是随便选了一种身边的物件，从外形、特点、性质、用途做一番全面介绍，就凑齐了六七百字。这里的关键是没有触发学生需要说明的强烈欲望，为作文而在勉强说明，自然不免敷衍成篇而达不到自由表达、快乐表达的目的。所以，习作训练必须引导学生在写作意识上深化，不可为写说明性文章而写，而先要明确选一个自己觉得最有必要说明的物件，然后才能突出说明的重点在哪里，获得一种表达的快乐。如蔬菜水果类的，应当选一种不认识、不常见或很少吃过的，而自己了解后或吃过了，这就有了说明的欲望，可以集中去说明它的外形特点、产地或栽培方法、营养价值、口味和食用方法等。如说明的是一件玩具或电器，也应该不是很普通的，否则就不太有说明的必要。如果是一件不易掌握的玩具，像空竹，或者操作比较复杂的电器，那就必须有说明，必须交代清楚。当然，如果是自己特别喜欢的一件玩具或艺术品，也会因特别喜欢而产生说明的欲望，因为这个表达过程，其实也是交流和分享情感的过程。

同时，教得好还应在写作范围上泛化。在教教材作文时，虽然教材编著对习作范围的表述已相当灵活，没有了过去命题作文那样的局限性，一般总是只定个范围，给学生以自由宽松的表达。但即使是只定范围，也并不见得就都能让学生有话想说、有话可说。在这样的情况下便要求教师用教材来教作文，也就是对教材应当做些因地、因时、因人制宜的拓展，来一点泛化，使学生的自由表达能各得其所，搔到他们的"痒"处。如统编版语文三年级上册教材第六单元的习作"这儿真美"："要写出这个地方怎么吸引人，使别人读了也对这个地方感兴趣。写同一个地方的同学，可以交流交流，互相取长补短。如果不想写去过的地方，写想去的地方也可以。"这样的要求对大多数同学来说虽还可以，他们总随大人去过一些地方，但写出来并不一定感人。对少数同学来说却很难，他们确实没有去过什么地方，即使有一两处，也没有留下多少深刻的印象。怎么使这次习作能真正激活全班同学的表达欲望和写作兴趣？一位老师在讲授时便对教材做出更为宽泛的处理："这儿真美"的"这儿"可以是去过的地方（这是教材要求），也可以写自己梦中去过的地方，画中看过的地方，书中读过的地方，物中赏过的地方（如雕塑、盆景一类）和心中想过的地方（也就是写想去的地方）……关键是这地方必须确实打动了你，给你留下了极其深刻、美好的印象，你很想写出来与大家分享。经这样一拓展，全班学生无不跃跃欲试。一个学生写下的"去过的地方"是如此美不胜收：山峦起伏千姿百态，怪石突兀若有灵性，小桥流水曲径通幽，大江浩荡帆影逐波……最后，小作者点明：这地方原来是她爷爷制作的一个山水盆景，可总令她百看不厌、浮想联翩。

季：从写作意识上深化和写作范围上泛化实际上是扩展了"教材作文"的内涵，让学生从更多方面拓展了写作的路子。

周：对，这就是把"教材作文"要求与学生个体的生命体验、生活境况实现更好地无缝对接，解决教材的规定性可能产生的局限性。又如，我们还可以从写作要求上活化和写作步骤上细化入手。

教材中统一的习作训练不论有多少灵活度，能激起多少学生的表达热情，总是很难让每个学生都拥有自由表达的空间。因为学生的情况因人而异、千差万别。教材可以顾及大多数，却无法顾及每个人。可是，作为九年义务教育的基础——小学教育来说，却必须认真地去呵护每个学生的发展，"一个也不能少"。这就要求教师必须用教材教，还得为少数甚至个别学生去"量身定做"，开发教材。人教版语文三年级下册第五组课文的习作是"在口语交际的基础上，用一两件事，写写父母对自己的爱。也可以写发生在自己和父母之间别的感人的事，要表达真情实感。写完以后，读给爸爸妈妈听，请他们提提意见，再认真改一改"。这对大多数学生而言当然不会有什么问题，但并非班上的每个学生都可以写出"父母对自己的爱"。据一位老师的事前调查：因各种原因，班上有 11 个缺少父母之爱的孩子，占全班学生的 18.3%，其中对父母有怨恨心理的有 7 个，由奶奶或爷爷、外婆带大的有 3 个。如此看来，达不到本次写作要求的不乏其人。教师必须将本次习作要求灵活化，除"可以写自己和父母之间别的感人的事"以外，也可以写写"不开心的事""怨恨的事"，而且不仅可以写父母，也可以写"给自己爱"的其他亲人，如爷爷、奶奶、外婆等。在这里，教师不必担心学生的情感不健康，写出来总比捂起来好，写出来了才可以得到老师和同学的帮助。有了这样对教材的再开发，将教材要求灵活化，才使本次习作训练给全班每一个孩子有了表达真情实感的机会。

再如从写作步骤上细化。人的思维活动容易满足于浅尝辄止，下意识地会去选择"最顺手的一招"，而结果"最顺手的一招"往往是"瞎招"。儿童缺乏持久的注意力是其心理特征之一，也就很难跳出这种"浅思维"的惯性。习作也是这样，他们一读教材中的"习作要求"，也总是从最容易想到的那一处入手，急于下笔去完成任务，不太乐意去想得深些、想得细些，找出几条写作思路再来比较一下，挑一个好的来下笔。所以，教师用教材教作文，应当更多地去开发教材，从本班学生的实际出发，帮助他们在写作步骤上细化，从而生发出自由表达的真情实感来。如统编版语文三年级下册的一次习作训练是"看图画，写一写"，这幅画的是小朋友们在郊外放风筝，其要求是："先仔细地观察图画，想一想图画上有哪些人？他们在干什么？他们的动作分别是怎样的？可能说了哪些话？"显然，完成好这次习作的关键在于学生对图的细致观察和由图及意的丰富想象。教师对教材的再开发，着力点就在于引导学生在观察、联想的步骤上细化，对教材实现超越，才能写出好的作文来。如：

——由此及彼：从画面主体几个人物形象的服饰、动作、表情想一想这是在什么季节，观察人物各自不同的动作。

——从小见大：他们在做什么，不妨从观察画面所展示的场景入手，有几组小朋友在放风筝或观赏放风筝。

——隐处求显：天空上飞着的有蜈蚣风筝，还有金鱼风筝，那是谁放上去的？你能想象放上去的小朋友的心情和动作吗？

——由里到外：可以从画内联想到画外，还会有哪些人在放风筝，在观赏风筝，你能想象出来吗？

正是这样的细化，老师才有效地引导学生摆脱了"浅思维"的干扰，把他们的写作思维引向了"深水区"，观察到的、想象到的会很多很多，这就容易使每个学生触发自己的兴奋点，避免了因粗放的思考而写出彼此相差无几的"大路货"。只有这样，才能使写作真正成为心灵的倾诉、生命的歌唱。

网络"自写作"时代与作文教学

季：您说一个网络"自写作"的时代已经到来了。那么，这种网络"自写作"时代所具有的特点，给作文教学又会带来怎样的启示呢？

周一贯与汪潮教授（右）在一起

周：在信息时代的网络世界里，短信、微信、微博、QQ，乃至电子杂志、手机作品等，构成了极具个性化的写作、传播的庞大空间，在文学领域突破了传统上只属于精英文学的话语权，开启了市场化的个人文学时代。这种现象，文学批评家们称为"自文学时代"。当然，并不是所有的网络写作都可以称为"文学"，但无疑这同样是一种书面的文字写作。于是，可否这样认为：写作在今天已从传统少数文人的书斋，走进了几乎是每个人（从儿童到成人）的生活世界。写作已不再神秘，人人都成了写作的主体。据此，我们完全可以认为一个网络"自写作"的时代已经到来了。"自写作"活动，成了成人和孩子的一种生活常态和生存状态。这对于当下小学作文教学的改革和发展来说，也成为我们认识新问题、创设新境界的一个基点。

这种网络"自写作"时代所具有的特点，给作文教学带来了许多可贵的启示。

第一是写作已不再神秘化，而被赋予了真正的生活化。学生讨厌或害怕作文，一个十分重要的原因是传统作文的神秘化。它似乎是要按照老师命题的严格规定，用一种言语，遵循一定的章法，运用一定的技巧，写出老师喜欢的一篇文章。所有这些，都使写作远离了学生的真实生活，违背了他们的真实心声（我手写我口）。而网上的"自写作"活动使写作真正成了一种现实生活的需要，有啥说啥，想啥写啥，可以一吐为快。这在一定程度上使学生真正回归了写作的原点，感受到写作并不神秘，完全是一种现实生活必需的行为，因而也就远远没有想象中那么难了。

第二是真切地感受到了写作的自由化。这会大大有利于培养学生说真话、抒真情的习惯。以前，我们十分不满于学生作文中说假话、空话、大话、套话。其实，这也不是学生真正喜欢的，它只是不正确的写作教学逼迫下养成的坏习惯。而网上写作，正可以使学生无所顾忌地做自由的表达与真情交流，变"要我写"为"我要写"。这为当前作文教学的改革提供了一个良好的生态环境。

第三是充分展示了写作的开放化。网络写作虽然有一定的私密性，但它更多的是开放性。虽然你可以为自己的某些日志加密，不愿意为不相干的人所了解，但你进了网络也就等于参与了他人的交流，进入了不同范围的公共领域，其开放性原本就是网络写作的本质特征。应当看到互动交流是生命的社会生存之需要，它不仅是写作的目的之一，更是提升写作能力的重要手段。交流，开阔了作者的视界，更能推进作者的思考；学习、借鉴别人的认识，有益于凸显写作的精神价值与社会价值。

当然，还有不得不说的一点是，网络写作虽然大多数是碎片化的，甚至有的只是片言只语，但完全具备了书面表达的各种基本元素，可以积小成大，对于运用言语能力的提高，特别是促进书面表达的准确、鲜明和生动，是一种很有效的锻炼。而网络写作的经常化特点，又会极大地使这种锻炼处于一种"拳不离手，曲不离口"的日常化状态。这对提高学生的写作表达水平无疑是十分有益的。

季：网络写作虽与儿童写作有着密切的联系，但毕竟不可等同。您引导我们关注它们之间相联系的一面，目的应该就是使作文教学能借鉴和运用网络写作的一些手法吧？那么，儿童写作在网络世界"自写作"时代的实践必须注意哪些方面，才能促其两者有效对接、无阻碍沟通呢？

周：网络写作与学生写作的沟通，关键还在于要开拓一个特别的空间，作为展开沟通过程的平台。这是因为网络写作的特点是随意的、松散的、不可控的；而习作是一门课程，有其特定的指导思想、目的要求、系统步骤，是有计划的教学行动，以有效促进儿童的生命发展和精神成长。自然状态的网络写作虽然对小学生写作水平的提高也会有所帮助，但那是隐性的、自发的、缺少效率的。如果我们要将网络的"自写作"

与写作教学相融合，就没那么简单了，只是任其自然很难达到融合、促进的目的。为此，构建一个合适的平台，实现网络写作与儿童写作相融合，便成了关键的一招。当然，网络写作的形式很多，从短信、微博、QQ聊天，乃至手机作品、电子杂志……可谓琳琅满目，而且大有层出不穷之势。这种种写作形式，都是书面的表达和交流，对提高学生的写作能力有所帮助，但它毕竟是随意的、松散的。网络写作与作文教学的融合、促进需要有一个相对集中、主旨明确、便于组织引领的独特空间。如特级教师张祖庆是通过组建班级博客"梦起飞的地方"这样一个平台来实现的。其实，他班里原来有博客的学生不多，只不过是三五个学生的个体自发行为，但当老师几次把他们的博文有意地直接投在课堂的大屏幕上，结合进行赏读、评点后，才引起了大家的兴趣。另一方面，他又将一些学生的博文《屋顶上的南瓜猫》《惊魂亚马逊》以"连载"或"个人专刊"的方式，转载在班级的《作文周报》（纸质媒体）上。如此的双向流动，使学生的兴趣大增，教师又及时把学生的博客地址全部链接在班级主页上，开展"博友互访"，组建"家长粉丝团"等。张老师自己也以"37号粉丝"（班级里36个人）为化身，在班级博客中神秘地穿梭、留言、"煽风点火"。学生虽然一直不知道这"37号粉丝"是谁（是家长还是老师，或班外来客），但参与博客写作的热情却越来越高涨。

为了让现代的信息技术在作文教学中发挥更大的作用，我们还不能仅仅满足于一般的网络写作活动，而应当致力于借助现代信息技术来实现写作教学的整体优化。对此，"课标"中对于如何积极合理利用信息技术和网络优势也提出了明确的要求，即丰富写作形式、激发写作兴趣、增加学生创造性表达、展示交流和互相评改的机会。

要凭借网络提升学生的写作水平，关键是充分利用班级博客调动孩子的写作兴趣。行之有效的方法有：

开展"博客点评"活动。学生写了博文,是给人看的,自然希望听到各种反馈。开展"博客点评"活动不仅可以激励学生及时读其他同学的博文,相互关心,而且可以促发读后感想,并把这种真切的实感及时反映在博客上。这对于激活思维、即兴表达、推进互动都有重要作用,无疑会十分有助于提升各自的写作能力。

开设"美文赏读"专栏。教师或学生在自己的阅读生活中都会不经意间发现一些美文(同学的作品或书报上读到的作品等),可以推介到"美文赏读"专栏,从而在分享赏读中提高写作能力。

举办"写作讨论会"。学生在写作中碰到的难题,可以在班级博客中提出来请求老师或同学的帮助,或组织一个专题讨论会,大家各抒己见,自然会其乐融融。

设置"晒晒自改"专区。怎样修改自己的习作,是提高写作水平重要的一环。可以在班级博客上"晒晒自改"。把原作和修改展示出来,会使大家获益匪浅。

给博文评奖。评奖可以票选,如能在"选票"上带上几句"评奖辞",说说获奖的理由,那就更加有趣了。

"后作文时代"的挑战

季:正如您所说,"后……时代"的称谓一般是对"前……时代"的异质认知、反思、批判和拓新,如"后工业时代"。为什么您会把当下作文改革称为"后作文时代"?

周："后作文时代"只是个人的一个看法。这更多的是从新中国作文教学的发展史观着眼的。新中国成立以来，作文教学历经多次改革浪潮的冲击，特别是"新概念作文"凤凰涅槃式的洗礼，作文教学由"为他人立言"逐渐转向了"为自我言说"，由注重技巧模仿开始关注真实的思想表达。现在小学则已将作文课程放低难度，一、二年级叫"写话"，三至六年级称"习作"。这也可以说，我们已进入了"后作文时代"。

周一贯与语文报社副社长裴海安（右）探讨"后作文时代"

"后作文时代"是一种怎样的状态？一名小学生写的一篇周记，也许可以帮助我们获得一个直观的感受："这个星期老师说要写周记，要求写够一百字，现在再写九十个字就达到了，还有大约八十个字就够了，还有大约七十个字就写完了，还有大约六十个字就写完了，还有大约五十个字就写完了，还有大约四十个字就写完了，还有大约三十个字就写完了，还有大约二十个字就写完了，还有大约十个字就写完了。我好开心啊！终于写完了。"

这个小故事可以从侧面呈现出"后作文时代"的一个缩影。一方面，作文还不能完全摆脱在教师指令下被迫完成"痛苦作业"的状态。另一方面，小学生似乎已不太喜欢用套话、假话、大话来凑字数，而更倾向于大胆表露自己的真实感受。对此，王尚文教授在博客上表达了他的看法："可以说，小作者把没什么可写却不得不写这一处境非常传神地写出来了。我反复品味其字里行间的味道，觉得它简直就是一篇杰作，作者也许就是我们中国人再拿诺贝尔文学奖的苗子。"在王教授幽默而不无调侃的话语中，我们不难领悟到他对小学生敢于思想写真的欣赏。

季：您认为，自由表达、真实表达应当成为"后作文时代"写作教学研究与实践的焦点和光点。那么，在小学写作教学中，是不是只要自由表达、真实表达就都是最好的？

周：在"后作文时代"，无论是写话还是习作，都必须以表达生命的真切体验为依归。正是因为写作所具有的真实、真心、真情的表达，才使它更有益于提升写作者的核心素养。鉴于未来社会对今天人才养成的严格要求，教育更加关注受教育者在终身发展和社会发展中的必备品格和关键能力（也就是核心素养），这已成为世界教育改革的共同关心问题。让小学生的写作关注自己的内心世界和思维活动，真实自由地表达、交流在生活体验中的真切感受，正是核心素养得以培育发展的重要基础。尽管儿童的内心活动、所思所言不一定正确、完善，但这是正常的成长过程，说出来、写出来肯定要比捂起来好。因为只有说出来、写出来了，才可以得到教师家长和同学的帮助，不正确的会日渐正确起来，不全面的也会逐渐全面和完善。真实地学，真实地说，真实地写，真实地做人，比什么都重要。正因为这样，"后作文时代"的自由表达、真实表达是十分有益于学生核心素养提升的。我认为，这应当成为"后作文时代"写作教学研究与实践的焦点和亮点。

简要地说，尊重学生的表达需求应当大于所谓的意义追寻，抒发学生的真切思想应当先于写作技巧，朴素的实话实说应当优于模仿掺假，直白的真情实感应当高于矫揉造作，切实地直面生活应当重于无病呻吟……我曾与一位朋友聊起当下写作教学的事，他颇有感触地叹息：如今的小学生写作还是梦幻多了一点，真实少了一点；抒情多了一点，记叙少了一点；"小资"多了一点，童心少了一点；矫揉多了一点，平实少了一点；臆想多了一点，现世少了一点；阴柔多了一点，阳刚少了一点；"上帝"多了一点，自己少了一点……他说得很风趣，也很含蓄，但意思是明白的：儿童写作有进步，但还是有一些不足。这也正是"后作文时代"应当努力的方向：让作文真正回归生命的真情表达和交流，让精神健康发展和成长。当然，真实的表达并不一定都是正确的。那些粗话、野话、乱话、脏话……都应当在教师的引导下，在小组合作的评改讨论中，让小作者有了正确的认识后来自己修改。认为"儿童只有说得真不真的问题，没有对不对的问题"是十分片面的，因为作文与作文教学是两个相互联系但又有区别的概念。作文教学自然要有教学的价值、要求，"童言无忌"不等于"童言无错"。儿童写作可以写错话，但必须同时得到老师的引导和同学、家长的帮助，让儿童在提高了认识之后，自己来修改。这便是在写作中实现了生命成长和精神发展，这也正是作文教学中作为"教学"的真谛所在。

第九章　对语文教育生命的哲学思考

夫人车祸离世的沉重打击

季： 2013 年 9 月 3 日，您蒙受了一个重大打击，相濡以沫的夫人黄华蓉老师去西北摄影采风时发生了车祸不幸离世了。噩耗传来，我们不知道该怎么劝慰您。但是没过多少日子，您竟然忍着悲痛，去参加了杭州语文博物馆的开馆典礼活动。之后不久，又去参加了《小学语文教师》编辑部主办的一次活动。

周： 是的。我和夫人早年在钱清共事，也在一个学校（钱清区中心校）待过一段不长的时间。她十分看重办好学校、教好学生，因而也十分关

周一贯与夫人黄华蓉老师（右）在一起

周一贯在小学语文博物馆开馆仪式上

注教师的专业研究。主要是因为这一点，她看得上我。尽管在那个年代，不少公办的女教师是不主张找男教师作为伴侣的，可能是因为当时教师的社会地位太低，经济收入太少，教学工作太苦……尽管女教师自己也是教师，却看不起教师，不理解教师。但就在这一点上，她与一般教师不一样，这让我很佩服。

她的遇难完全是个意外，对我的打击当然很沉重。但世事难料，既然发生了，谁还会有挽回的能力？生与死本身就是一个哲学命题。每个活着的人都是向死而生，谁也不知道自己什么时候会死，要紧的是趁还活着，努力把自己想做的事做好。所以在她离世后 15 天的那场小学语文博物馆开馆仪式，因为要我剪彩，我还是去了。若她地下有知，也会支持我去，因为她是一个把工作看得很重的人。

季：您说每个人在人生中都难免要经受生与死的拷问。从根本上说，每个人都是向死而生的。这也是一个哲学问题吗？

周：是的，在宇宙天地里，所有的事物都是一分为二、辩证统一的。生与死当然更不例外。如果没有死的消亡，新生者又何以拥有生存的空间？这场老年时蒙受的打击，确实沉重，但我还是挺过来了。我能够隐忍莫大的悲痛，也得感恩于我早年在嵊州初级师范学校"小学教师轮训班"就读时，对哲学的系统自学。现在，我也"来日方短"，之所以更加努力地从事语文教育研究，也正是为了赶时间，把想做的事尽快做完。生前多做一点事就可以少留一点遗憾。

从体制到"江湖"：退休后更大的语文天地

季：您是 1996 年 60 岁时退休的，拥有高级职称的专业人才是可以到65 岁退休的呀！

周：按规定，高级教师可以到 65 岁退休，但当时的局领导告诉我是为了实行"一刀切"，对所有退休人员好说话。我当然没兴趣争论这个"一刀切"的依据，因为我有退休的思想准备。做语文是我一辈子的事，与退休无关，退休了也许我还可以做得更自在些。我的座右铭是"一个人，一辈子，做好一件事，勤奋为人，低调处事，'吾道一以贯之'"。这就与退休无半毛钱的关系。记得特级教师吴勇曾于 2000 年暑假带他工作室的8 位弟子，第一次专程来到绍兴，造访寒舍容膝斋。他听了我的座右铭，大为感动，一定要我为他写个立轴，挂在工作室中间。之后在某本杂志上，我还真看到了我写的座右铭就挂在他的工作室里。其实在退休之前，绍兴县教师进修学校校长楼建儿早就约我去他那里工作。绍兴市鲁迅小学校长董建奋（著名特级教师）也一定要聘请我去当学校顾问。退休后可真是天高地阔。不久，我又先后担任了绍兴市北海小学、绍兴市少儿艺术学校、绍兴市戴山中心小学、绍兴市塔山中心小学等名校的学校顾问，还在外地义乌市艺术学校、温州市苍南县龙港第二小学、温州市实验小学等学校或任顾问，或主导"名优教师研修班"，或参与办学策划等，干得风生水起。与此同时，我又应邀去外省讲学授课，于是语文教育生命观也随着我的步履到处撒播。真的，对我来说，退休只是"人生下半场"的开始。

季： 我知道退休之后您干得更带劲，直到现在，为语文教育事业尽心尽力，又干了 23 年。在这段时间里，您做语文的最大体会是什么？

周： 一是有了更多的时间，可以把全部精力都投入个人的语文教育研究的规划中；二是有了更集中的精力去实现我对语文教育研究的追求。前者主要是在绍兴市、绍兴县两级搞农村的语文教育"名师工程"。因为我深知农村要振兴，首先是农村教育需要振兴，而振兴农村教育的关键是提高育人质量。在这方面，则首在提高农村教师的专业素质。所以农村语文教育最需要的是农村语文名师的养成。另一方面，我对语文教育研究的追求，是不遗余力地去探索语文教育生命观的问题，特别要对语文教育生命观的内涵做深刻的哲学思考。我的 100 多本教学专著，其中一半以上都是在退休之后出版的。我做语文的最大体会是研究语文教育必须以马克思主义哲学思想为指导。我在嵊县初级师范学校读书的时候，系统地自学过哲学，有了一定的基础。之后，我还继续用哲学思考语文教育中的诸多问题，深感语文教育之所以动辄得咎，在所谓的"思想性"与"工具性"之间摇摆不定，让广大语文教师无所适从，一个重要的原因便是搞"一分为二"的斗争哲学，只见对立而不见统一。这是导致语文教育一直在"纠偏"中挣扎的基本原因。

呼唤"一分为三"的语文生命家园

季：您说语文教育的问题，首先是一个哲学思想的问题。"一分为二"是重要的哲学思想，您为什么说它不够完整呢？

周："一分为二"强调了客观事物的矛盾性，大自然有天和地，人有生和死，一日有白昼和黑夜，事物有正面和反面，发展过程有高潮和低潮……有对立的矛盾，就会有对立的斗争。所以，一分为二没有错。但"一分为二"只是一个过程，不可绝对化。斗争之后还要达到统一，即合二为一，进入新的更高的和谐境界。如果片面强调"一分为二"，就会无视对立斗争之后的统一，这当然是不完整的。

提出"一分为三"是不是完全否定了"一分为二"呢？这当然不是。"一分为二"是事物内部的可分性、矛盾性。它也是毛泽东对"对立统一"规律的通俗表达。其实，对立统一规律是自然界、社会和思维发展的普遍规律。它揭示了任何事物都包含着内在矛盾性，即矛盾双方既斗争又统一，推动着事物的发展和转化。在统一性中就包含了斗争性，而斗争性又寓于统一性之中。这种矛盾斗争存在于一切事物中，并且贯穿于一切事物发展过程的始终，语文教育当然也不会例外。这是矛盾的普遍性。另一方面，矛盾着的事物及其每一个侧面，又各有其特点，这是矛盾的特殊性。如语文教育的"文""道"之争，相比其他的矛盾就有其特殊性。如果认为"道"是"思想""内容"，那么"文"就是"语言""形式"，无"文"

何以载道，无"道"又何以行文？为此，唐朝的柳冕认为："夫君子之儒，必有其道；有其道必有其文。"宋代的朱熹也说过："道者，文之根本；文者，道之枝叶。唯其根本乎道，所以发之于文皆道也。三代圣贤文章皆从此心写出，文便是道。"所以，"道非文不著，文非道不生"（元·郝经）。如此互为表里、难分彼此的事，怪不得令语文界争论不休。这就是矛盾的特殊性了。

生命是一个高度和谐的统一体，与生命发展有着深层密切联系的语文教育也应当强调辩证统一的一面，这就是要"一分为三"。如果说"一分为二"强调的是它的对立性，那么"一分为三"的"三"就是强调对立的统一性，对立地复归于生命的统一。

季：对语文教育生命观的哲学思考，为什么不能单一地奉行"一分为二"的斗争哲学？

周：这是有惨痛的历史教训的。当然，"一分为二"没有错，但这只是思维过程的一个阶段。我们不能把"一分为二"绝对化，在"一分为

周一贯与上海师范大学教授吴忠豪（左）在一起

二"之后，还应当合二而一，这个合成的"一"便是"三"，即和谐融合于高度统一的生命发展。它是新的"一"，是在原来混沌的"一"的基础上，经"一分为二"之后综合的更为明晰的新"一"。以国学大师庞朴的话来说是："二分法见异忘同（只见对立不见同一），志在两边（两极、两端），而三分法则兼及规定着两个相对者的那个绝对。绝对者，可以说是三分法的第三者。"① 确实，对立的两方面，只要落实在人的生命活动中，便必然应该是和谐统一的"三"。

形成这样的语文教育观，首先是以史为鉴。回顾我国语文教学改革发展的历史轨迹，可以说一直在"一分为二"，在对立斗争的崎岖小路上左右摇摆、跌跌撞撞地艰难前行。新中国成立初期的"文道之争"，批判了"重文轻道"，又形成了"重道轻文"的倾向，如此文道对立，就很难达到"文道统一"的和谐境界。在 20 世纪 50 年代"大跃进""政治挂帅"等思潮影响下，语文的工具性与思想性又陷入了"一分为二"的斗争之中，导致"把语文课上成政治课"的倾向。这其实还是"文道之争"。直到 1963 年部颁教学大纲出台，才强调了工具性与思想性必须统一。以后又出现了语文双基训练和情感陶冶的"一分为二"，在纠正了僵化的机械训练之后又带来了对必要训练的全盘否定。走进新课程，我们高扬人文大旗，但却造成了以"人文"代"语文"的新问题，于是工具性与人文性之争，又成了争论不休的焦点……所有这些都可以说明，在"一分为二"、对立斗争的思想影响下，当我们在刻意纠正某种偏向时，往往会只看到它的不好、它的对立而予以彻底否定，这样很容易从一个极端跳到另一个极端，结果就出现了另一种新偏向。"大破大立""先破后立"的口号，多少有一点把"破"与"立"对立起来的味道，事实上应当是"破"中有"立"，"立"中有"破"，才比较符合辩证法。鲁迅的"拿来主义"

---

① 庞朴：《浅说一分为三》，新华出版社，2004。

就不反对在应当毁掉的东西里留下对我们有用的部分。如果对立的两方面不能和谐地统一于生命整体，实现"一分为三"的那个和谐融通的新"三"，语文教学便一直艰难地行进在对立斗争的道路上。极"左"思潮和非此即彼的思维方式，使语文教学一直在批判、纠偏中过日子而左右摇摆、动辄得咎，令广大语文教师困惑彷徨、无所适从。这个历史教训，很值得我们记取。

季：您提出了自己的语文教育生命观，它的核心就是"一分为三"：让对立的"二"和合于生命发展之"三"。您能不能跟我们说说您提出"一分为三"的语文教育生命观的缘由是什么。

周：纵观语文教育的文与道、师与生、教与学、讲与练、读与写，乃至课内与课外等，我们不难发现充满着矛盾与对立，但这只是语文教育的一面。另一面是这些对立的斗争，都应当在以育人为本的基础上去实现和谐统一。"一分为三"和谐统一的语文教育观，也是符合中华民族传统文化中的哲学思想的。这是儒家中相近于"执两用中"的学说，"中也者，天下之大本也"。不取其端，而取其中则盛。也就是说，任何事情，不可走极端，不要搞绝对化，更不可忽东忽西，忽左忽右，而是要朝着平衡、和谐、稳定的方向发展。

在道家，这种"执两用中"则叫作"道生一，一生二，二生三，三生万物"。在老子这句名言中，最后一步的"三生万物"与最初的"道生一"虽然相反但很相似，都表现了绝对与相对的关系：一个是从绝对（道）走向相对（二）的展开，另一个是从相对（二）回归绝对（万物）的完成，也就是复归绝对的统一的"三"。语文教学的"文"与"道"之争、工具性与人文性之争、传统与现代之争、民族与世界之争，乃至学生主体与教师主导之争、讲与练之争……也应当多从两极融通的观点来看待，从对立的"二"去体悟对立统一于生命发展之"三"。工具性与人文性等"一分为二"的对立，其实都融合在作为生命的思索和交往的语文之中。细分为二，也许只是为了研究的方便，它只是一个过程，最终还是要复归于统一的"三"。

提出"一分为三"和谐统一的语文教育观，还完全符合天地之道和人间之情的基本要求。党中央郑重指出，当前和今后一个时期，要不断提高构建社会主义和谐社会的能力。"和"有和衷共济之意；"谐"有顺和、协调、无抵触之意。"和"也就是儒家所言"中也者，天下之大本也"的"中"。从动态看，"中"就成了"和"。"以他平他谓之和"，也就是将对立的双方互相协调、沟通，互相补充、渗透，和衷共济，这样的结果，便是"和"的实现。社会主义需要和谐社会，具有社会性的语文教学当然也需要和谐，需要语文教学的生态平衡。这就像音乐，虽然构成的曲调有着高下、轻重、急徐、扬抑的种种不同，但在一首乐曲的组成中，最需要的是种种不同曲调之和。"和"是绝对的，否则就不可能形成优美的旋律。

"一分为三"的宏观视野：语文是什么

季："一分为三"的宏观视野，当然首先要搞明白课程的性质和特点，"语文是什么"？应当如何从"对立"走向"统一"？

周：要以宏观的视野，辩证地思考语文是什么，语文课程是什么。用民族文化教育的精华塑造生命的信念，令我热衷于语文教育的思考，树立了对语文教育生命观的"一分为三"的宏观认知。

周一贯在生本课堂论坛上与同行交流

　　语文连接传统与当代，对立统一于母语教育，在千年视野内感受中华民族语文的博大精深。语文是一门最具有民族性的学科，它不仅受一个民族的语言文字的制约，而且还受这个民族文化传统，包括民族心理特点的影响。因此，我们很有必要去了解我国母语教育的传统经验。在新课改语境下，我们看到语文课程与时代同发展的同时，也遭遇了困惑，即当新课程理念在充分展示其魅力而完成创生的使命之后，就不可避免地要进入最为关键的实施阶段。总是在这个重要时刻，我们才会发现，创新并不是完全抛弃传统而构筑的一个全新的文化形态。中国语文教育的悠久历史传统，可以生生不息地流传至今，最充分地说明了无论今天的语文教育有了多少现代化发展，都无法抛开古代语文教学的传统经验，另辟一个全新的文化生存空间。然而，从教师队伍的构成现状看，青年教师正在成为主体。他们有限的工作经历决定了他们对于纵向的、民族的语文教育发展历史和传统经验往往知之不多，而对当代的、横向的新理念、新信息则接受较快。这两者的信息不对称，容易导致母语教学固有的本色、本真的淡出。所以，如何认识为母语教学所必需的传统语文教育精华的时代价值，实现传承与发展的有机统一，在千年视野内去感受中华民族语文的博大精深，是实现"一分为三"语文教育生命观的重要话题。

几千年来中国人教学语文并世世代代被证明是行之有效的那些做法，虽然不可避免地会蒙上一些旧时代的尘埃，但肯定有许多与汉字、汉语的学习规律相谐、相融的地方。这是中国语文的"中国心"，如注重识字、本于诵读、体察涵泳、重视习练等。问题在于我国母语教育虽然历史悠久，但语文单独设科却是 1903 年以后的事，迄今只有百余年。在漫长的历史阶段，母语教育都是在经学、史学、理学、文学、哲学中结合进行的，这就造成了古代语文教学传统经验并不独立存在的特殊情况，其只是如珍珠一般散落在许多论教说学、讲经辩道乃至诗词歌赋、散骈文章之中，恰如无数星斗，罗布于苍穹。这就更需要我们去细心挖掘、搜集、整理和发扬。

在我国十分丰富、珍贵的文化遗产中，语文教育的传统经验无疑是一个极其重要的、基本的部分，因为它关系到作为民族文化载体的母语教学的传承和发展。我们必须积极地将批判继承与时代发展有机结合起来，最充分地去感受中华民族语文的博大精深。对这一问题的探讨，我曾有长文发表于《中国教育报》（2008 年 1 月 17 日）、《中国小学语文教学论坛》（2008 年第 1 期）、《小学语文教师》（2007 年第 11 期）……尽管时序更新、岁月不同，但汉字、汉语的"根"没有变，对语文教育生命观的探索，也应当思于斯、行于斯。

季：您说的当然很重要。但我觉得"文"与"道"的对立，或者说是工具性与人文性的对立，也应该是语文哲学思考宏观层面的一个大问题。

周：这正是我想说的另一个方面，即克服工具性与人文性的对立，统一于学语习文之中。新课标明确指出："工具性与人文性的统一，是语文课程的基本特点。"但是，由于以前我们较多地强调了工具性，课堂上充斥了僵化、机械的训练，造成了人文性的失落，在进入新课改之后，"人文"便成了语文课堂的奋力追求。这种从一个极端跳到另一个极端的态度，又出现了离开工具性大谈人文性的倾向，出现了语文教学中"泛语文""非语文"的现象。这种把工具性与人文性一分为二的对立，非此即彼的批判，很难实现两者的真正统一。在语文学科中，追求工具性和人文性的统一，不能背弃了语文教学的学科本色，不能颠覆了语文教学的课堂范型。我在《小学教学参考》（2007 年第 1、2 期）中曾著文提出了"新课程：'阅读教学范式'探寻"的讨论话题，获得了热烈反响。这里所指的"范式"是在新课程正确理念指导下所体现的对语文课堂教学最重要的规范、最基本的要求、最稳定的要素、最本质的规律和最应坚守的法则等的综合呈现。这是在反思当前课堂教学某些"失范"表现的基础上，重申新课程所要求的语文课堂教学的一些最本质的特征，以推进语文课堂教学改革中具有范式意义的要素。所以，不会因此而束缚了教师因人、因文、因时、因地的艺术创新和对教学个性、教学风格的追求，反而是一种对语文学科本色本真的呵护和弘扬。如在语文教学范式中的"人文"定位问题，其实，"人文"不是在语文之外，而是在语文之中。为什么？首先，"人文"在听说读写的动机之中，从根本上说，学生的听说读写活动都是对真善美的追求，这种追求的本身就是最具有人文性的。其次，"人文"也在语文的内容之中。可以说每一篇语文课文都是极富人文情怀之作。再次，"人文"更多地在语文的言语形式之中。课文《在仙台》（节选自鲁迅《藤野先生》）中记叙了藤野先生修改鲁迅听课笔记的事，前面有"大约是星期六"的交代，后面有"第二三天便还我（指讲义）"。为什么要点明"星期六"？"第二三天"又是什么日子？是星期天、星期一？老师如果让学生去细细品味，通过这一显信息，就可以探究出藤野先生放弃个人休息时间为鲁迅认真修改所抄讲义这一隐信息，从中就可以进一步感悟到藤野先生的博爱精神和高尚人格这一潜信息。语文的"人文"就在这样的言语形式之中，语文教学的工具性和人文性，也就在这样的学语习文的活动里才得到了真正的统一。

还有另一方面也很重要，这就是将"学生主体"与"教师主导"的对立，统一于"教学相长"之中。在传统的教育中，"师道尊严"使教师处在课堂的主导地位，学生只能是正襟危坐，专心听讲，完全失去了作为学习主体应有的主动性和积极性。这不仅严重影响了教学效果，而且严重影响学生健全人格的发展。教学改革的根本问题在于能否真正确立"生本课堂"。为此，小学语文教学不仅要考虑"小学"这么一种学业水平，更要考虑儿童的心灵感受和精神家园。而今天的儿童，正在过早地告别他们本应具有的童真面目。这不仅来自社会，来自网络、影视等现代媒体的影响，也来自学校的课程教学。小学语文教学的深化改革不能无视这种现象。小学语文应当是"儿童语文"。

童年的重要，在于它会对每个人的一生发生极其重要的影响，童年留下的印痕，往往终生难以磨灭。人这一辈子，在乐与苦、逸与劳的时刻，都会不时地回忆童年。这一切都因为儿童可以享受的，正是我们成年人已基本丢失、十分珍贵的东西。童心并非只作为童年阶段而存在，它可以在一生中发挥出神奇的力量。它是健全人格的开端，是终生活力、创造力的源头，是一辈子自由、幸福的基石，甚至是一个民族和国家健壮活力的标志。这就难怪英国大诗人弥尔顿会说得掷地有声："儿童引导成人，如同晨光引导白昼。"所以我们的小学语文教学应当更多地去关注儿童的心态、儿童的感受、儿童的话语、儿童的兴趣和思维方式……一句话，应当更多地去追寻儿童精神，莫让童心过早地消逝。我从语文教育生命观出发，多年关注"儿童语文"的研究。2005 年我的研究文章《小学语文应是儿童语文》发表于《人民教育》第 11 期，专著《"儿童作文"教学论》也于 2005 年 6 月出版。小学的语文课堂应当充分尊重儿童的主体地位，弘扬儿童精神；教师要善于理解童心，呵护童真，引发童趣。教师应当更多地融入儿童世界，成为他们知心的大朋友、课堂教学的组织者和辅导员。然而，小学语文教学的某些现状却不容乐观：儿童精神日趋边缘化，儿童文化没有受到足够的关注，儿童观念也在逐渐淡出。在当下的小学语文课堂上我们较多地看到那些成人化的"高雅"扼杀了童趣，以成人式的情感排斥了童情，教师"深度开发"文本而无视了儿童的思维方式，滔滔不绝地讲问又导致了儿童的失语……

　　《礼记·学记》中提倡的"教学相长"蕴意深长，发展至当代，人们更多地认识到在教学过程中师生互相学习的重要。显然，"学生主体"和"教师主导"的融合和"小学语文是儿童语文"的确立，也只有在"教学相长"中才能真正得到统一。

教与学的统一，语文教育生命观的中观视角

　　季：对语文教育生命观做哲学思考，还应当分析它的中观视角。您说这应当是教学领域里的问题，即教与学的统一。关于这方面，您能展开谈谈吗？

　　周：如果说，用"一分为三"的观点，强调语文教育凸显"以生为本"

周一贯做讲座《"一分为三"的语文生命哲学》

是它的宏观视野，那么，辩证地看待语文课程教与学的统一，用课程主流价值观润泽生命，便是语文教育生命观的中观视角，也是语文教学中的根本问题之一。在实现教与学的统一中，要让学生站在教学的正中央，则是矛盾的焦点所在。首先要消除预设与生成的矛盾，让二者共融于教学现场。为此我提出"软设计""弹性设计"的观点。

　　传统的课堂教学理念是以知识传授为中心，教师是知识的唯一掌握者，学生不过是无知的、接受知识的对象，所以完全可以事先由教师单向确定，无须现场生成。于是，课堂教学的功能遭遇异化，生成机制受到遮蔽。走进新课程，人们越来越认识到学生是学习的主体，他们才是课堂的主人。"个性化解读""多元感悟""独特体验""平等对话"等，似乎都在强调课堂固有的生成性特点。那么，"预设"是否必要，或者说是否还重要，便成了新问题。如此对立地看待"预设"与"生成"，不可避免地会导致从过分看重预设、忽视生成这个极端跳到重视了生成而又忽视了预设这个极端。其实，"预设"与"生成"应当是高度统一的。所有的"预设"都是为了课堂"生成"，而所有的"生成"，其实都是有意无意的"预设"带来的。即使是教师以教学机智所做的临场应变，也不会是绝对的心血来潮。细细探寻，都是教师的学识见闻、人生经历和教学经验的日常积累在发生作用，才有这临场信手拈来的"偶然得之"。这正如一位上了一堂精品课的名师在课后所言："我用一辈子来备这堂课。"所以，一个优秀教师总是会非常注重平日的勤奋学习和自身修养的提高，这样的"远预设"、隐性预设，与"近预设"、显性预设同样重要，甚至更重要。"凡事预则立，不预则废"还是无法颠覆的铁律。

　　因此，"预设"与"生成"的对立，应当统一于教与学的现场之中。课堂教学要有"场"的意识。"场"在生活中只是泛指适应某种需要的比较大的一处地方而已，但在物理学中却是专指物质存在的一种基本形式，具有能量、动量和质量，能传递实体间的相互作用，如电场、磁场、引力场等。无论从何种角度理解，课堂都是一个"场"，一个教与学的"场"，而且是一个非常特别的"场"——"生命场"，学生的生命发展，教师的生命活力和教材（作者、编者）的生命情怀在这里汇聚和交流。这是我的语文教育生命观在课程教学层面、教学设计层面的一个基本观点。语文课堂的"场"效应是课堂教学赖以高效运行并充满生命活力的基本条件。课堂教学的生态环境和语文教学的多种要素在这里发生着密切联系和相互作用：主体、客体和媒体的和谐互动；能量、动量和质量的协调释放；冲力、引力和张力的互促共生……产生了汇聚、碰撞、冲突、吸纳和平衡。教师若能敏锐地把握和发挥这种"场"效应，课堂往往就会具有可调性和兼容性的能进能退、能屈能伸、能吐能纳、能开能合的灵动，师生的生命活力和智性潜能获得真正自由的呈现，而使课程的实施洋溢着一种色彩斑斓的诗意和值得回味再三的神韵，达到一种充盈了绿意的生态课堂的境界。

课堂教学的这种"场"，还是一种"生命现场"。"现场"意味着你非得在那里，你的情绪和身体本身就是现场的一部分。你不是在它之外观察它，而是在它之中体验它，并且以你的全部（经历和学识，人格和气质）参与构成它。这个现场不是先于你而存在，而是你到来之后才出现的，所以才极具生成性；在这样的现场你得依靠你已有的人生经历、学识见闻、教学经验去感知、去探索，所以又极具预设性。另外，构成课堂现场的不是只有你一个，还有四五十个孩子，他们是学习的主体，他们与你平等地"共现场"，所以你的感知、思考和决策，又都必须以多主体"共现场"的软环境为基础。这种教学预设的现场生成理念，比较系统地陈述于我的专著《阅读课堂教学设计论》之中。在之后的相关论文中，我提出了从传统的单一的"硬性设计"到多元灵动的"柔性设计"、从传统的单调的"僵化设计"到留有空白的"弹性设计"、从传统的单向的"线性设计"到综合推进的"网状设计"、从传统的单边的"主观设计"到民主平等的"互动设计"、从传统的单面的"显性设计"到能同时兼有长年积淀的"隐性设计"等一系列实施策略。所有这些都源于课堂教学的现场意识，也就是"预设"与"生成"的和谐统一。

季： 其实教与学是对立还是统一，是语文教育中的一个根本性的大问题。实现教与学的统一，我们应当注意什么？

周： 实现教与学的统一，首先要理顺的是"教什么"与"怎么教"的关系，前者是对教学内容的读解和生发，后者则主要是教学方法的问题。内容与方法的关系，当然方法要为内容服务，前一时期对这个问题讨论得很热烈，最后达成的共识似乎是"教什么"比"怎么教"更重要。这当然没有错，但我认为比"教什么"和"怎么教"更重要的应该是"为谁教"。内容的选择、方法的运用，说到底都应该为教学对象——学生服务，为学生的生命发展服务。

另外，在教学中还存在着"熏陶"与"训练"的关系问题。有段时间人们谈"训"色变，认为语文训练是"反人文"的。可能在大力提倡加强语文训练的年代里，确实存在过为训练而训练或纯知识训练的现象，但这不是训练的原罪，不是语文训练的错。语文训练的设计一样可以体现人文性与工具性的统一。总的来说，语文学习怎么可能没有训练呢？语文课程是一门学习语言文字运用的综合性、实践性课程，又怎么离得开训练？语言文字运用本身就是一种训练机制。

还有，在课堂教学评价的问题上，也存在着以"秀"（教师刻意于"展示""作秀"）评教还是以"学"评教的问题。这特别表现在一些公开课、观摩课、竞赛课上，我们应当如何看待那些只注重于形式的"花拳绣腿"？如何更好地去关注学生的学习活动、学习状态和学习效应？这当然不是说凡走形式的都不对，更不是说课堂应当拒绝精彩和必要的表演，问题还是形式与内容（学生的学习效益）必须实现辩证统一。

当然，在实现教与学的统一问题上，方方面面会有很多，这里只能是择要而言了。

微观视点：生命对话中的教学智慧

季：教学活动的促成，离不开对话的智慧。您能说说语文教育生命观中对话智慧的重要性吗？

周：对智慧课堂做哲学思考，会使一些人产生误解，似乎哲学是概念的、抽象的、理性的，而智慧是灵动的、行为的、感性的。其实不然，

周一贯和汪潮教授（前排右一）与"童真语文工作室"成员在一起

哲学一词源于古希腊文，原由"爱"和"智慧"两字所组成，意即"爱智慧"。在汉语中，"哲"的字义也是"有智慧"，或"有智慧的人"。因此，对智慧课堂的哲学思考，是基于许许多多的课堂智慧的一个共同点，即辩证地处理问题。由此可以使我们更深地感受到智慧并不是玄之又玄，看不见、摸不着的东西，其实，它就在我们的教学生活中间。这正如恩格斯所说："人们远在知道什么是辩证法以前，就已经辩证地思考了。"

对课堂的智慧教学和教学智慧做哲学思考，涵盖面十分广泛，我在这里想说的是如何从辩证的角度，即将貌似对立的一些事理做智性地辩证处置以谋求统一所形成的合力，使学生获得最佳发展。我认为，在课堂上教师对话的智慧一样体现着教学哲学的根本问题，当然这可能只是微观层面的一个问题。它不仅关乎课堂教学效益的提升，更关乎能否启发学生思维，使学习活动真正成为"改造大脑"的过程，实现学生的生命发展。

季：教学对话往往可以体现出教师的教学智慧。您能说说教师应当如何从辩证的角度做智性地处置，从而使课堂的运作让学生获得最佳发展吗？

周：确实，教与学的主要载体是教学对话。教学对话应当是智慧的对话。要具体地表达我在这方面的观点，问题显得有点大，但我可以简要说说。第一，是在"教会"还是"学会"这个问题上寻求智慧提升。汉字的智慧是没有哪国的文字可以媲美的。"智"由"知""日"组成，即每天都有认知，才是"智"；"慧"由"心""倒山"和两个"丰"组成，即心中的那座山（疑难或问题）被推倒，获得了双丰收。显然，要让学生每天都有主体的认知发展也好，让他们推倒自己面前的疑难之山，或心中的自卑之山也好，都强调了课堂的智慧就是让学生从"学会"到"会学"的过程。世界上有许多事也许可以由旁人代替，唯独学习是无法由别人代劳的。教师的教固然重要，但只有教师的"教"真正触发、促进了学生主动的"学"时，才构成了真正的教学行为。"教"的智慧恰恰就是要把"教"细微而无痕地融入学生"学"的活动中去，"随风潜入夜，润物细无声"，既不可高高在上地指手画脚，也无须声色俱厉地耳提面命。只有当学生在不觉得是在接受教学的过程中接受了教学，才是最有效的教学。这样的教学也才称得上是智慧的教学。

第二，在"有法"与"无法"的问题上要实现智慧融通。古人云："授人鱼，供一餐之用，授人渔，则享用不尽。"可见万事一理，讲究方法，自是成功之道。教学也不例外。瑞士心理学家、教育家皮亚杰认为："良好的方法可以增进学生的效能，乃至加速他们的心理成长而无所损害。"[1]然而，方法总是为目的服务的，不可陷入为方法而方法的误区。只要是

---

[1]　让·皮亚杰：《教育科学与儿童心理学》，傅统先译，文化教育出版社，1981。

能够实现有效、优质的教学，促进学生发展的方法都是好方法，不必太拘泥于是何种方法。智慧课堂的方法运用，因融会贯通而往往能达到"不见方法"的境地。有一副对联说："世间人法无定法，然后知非法法也；天下事了犹未了，何妨以不了了之"。且不论此下联道及立身处事是否有欠积极，单就上联的"法无定法"这一点来说，堪称真知灼见。首先是要讲方法，但在运用方法时又要能灵活变通、综合挥洒，不死抠定法，这就是达到了"非法即法"的智性境界。

第三，在对待"机遇"与"机智"的问题上要有智慧把握。教学对话的实质是师生之间的一种特殊交往活动，在这种平等交往中，教师的"导"不应是不讲时宜地一竿子到底的灌输，而应当是针对学生学习需求的相机诱导。这就要求必须具有适合教学的"机遇"，然后方能"见机行事"。这种在教学过程中出现的好的机会和境遇，对教师来说是循循善诱、实现教学价值的契机，对学生来说则是发现探究、获得发展的好机会。然而，显性的机遇固然容易被教师把握，但更多的机遇常处在一种隐性状态，不易被教师发觉，而且瞬息即逝，不易抓住。智慧课堂要求教师必须有的教学机智，即指教师在教学过程中面对千变万化的教学情境，迅速、敏捷、灵活、准确地做出判断、处理，以实现课堂平衡、有效和优质的一种行为能力。所以，教师的教学智慧往往更多地表现在他们的教学机智水平上，因为只有那种敏锐的感受、准确的判断和灵活应变的行为能力，才能把握住教学机遇，从而获得最佳的教学效益，构建成真正的智慧课堂。

第四，在正确对待"敏感"与"钝感"的问题上要善于智慧应对。在师生间的智慧对话里，教师的教学敏感当然十分重要，灵敏的察觉水平、机敏的判断和行为能力是实现有效教学的重要条件。然而日本作家渡边淳一在《钝感力》那本书里把钝感也看成是一种不可缺少的另类智慧。所谓"钝感"，当然是"敏感"的反面概念，即万事不可看得过重，也不该过分敏感。在生活中也好，在课堂里也好，都不可因小胜而忘乎所以、得意忘形，也不可因失误而郁郁寡欢、一蹶不振。若能以从容淡定的态度处之，以处乱不惊的心理面对，会更有利于把握全局、从容应付。其实，"钝感"与郑板桥曾经提出的"难得糊涂"有着理义相通之处。在课堂上教师有时故意装"傻"、装"糊涂"，是为了把更多发现、锤炼的机会让给学生。正是这些机会，为学生的发展搭建了平台，让我们发现某个学生突然开窍了，这该有多好。说到底，教师的使命不仅在于让学生学到了多少知识，也不仅在于让学生懂得了多少规矩，还在于让学生了解知识和规矩背后更重要的东西，那就是快乐、好奇心、想象力和创造性。而这种心智的觉醒和智慧的生长，不仅需要教师的敏感，有时更需要教师的"难得糊涂"。

第五，在应该"示强"还是"示弱"的问题上要能够智慧转换。教师"传道授业解惑"这一传统的角色定位似乎是无可非议的，然而当我们要寻求其与"学生自主学习"的现代理念相平衡时，却往往会很难把握。这就要求教师在教学过程中适度地发挥组织、引领和指导的作用，而不可强势登场，主宰课堂，去一厢情愿地持"我的课堂我做主"的态度。在教学对话中，有时教师"低姿态"进入，甚至采取"隐身""示弱"的策略，会更有利于学生的自主学习。

在教学对话里，教师在不失指引责任的同时，采用"示弱法"，体现的是一种教学的反向思维，即为更好地达到教学的目的，有时候得先从相反方面去做。教师在教学中有意或无意地"示弱"，恰恰是为了让学生"逞强"。这是完全符合我国古代"至为无为"的哲学思想的。《老子》三十六章说："将欲歙之，必固张之；将欲弱之，必固强之；将欲废之，必固兴之；将欲取之，必固与之。"《孙子·始计篇》主张："故能而示之不能，用而示之不用。"《孟子·离娄章句下》的"人有不为也，而后可以有为"说的也正是这个道理。教师的"不能"，是为了让学生"能"；教师的"不为"，是为了让学生"为"。其慧心所在，都是为了引发学生真正能"自主学习"。

亚里士多德曾说："过度和不及都属于恶，中庸才是德性……是最高的善和极端的美。"提倡"一分为三"辩证统一的哲学思想，就是要将语文教育中各类对立的矛盾，统一融合于人的生命发展之中，以此防止"一分为二"的人为分割和在特定历史条件下形成"对立斗争"的思维惯性，力避小学语文教学改革中发生的许多"过度"与"不及"，以及从一个极端跳到另一个极端的历史错误，构建具有中国特色的、以人为本的小学语文教育新体系。

周一贯在思考哲学问题

第十章 一生回首：丰盈教师的自我生命

个性化治学：教师专业修炼的生命意态

季："师者，所以传道授业解惑也"，自然不能缺失自身的专业修炼。**您为什么要特别强调"个性化治学"？**

周：教师的专业修炼是追寻个体生命发展的必由之路。你想，如果教师没有能力去发展自我生命，又如何能去实现学生的生命发展呢？在如流的岁月间，我们尽管步履匆匆，但总会有一些生活的碎片永存记忆，难以磨灭。其中，我就有一个与教师专业修炼相关的经历。记得有一次去外地一所学校讲课，辅导校本教研活动——如何撰写教学案例。因为案例撰写直接与教师教学实践有关，讲课颇受老师们欢迎。讲完后，老师们还不肯离去，在纷纷议论着自己的哪桩遭遇、哪个故事可以写成不错的案例，有的还表示晚上就动手写，争取明天让我评点一下。晚上，我就住在设备不错的学校"专家楼"里，正好可以偷闲来完成一篇约稿。当我为文稿画上最后一个句号时，如往常一样，总会有一种莫名的快慰，便信步下楼，在庭前的荷塘畔舒展一下筋骨。无意间，我抬头看到墙外的教师宿舍楼，几乎每个窗户都还亮着灯。该是睡觉的时候了，可是我似乎看到了每一扇窗户后的"青灯长卷"，想起白天老师们说想赶写案例好明天让我评阅的言说，显然，此刻大家仍在伏案劳作。联想起前些日子我在《教育文摘周报》首页"人物介绍"版上读到的那篇文章，一位青年教师每天坚持在灯下"抱着女儿写随笔"的故事，那种对教学的执着和勤勉，不仅令我动容，更使我看到教育的希望。

当然，由于每个教师的学业基础不同，发展水平各异，专业修炼的起点和途径也会呈现各不相同的生命意态，这就注定了每个人的治学之路会有很强的个性化色彩。所以，我必须强调专业修炼是一种个性化的行为。我们对许多专业的教师集体培训常有效果不好的叹息，其中的一个重要原因是忽视了教师个体生命的不同进修要求。

季：确实正如您所说，每个人的治学之路具有很强的个性化色彩。这也可以认为是专业研修的生命性。但作为语文教师来说，在对自我的语文教学生命的养护和开发中还是会有一些共性的规律吧？

周：当然，强调教师专业修炼的个性化，并不排斥一些共性的规律，这两者也是辩证统一的。在实施过程中，我们完全可以从个性化中总结出一些共性，作为对教师专业研修的统一指导。这样的一些共性，对谁都会有启发性和指导性，当然就会受到教师的欢迎，同时也会对教师的个人治学之路有较大的引领价值。在这方面，我觉得首先要将培养"教学生活力"视为专业修养的基础。

生活就是人类为了生存和发展进行的生命活动。我们每个人都离不开生活，因为生活是生命活动的轨迹。人类的生活内容是丰富多彩的，但职业的、专业的生活总是会占据主要地位。对教师来说，教学生活无疑是十分重要的。但是，教师有教学生活并不等于就有"教学生活力"。陶行知多次提到过"生活力"，就是"为生活的向前、向上"的力量。由此推及"教学生活力"也就是教师能推动自己的教学生活向前、向上的力量。我们可能会忙于工作而疏于学习，我们可能会应付事务而缺少反思，所以，虽然辛辛苦苦地完成每天的教学任务，但并不能获得理想的工作成果和教育质量。存在这种烦恼的根本原因就是不善于反思自己的教学行为：哪些是成功的、有效的，原因在哪里；哪些是无效的，甚至是负效的，问题又出在什么地方。没有教学反思，就没有学习借鉴，就没有观察比较，也就没有真正的教学研究、专业修炼。这样的教学生活就缺失了不断向前、向上的方向和动力。这就是虽有教学生活，但缺少"教学生活力"的不良状态。

"教学生活力"是一种教师的专业自觉。可以这样说，没有一个教师不想成为一个好教师、名教师，问题在于仅有这样的愿望是不够的，还得落实到实际的行动中去。如果教师能每天对教学中存在的问题做一些分析、思考，找找原因，想想对策，必将受益无穷。天天反思便可以天天精进，这样，教学生活就有了自强、自励、自奋、自进的力量，有了这样的"教学生活力"，专业修炼就可以与时俱进，成就可待了。

这里的关键问题是必须把提升"理性思维力"作为专业修炼的主干。"理性"是与"感性"相对的概念。如果说感性只是感觉、知觉的认识初级阶段，那么理性就是指分析、归纳、判断、推理等认识的高级阶段。各种哲学流派对理性有不同的理解，如斯多葛派认为理性是神的属性与人的本性；唯理论派则认为只有理性才是最可靠的，把理性视为知识的源泉；在康德哲学中，狭义的理性指认识无限的、绝对的东西的能力，位于感性和知性之上，康德企图完全脱离经验去思考超经验的理念；黑格尔哲学则把理性指为具体的、辩证的思维，一种最完全的认识能力，认识的高级阶段，认为只有理性才能揭示事物的本质。

教师是在教学第一线的实践工作者，接触的是直接的教学生活，自然会有许多错综复杂的具体事件发生，给教师以许多的感觉、知觉等丰富的生活意象。但教师要担当育人的重大使命，必须充分理解教育的本质规律和目标，深刻认识教育对象的生理心理发展规律和对自身特点的辩证认知。所有这一切，都要求教师不能只满足于自己的教学实践，而必须在感性认识的基础上，经过思考，将来自教学生活的丰富感觉材料加以去粗取精、去伪存真、由此及彼、由表及里的改造，让自己的感性经验来一个质的飞跃，变为理性认识。这种理性认识就完全不同于感性认识了，它已具有了间接性、抽象性、普遍性和规律性的特点，可以迁移于指导他人的教育活动，并在实践的过程中深化认识。由此，我们就不难理解为什么理性的思维力才是教师专业修炼的主干，它也是产生教学生活力的源泉所在。

显然，教师"理性思维力"的培养要与有计划地学习教育理论相结合，但关键还是在于要养成善于思考的习惯。如有的教师自我要求每天晚上写 10 分钟的教育随笔就很好，即在反思一天教学生活的基础上，用 10 分钟时间把一天来最值得记下的那一段体会写下来。10 分钟，费时不多，应该是可以坚持的。如果因某些特殊情况某一天你无法做到，也可以不写，但必须在本子上写下"今天我没有写"或"今天我写不出"。一天、两天之后，第三天你肯定就不会不写了。写上这句"没有写"的话很重要：一来你虽然没有写什么具体内容，但是你坚持了每天动笔的好习惯；二来你虽然没有记下什么，但你一定回忆了一天的教学生活；三来当你写上"今天我写不出"的时候，你一定很自责、很内疚，正是这种自责和内疚可以保证你能够每天思考教学生活，把写下随笔的习惯保持下去。

当然，我们还要磨砺"言语表达力"作为专业修炼的必要功力。教学写作能力是教师重要的专业能力。教师的教育研究、专业修炼的成果虽然体现在学生的健全成长上，但在这个过程中教师教学经验的总结、专业水平的提升、教育成果的创造等都离不开教育写作的系统梳理、认知的升华和理性的建构。唯此，才能把自己的专业劳作物化为"叙事作品""教学案例""课题报告""调查研究""教学论文""著作出版"。对于语文教师来说，善于写作更是学科教学的基本能力之一，否则他又如何指导学生的写作活动？

积累教研资料的乐趣

周一贯积累教研资料一隅

季：您认为教师的专业修炼离不开在实践中获取教学研究资料，这是为什么呢？

周：按理说教师每天都在教学的实践活动之中，会获得许多有用的心得体会、经验和资料，可为什么教师还往往会感叹"手头缺少资料"呢？其实，缺少的不是资料，而是积累资料的意识与行动。

古人云："水之积也不厚，则其负大舟也无力。"诗人曰："问渠那得清如许？为有源头活水来。"今人说："要给学生一杯水，教师自己应当有一桶水。"也许是一种巧合，这三句精警之言都是以水作喻，说明了厚积薄发的道理。实现厚积薄发的关键在于"学"。古人说"欲智则问，欲能则学"，是因为"玉不琢，不成器；人不学，不知义"。对于手执金钥匙的教师来说，治学就更为重要。如果知识浅薄，储备不足，教学中势必捉襟见肘，"教"犹不及，何以论"研"？在这里，教学研究资料如何积累就是一个教师专业成长的治学之道，更是成为学者型教师的必备基本功。

教学研究资料无疑是一种信息，而信息在当今时代已成为一种战略资源，是社会进步和经济发展的基础、动力和神经系统。对于任何一项事业乃至一个国家来说，信息的吞吐量、流动率和利用率是其进步快慢的重要标志。教育是有目的、有计划、有组织地培养和造就现代社会所需要的具有国际竞争力的创新一代的事业，与信息有着更为密切的关系。从整个教学活动的过程看，信息的传递、筛选、消化和运用，是教学艺术创造性的产生过程。正如马克思所指出，科学劳动"部分地以今人的协作为条件，部分地又以对前人劳动的利用为条件"。对于教学研究的创造性活动，教师不仅要反思自己的教学行为，更要有广泛的教学资料（包括别人的教学理念和实践记录），以资佐证、对比、综合求索，将各种信息不断从正反两方面多角度地碰撞、融合、分裂、变化和创生。因此，教学研究资料的储存和运用，也是信息创造规律的必然要求。

另外，教师的专业发展，离不开教学写作的梳理、提升、构建和交流。教学写作是对教师在教育理念指导下源于教学实践体验的所有书面表达活动的统称。这是一种整理经验、开通思路、深化认识、提升自身理论素养和实践品格的有效途径。从本质上说，教学写作是教师专业生涯的一种存在状态，是教师精神生命不可缺失的自我实现。教师在教学写作活动中对教学研究资料的需要，像人对水和空气的需要一样不可缺少。

季：教师在自我的教学生活中应当如何去积累资料呢？

周：教学资料的收集和储存，是有效运用教学研究信息的基础。个人存储教学资料的方式很多，我常用的有三大类。第一是笔录类，主要如笔记和卡片。这些当然可以保存在个人电脑上，但也可以是纸质保存。笔记包含甚广，有听课笔记、教学札记、批改记录、教后感等。笔记的形式比较自由，可以抄录、摘录、心得体会、随感杂忆，或成段成篇，或只言片语。其欠缺之处是难以分类，只能一页一页翻检，使用时不够灵便。卡片是资料的科学储存形式，一事一页，分类清晰、查阅方便，不但便于随身携带，而且可以按需要的主题归类集中，无论是讲课、撰著都十分方便。日本创造学研究专家村上幸雄认为卡片有助于创新：当你研究某个问题时，只要把与此问题有关的卡片进行分组、归类、合并，就有可能把握问题的全部相关因素，从而选择出解决问题的最佳方案，或者从信息的重新组合中创造出新的信息。第二类是剪贴类，常见的如剪报。第三类是书刊类，即有关的报纸、刊物和书籍。在众多的贮存资料中，必须要重视的是来自个人教学实践的第一手资料。据有关专家研究，在个人日常使用的信息中，来自书刊文字记载的信息量只有20%，而来自实践活动或口头流通的却有80%之多。这些源于教学实践活动中的资料往往是最宝贵的"0次情报"，即没有被利用过的信息。在教学资料的收集储存过程中，关键在于建立一套高效的属于个人所有的"人—资（资料）系统"，也就是以自我为主体，将资料储存分为内储与外储两大子系统。内储是个人所拥有的全部资料；外储是不属个人所有但可以借用的资料，如网络、亲朋好友的资料，学校的图书报刊或当地的图书馆、阅览室等的资料。内储要材料熟悉、使用灵便；外储要确立渠道、广泛联络。如此方能构筑起完整的资料贮存机制：内储为主，外储为辅，以内储驭外储。

季：厚积才能薄发，积应该还是为了发，那么怎样才能将厚积转化为薄发？

周：在这方面，主要有三条。一是对资料实施组合机制，做到巧"连"妙"接"。组合是对筛选的信息的再加工。教学研究资料要纳入自己对某一问题的认识范畴，就必须重新"编码"。在这个过程中要选取相关的信息，经过分解、分类、归纳、综合和科学排列，巧"连"妙"接"，使之系统化和成为验证某种认识的有机部分。经过这种组合的信息资料与原来的状貌往往会有很大的区别。如我对作文教学的研究，积累了两千余张卡片。我对所收集的资料进行了新的组合，在写作题材力求多元方面，有剪贴作文、拼图作文、音响作文、素描作文、艺术作文、科技作文、寻美作文、照片作文、邮票作文等新经验；在表现体例力求多式方面，有片段作文、接龙作文、活页作文、图画作文、特写作文、小报作文、系列作文、编集作文、日记作文、通信作文等新式样；在训练方法力求多样方面，有口头作文法、问答作文法、听写作文法、征题作文法、多角度作文法、交流作文法、程序作文法、幻想作文法、游戏作文法、自由作文法等新思路；在教学功能力求多用方面，有快速作文、换题作文、推测作文、连续观察作文、拟题作文、再生作文、创造作文、下水作文、心得作文等新探索……

二是对资料实施调整机制——"死"里求"活"。教育是一项复杂的系统工程，涉及许多方面的因素，它既有科学性，又具艺术性；既带国际性，又有民族性；它因不同地域、师资、设施和生源素质而施行有别；至于不同学科、不同研究领域之间，更不能简单"移植"。这就要求在应用各种教学研究资料时，必须强化其调整机制，把"死"材料变成"活"材料，切忌生搬硬套。如我收集的一些符号学的研究资料，使我意识到在现代社会中，人们越来越多地借用简洁、明快的符号来代替日常用语。这是因为符号比日常语言有几个很大的优点：确切性（不会发生歧义）、经济性（不必用语言做烦琐的表达）和通用性（大众都看得懂）。在教育、教学工作中，符号学理论是否也同样有助于提高教学效率？符号学是否可以应用于教学工作？这就不能靠生硬"移植"便能解决的，而必须经过调整。于是我从语文教学入手，把符号学理论与教学经验联系起来，进行改造调整，写成了《语文教学的符号系统》一文，提出了备课符号、批改符号、自读符号（圈点画注）、板书符号、表情朗读符号和课文思维导图符号等的设计和使用，完善了存在于语文教学活动中能明显提高教、学效率的符号系统。

三是对资料实施扩展机制——由"此"及"彼"。对于同样的教学研究资料，有的人可能熟视无睹，并没有在大脑中引起"化学变化"，但有的人却能由"此"及"彼"，从一个资料中引起连锁思考，形成信息的扩展。这里的关键在于"联想"，即对所见的一份资料多问几个"怎么样"，它能否迁移到新的问题情境中去解决问题。如在我的卡片柜里有一组关于全息理论的卡片。在生物领域里，科学家发现了一种全息规律，即有机体的任何一个相对独立的部分都表现为整体的缩影，是整体特征的再现。如一片树叶的叶脉分布，正是一棵树主干分枝的整体形象的微缩。这种全息现象不仅存在于生物界，而且在整个自然界、整个社会以及思维领域，都具有普遍性。由此，我展开了连锁性思考：如果从全息规律看问题，教师是不是也可以抓住一篇课文的某一个可以表现整体缩影的部分精讲导读，让学生从教师的这种示范引导中去举一反三，自己读懂全文呢？这种表现为整体缩影的部分叫"全息元"。在一篇课文中有没有可以统领全文的这种"全息元"？于是，在调查实践的基础上，我发表了《全息规律在阅读教学中的应用》一文，举例分析，提出了课题全息元、关键词语全息元、中心句子全息元、中心小节全息元、重要标点全息元等几个可以精讲导读的抓手。由自然界的全息理论扩展到了阅读教学改革的全息应用。

教育隐喻与教育叙事：真理就在实践中

"周一贯先生从教六十五周年暨八十华诞"庆贺活动会场

季：教育叙事是很重要的一种教育方式。以生活叙事做隐喻，是不是可以视为我国古代的一种教育叙事的传统样式？

周：在教师的教育研究中不是以写理论文章为主，而是运用叙事的方式对自己的教育实践生活写作，这一改变之所以受到欢迎，原因之一在于变换了表述的话语体系。教师以叙事的文体说自己的教育事件，叙事成为一种教育经验的呈现方式，使教师感到亲切、易写，教师也爱读。这是因为叙事文体更接近生活话语，更接近在教学第一线实践的教师的生命体验，比之运用抽象逻辑的论证来阐说教学问题，它更接近教师的教学实际。

其实，如果我们沿着历史的长河溯流而上，就不难看到古人运用生活故事来隐喻教育或直接说明教育问题的许多事例。这可以认为是一种原始的教育叙事写作，因为它基本上具备了"包含问题情境，又表现出一定的教育思考力的叙事体例"的最基本特征。

以叙事的形式言说教育，在古代更多的是以隐喻的方式出现的。如孟子所用的"揠苗助长"的故事，早已成为家喻户晓的寓言：

宋人有闵其苗之不长而揠者之者，茫茫然归，谓其人曰："今日病矣！予助苗长矣！"其子趋而往视之，苗则槁矣。天下之不助苗长者寡矣。以为无益而舍之者，不耘苗者也；助之长者，揠苗者也，非徒无益，而又害之。

这是一则孟子的经典教育隐喻。这个生动的生活故事颇为深刻地道出了"非徒无益，而又害之"的教育问题，即使在今天，仍然具有重要意义。

季： 在您的指导下，我专门展开过"语文教学叙事"研究，还出版了专著。但还是有许多一线的老师对写教学叙事感到茫然。教学叙事不可能不阐述某种教育、教学理念，那是不是一定要用深奥的理论话语来表达呢？现在，老师们写教学叙事又应该注意些什么呢？

周： 尽管教学叙事不可能不阐述某种教育、教学理念，但不等于一定要用深奥的理论话语来表达。陶行知先生在 1926 年 12 月发表的《中国乡村教育之根本改造》一文中就有这样一段话："中国乡村教育走错了路！他教人离开乡下向城里跑，他教人吃饭不种稻，穿衣不种棉，盖房子不造林；他教人羡慕奢华，看不起务农；他教人分利不生利；他教农夫子弟变成书呆子；他教富的变穷，穷的变得格外穷；他教强的变弱，弱的变得格外弱。前面是万丈悬崖，同志们务须把马勒住，另找生路！"陶行知先生的这种语言和行文风格，甚至可以代表他的所有著作的基本特点。这些人人能懂的大白话，全由生活语言构成，但这并不妨碍陶行知对深邃而前卫的教育理念做表述，当然也没有影响他成为中国近代最杰出的教育家。

再读读下面这段教学叙事，了解怎样用生活语言讲述教学事件。

导读《记金华的双龙洞》（人教版第八册）这篇课文，教学正在一步一步向前推进，突然一位学生提出了问题："能通得过一条小船的洞怎么能说成是'孔隙'呢？课文中这样说好像不太正确。"这是节外生枝，当然在教师的预设之外。若要快些解决这一问题，教师用一两句话就可以说通，但他没有这样简单地把答案"给予"孩子，而是引导孩子自己来解决自己发现的问题。教师启发大家："既然是'隙'，必然是联系前后或内外之间的部分。我们要弄清这位同学提出的问题，就得先看看这内洞和外洞是什么样儿的，与'孔隙'比较一下怎样？请大家仔细读读课文来解决这个问题。"于是，全班学生在认真地默读课文之后，纷纷发表了意见：

——"我从'仿佛到了个大会堂''聚集一千或八百人''不觉得拥挤'等的描写中，体会到外洞是非常大的。"

——"我发现课文中说'内洞比外洞大得多，大概有十来进房子那么大', 说明内洞更大。比起这么大的外洞和内洞, 这中间的孔, 应当只是一个'孔隙', 这样写没有错。"

——"我觉得这只船其实是很小的, 课文中说'上船后只容两个人并排仰卧', 连坐着也不行, 说明这孔隙确实很小。"

——"我补充一点, 仰卧在船上过孔隙时, 还会感觉'擦破了鼻子', 告诉我们这孔隙实在是太小了, 说它只是个孔隙没有错。"

……

这时, 教师又请大家归纳: "刚才我们是用什么方法才获得正确答案的？" 有的学生说: "是从课文的其他内容中理解什么是'孔隙'的。" 有的学生说: "应当是从课文的前后部分中才明白什么是'孔隙'的。" 还有的说: "我觉得读懂课文就要从全部课文中去理解疑难问题。"

……

像这样的叙事, 没有说什么高深难懂的理论, 只是如讲故事一般说了一个教学实践的始末, 行文并非惊天动地、山呼海啸, 但因为言之有物、叙之有情、来自生活、出自肺腑, 其故事所体现的理念, 一样清晰而深刻地印在我们的心间, 而且似乎更活灵活现、亲切感人。这正是教学叙事写作言语表达的魅力所在。

教师的教学生活基本上是教师的生命实践行为, 从中必定能获得丰富的生命体验。教学叙事应当是更接近生命体验的一种表达方式。

在案例积累中的生命创新

季：与教育叙事相接近的还有"教育案例"，这两者完全一样吗？

周：它们有相似之处，应当都是教师从事教育实践研究的一种表达方式。教育研究离不开对教育实践的关注。这是因为教育本来就是教师教育生命的实践活动，必然会伴随着许多教育故事。把这些故事以教育反思的视角完整地记录下来，就成了案例。

"案例"一词，英文称"case"，译为汉语可以是"个案""个例""事例""实例"等，通常便称作"案例"。在汉语中"案例"是一个并不艰涩难懂的词语，所谓"案"这里应作"事件"解，而"例"便是可以做依据的一件事物。然而，案例作为一种教育手段，却来自国外。早在19世纪70年代（1870年），案例教学法就被运用于哈佛法学院。到1910年，所有居于领衔地位的法学院都使用了案例教学法。后来，案例教学法又扩及哈佛医学院、商学院和教育学院。特别是在第一次世界大战期间和之后，哈佛商学院广泛采用了案例教学法，到20世纪40年代已建立了包括选题、编写、应用、储存、建档等较为完整的案例系统，并取得显著效果。当时，培养工商管理硕士是哈佛商学院的主要目标，但是令学院管理者和教师感到困惑的是：一味讲授各种管理理论，学生缺乏兴趣，不易接纳；即便勉强接受了，掌握也不是很牢固。相反，若让当地工商管理人士走上讲台现身说法，亮出自己在实践中的各种具体问题及解决对策，学生却听得兴趣盎然，理解也特别深刻。于是案例教学法在显著提高教学效果的驱动下，更趋完善。据说，在美国 500 家最大财团的决策经理中，2/3 是哈佛商学院的毕业生，而这家学院最为人称道的，就是它独具特色的案例教学。

在教育、教学领域里，什么才算真正的案例？其答案应当产生于教育、教学的实践生活中。从当前研究和运用的实际情况看，对案例存在着狭义和广义两种不同的理解。狭义的案例对事件的真实性、情境性、典型性、启发性和叙事性都有着很高、很完善的要求。而广义的案例，就目前我们看到的可能就更宽泛一些：如有的把教学设计作为一个案例，提出探讨；有的以生发一段课堂实录作为一个案例，深入研究；还有的只是撷取一截教学片段作为一个案例，开展反思，等等。应当说，这些材料也具备了作为案例的基本特征，而且也确实能够发挥案例研究的效用。既然案例研究只是研究教育实践的一种手段，必然会在运用过程中不断发展。那么，这些来自广大教师的教育生活实际，而且为他们所喜欢的被扩展了的多样案例的出现，是一件好事。在多元开放的教育实践研究中，没有必要对案例画地为牢，而且这也不利于教育行动研究的繁荣和发展。

季：其实教师对教育、教学的专业研修，本来就离不开对教育、教学中发生的事例的琢磨和探究。

周：是啊！案例似乎也接近于我们在说理时引用的事例，这已不完全是新鲜事物了。因为"摆事实，讲道理"早就成为说服别人的有效方法。我们在写教育、教学研究文章时，也总会列举一些教育、教学事例。对教育、教学事例的关注和被引用，应当是一直存在的，并不是今天才出现的，只不过没有用上案例的字眼罢了。这样说来，既然近似案例的事例早就进入了运用，今天是否还有案例开发的必要？答案应当是肯定的。有时我们并不完全理解感知的事物，而只有理解了的事物才能更深刻地感知它。运用事例来说理与系统地运用案例于教学和研究虽有联系，但却有着本质的区别。案例在案例教育或案例研究中已具有独立的体式、独特的地位和独具的作用，并提升为一种科学的思维方式和工作方法体系，这同简单的"运用事例"是不可同日而语的。也正因为如此，收集、撰写和研究案例已成为教师专业修炼的一个重要内容。

回首 21 世纪的中国课程改革，风生水起，景象万千。几乎与此同时，案例的开发也逐渐形成热潮。教师在从事教育、教学的生命活动中，若能及时地感知那些发人深省的教育、教学事件，把体验及时记录下来并做反思和探究，写成案例，既方便灵动，又可积少成多，聚以大用，无疑会大大有益于专业研究的拓展和深化，进而成为教师对语文生命的一种养护与开发。

语文教师不写作：问题很严重

季：您多年来一直在坚持教育写作，至今已经"著作等身"。为什么教育写作对教师的专业发展有如此重要的意义？

周：教育写作是教师在教育理念指导下源于教育教学实践体验的所有书面表达活动的统称。这是一种整理经验、开通思路、深化认识、提升自身理论素养和实践品格的有效途径。从本质上说，教育写作是教师专业生涯的一种存在状态，是教师精神生命不可缺失的自我实现，因为在这里充满着自身专业发展的快乐体验和前进力量。如此定位教育写作的

周一贯 80 寿诞与李红云主编（右）在一起

重要性，绝不是盲目抬高教育写作，而是有充分理由的。

首先，教育写作的本质是教师专业生命的表达和交流。写作是人类将自己对世界的认识进行书面表达传播的行为，其本质是言语生命的一种自我实现。有人认为，写作是"人类运用书面语言文字创生生命生存自由秩序的建筑行为、活动"①，"是一种将思维和语言文字联系在一起，旨在制作文章的精神活动"②。这些论述都强调了写作必然地与人的思想情感、生命的审美取向与作者主体的人格气质有着极其密切的联系。所以，教育写作也绝非是单凭写作技巧而作成一篇文章，它首先是对教育的追求有着一种虔诚的信念，方能对践行的教学活动"心领神会"，而后获得"思与境谐"的体验，胸中有话不吐不快，于是便引笔成文如水到渠成。教师在教育写作中的智力因素是其生命认识中的一部分，而情感

① 马正平：《高等写作学引论》，中国人民大学出版社，2002。
② 陈家生：《写作》，高等教育出版社，1999。

心绪、审美倾向和人格气质等非智力因素更是其精神生命的体证。在写作认知能力的背后，是作者的观察、感受和生命体验；写作思考能力的背后，是作者的想象、联想和心灵的飞翔；写作表达能力的背后，则是作者语感、诗意和妙笔生花的创造……每一个教育故事，每一则教学案例，每一篇教育研究文章，我们都不难看到背后站着的那个活生生的人。只有这样，教育写作的成品才有厚重的质感和充满生命活力的神韵。

同时，教育写作又是教师专业成长的必由途径。人活在世上，总会有行为，也总会有自己为什么要这样做的想法。从这个意义上说，我们每个人都活在自己的想法和做法之中。

教师承担着传承人类知识和社会文明的重任，并以此开启未来一代的心智。这不是可以不动脑子、依葫芦画瓢就能完成的事情。教师工作的特殊性，更要求他们有自己的想法和做法。但是，有的教师太忙了，忙得每天只能按惯例应付，几乎失去了属于自己的想法和做法。这样的教师就成了"流水线"上的工人，总是使用着同一个机械的动作，变成了一个只会按照别人的生活方式过日子的人。他们从教 30 年，其实只"做"了一年而重复了 29 年。

有的教师也很忙，但没有放弃思考。他们总是在想方设法地去面对一个又一个的教育困惑和问题，思考自己应该怎样做教师，怎样可以做得更好些。在问题解决不了的时候，他们会忙里偷闲地看看相关的书，解决教学问题的经验也逐渐丰富起来了。于是，当他们把这些宝贵的资料记录下来，也便有了属于自己的教育写作。教育写作，就是这样和教师相伴相依，行走在专业成长的路上。

一个优秀的教师应该把自己的教学工作当成一项研究来做，要用研究的眼光来看待自己教学生活中困惑的问题、意外的遭遇、成功的喜悦和挫折的烦恼，在不断的阅读和思考中，不断地记录和梳理自己的心得体会。这就是刘华良教授所说的"过有主题的生活"。这种有主题的生活，就是教师教学生活中一直在研究、在思考的生活，而研究和思考又必然会呼唤写作来帮忙。能够生活在自己主题中的教师是幸福的人，因为他们快乐地前进在自己专业成长的路上。

教育写作是追逐主题、追逐目标，不断地总结自己的教学经验，梳理教学中成败得失的过程，也就成了教师自我提升的工程。正是在这样的一个写作空前普及的背景下，教育写作成了当前教师一种基本的专业需求，边行边思，述而又作，应当是当代教师的一种生存状态。从最简单的教学笔记到课例、案例的书写，从教学研究文章到教育论著的撰写……教育写作正在成为教师专业成长的生命通道。

还应当说的是，教育写作还是教师优化审美情操、提升生活品质的重要手段。教育写作不仅是教师专业成长的客观需要，同时又何尝不是教师专业生活情感宣泄的重要渠道。教育是立人、育人的事业，事关宏大的"人才建设"问题，客观存在所具有的既"为人"又要"人为"的特性，使教育充满了心灵感召和精神创生，有着许多生命体验的快乐。这种丰富的情感内蕴使写作表达成为教师的享受和必需。于是，教育写作也就成了教师实现专业担当、优化审美情操、提升生活品质的重要手段。从这个角度说，教育写作应该是教师生活中一件快乐的事情。教育写作就是让我们日常普通的教学生活充满诗情画意，潇洒飘逸。

季：语文教师不写作，问题很严重。虽然基本不写作的老师也有，但其实大多数老师还是愿意写作的。我们应当怎样不断提升写作能力，促使自己教育生命的不断发展？

周：语文教学本身就包含着写作教学，作文是语文学科的重要内容之一，教师要教学生作文，自己首先要会作文；而教师写"下水作文"给学生以示范、以引领，已被实践证明是行之有效的作文教学方法。苏霍姆林斯基为了教学生学好文学课，自己写下了一千多篇小作文，他说自己这"不是为了发表，而是为了教会我的学生使用语言。当我的作文或短诗触动了儿童的心弦时，他们就会情不自禁地拿起笔来，努力表达自己的感情"。知名语文特级教师王栋生对此也是深有体会的。他说得好："写作的实践，使我对阅读教学和作文教学有了更大的把握。作为语文教师，有一些写作的经历，肯定有助于他的教学。"应当说，语文教师与教学写作确实有着更密切的血脉联系，许多大作家，如鲁迅、沈从文、叶圣陶、老舍、冰心等，都当过语文教师。

在《中国教育报》上，曾经刊登过关于教师从事教育写作的争论。一些同志认为"教师写不好不是最可怕的"，因为教师主要是上好课、教好学生，教师应当把精力放在教学上。但也有一些同志认为"教师写不好是很可怕的"，因为写作不应该只是作家的专利，教师写作也是履行岗位职责、完成工作任务的重要组成部分。教师应当把精力放在教学上，但"精力放在教学上"也包含了必须对教学进行研究，当然也就不能排除教师写教学研究文章。所以，如果教师不进行教育写作或不会教育写作，确实应该"是很可怕的"了。

我写故我在。教师写作应该是教学生活中的一个主要内容，是专业生存的重要标志之一，也是教师生活力的表现。当心绪伴随着笔尖起舞，而岁月也就随着教育写作更见丰富而绵远。这无疑是人生最大的乐趣、教师必然的追求，甚至是教师生活的一个理由、一种解释和一份慰藉。这就难怪许多老一辈教育工作者会毕生乐此不疲。语文教育专家、华东师范大学资深教授李伯棠前辈在年逾八旬时依然笔耕不辍，数学教育专家沈百英先生90多岁时还有文稿在报刊上发表。可见，写作可以与生命同在，这应当是毋庸置疑的。

季：语文教师不写作，应该不是不会写作，而是懒得去写吧？

周：这两者难以截然分割，写作是一种生命的表达和宣泄。充满活力的生命不可能永远耐得住寂寞，它一定要表达和交流，不只是口头的，更希望有可以超越时空的书面形态。懒得去写，多半还是不太明白写什么和怎么写。所以应该是不会写才懒得写，而懒得写就更不会写。语文教师不写作，既对不起以传道、授业、解惑为己任的教师身份，更对不起承载着中华文化精粹的语文家园。

当然，从另一方面我们也要看到，从事语文教育写作的中青年教师越来越多了。前些日子我出版的《周一贯序言书评选集》就辑录了59篇我为59位中青年名师出版的教育专著写下的序和部分书评。这说明今天有很多的中青年教师不仅写教育研究文章，还出版了自己的专业著述。我之所以要出版这本书，更多的是要为这样的新时代新气象欢呼。为什么我们很难培育出更多的本土教育家，实在是因为不少教师事业的句号画得太早，有的在获得副高级职称之后就不想再努力；有的在评上特级教师之后觉得已是船到码头车到站，该歇息了；还有更多的在退休之后画上最后的句号。当然这也无可非议，退休之后歇手，似乎也顺理成章。但作为一个专家型教师，并非必然就该如此。多少专家学者在退休之后不还是退而不休，一样发光发热吗？退而不休，让自己的专业生命还"活着"，十分有意义。我认为生命的本质特征便是"活着"，尽管每个人的生命力会有大小，这很正常，关键在于不轻易"画句号"，不"金盆洗手"。生命永远与教育同在，应是教师的神圣使命和责任担当。

八十庆典：感动于"革命人永远是年轻"

季：以个体生命的一辈子做好一件事，这是您对语文教育生命观的身体力行。而且我觉得您是年纪越大，干得越带劲了。

周：因为我觉得把沧桑变为美丽，应当是老年人对美学的追求。回顾退休之后的岁月，我正是这样做的。2000 年是我从教五十周年，记得2002 年，绍兴市小学语文教学研究会在董建奋会长的全力策动下，为我举行了隆重的庆贺活动。北京市的王云峰教授、著名特级教师靳家彦和来自全国各地的首届国培班 18 位学员以及市内外部分特级教师、中青年优秀教师参加了大会，会后还编印了《半个世纪的求索——周一贯先生

"周一贯先生从教六十五周年暨八十华诞"庆贺活动
发起单位负责人与周一贯合影

从教五十周年志》。2010年，是我从教六十周年，在绍兴市、绍兴县又分别举行了庆贺活动。特别是2015年，由中国语文报刊协会、上海师范大学小学语文研究中心、山西《语文教学通讯C刊》、上海《小学语文教师》、山西《小学语文教学》、河南《小学教学》、浙江《教学月刊》《语文世界》和浙江大学"千课万人"活动组委会等九个单位发起并筹备了"周一贯先生从教六十五周年暨八十华诞"庆贺活动，由北京名师之约文化传播中心杭州分中心承办。"活动愿景"的表述为："周一贯先生是当下中国小学语文界的'常青树'。从教六十五年来，他以'吾道一以贯之'的执着精神和人生态度，积极探求母语教学之道。他倡导的语文教育生命观、方法观、训练观和研究型阅读模式观、弹性教学设计观、儿童习作教学'个性写真'观等已经成为中国小学语文教学改革的风向标，对中国的小学语文今后的发展之路影响深远。在周一贯先生从教六十五周年暨八十生辰之际，在中国小学语文教育深度改革的'攻坚克难'期，我们有责任而且也有义务来总结、宣传、推介他的语文教育思想和一辈子坚守农村小学教育的成长之路，以激发广大一线教师扎根专业、献身教育、激活生命，逐渐形成属于自己的'一贯之道'。"2015年4月24日上午，庆贺活动在杭州市金川宾馆举行。近250位学者、专家、名师、教授及媒体代表从全国各地远道而来，可谓群贤毕至、座无虚席。浙江省教育学会小学语文分会柯孔标会长、华中师范大学杨再隋教授、上海师范大学吴忠豪教授、福建师范大学潘新和教授等到会，著名特级教师张化万、王崧舟、窦桂梅等热情致辞，小学语文名师代表黄国才、吴琳、管建刚、吴勇、王雷英、王红、董建奋、李文泉、洪志明、金明东、刘发建等，还有你也相继发言。庆贺活动由《语文教学通讯C刊》主编裴海安致开幕词，由著名特级教师张祖庆、盛新凤主持。我十分感动于活动的主题曲《革命人永远是年轻》，歌声让我热血沸腾。中国语文报刊协会会长王晨到

在"周一贯先生从教六十五周年暨八十华诞"庆贺活动上周一贯致答谢辞

会祝贺，崔峦同志、汪潮教授等都发来贺电……令我惭愧的是我做得很不够，但这次活动被称为全国小语界为老教师举办的一次最盛大的庆典。

对生命历程的回忆是夕阳余晖下的醇美享受。那是因为生命与事业同行，生命因为有了事业的追求而获得开发，光彩倍增。事业则因为有了生命的投入而有了热情流淌的血液、永不衰竭的激情。因此这条路也就会风雨无阻，光耀七彩。于是美与和谐才得以展示生命与专业的全部骄傲。这是事业的彩虹，也是生命的乐章！

尾声：八十庆典之后再出发

季：八十庆典之后，您还是没有为自己的语文教育事业画句号。能说说您的打算吗？

周： 当下我正在为打造"越语文"这一地域文化课程奔忙。这可是一个大工程。20 世纪 80 年代以来，在改革开放的大背景下，文史哲教的研究都进入了一个新的转型时期。对语文教育发展的历史观照，也由纯意识形态的单一价值判断而向历史—文化全景式的审察回归。具体地说，也就是将语文教育置于特定的历史条件、文化背景及由此产生的时代总精神的趋向中，对语文课程的性质、特点等本体观，做全方位的审视和定位。因此，我对"越语文"的审察也不能不考虑这一点。我认为这是对母语课程地域文化资源的系统开拓研究，可以大大丰富语文课程改革研究的深度和厚度。在这方面，各地的语文教育会有自己的丰富宝藏，又何止是"越语文"，更有"苏语文""吴语文""闽语文""湘语文""京派语文""海派语文"，等等。

绍兴地处祖国东部沿海，其特殊的文化地貌和历史承传，明显地具有这样一些特征：

——悠久的文明曙光，可以直追远古。浙江文明可谓深入鸿蒙。"古有三圣，越占其二"，夏禹和虞舜都曾在越地创业，可见古越文明的历史纵深。余姚河姆渡遗址的发掘（余姚原属绍兴），更把绍兴的文明史往前推了七千年。正是如此悠久的历史沉淀，才构成了她独特的文化地貌。

——柔美的山水胜迹，堪称膏腴沃洲。绍兴得天独厚的另一财富，便是她的名山秀水。从白云缭绕的稽山之巅，烟波浩渺的鉴湖之滨，再到平畴沃野的滨海之地，不仅到处物阜民丰，而且流传着诸多神话、民间传说，留下了极其丰富的古迹旧址。这些天地生机与历史遗存又孕育了一代又一代绍兴人的灿烂业绩。"唐诗之路"出现在浙东绍兴地区，绝不是偶然。

——独特的区位优势，气温和煦且又临海。绍兴气候温和且又地处滨海，自然是物产丰足、宜游宜居。在钱塘江畔又位居长江三角洲，有漫长的海岸线，与大都会上海相邻。南宋建都杭州，带来了中原的文明与昌盛；宁波的早期商贸，更促进了大陆与海外的交流……这种理想的区位，给绍兴的持续发展带来的优越条件不言而喻。

——中原争战频繁，却给越地带来发展生机。古代华夏的发展中心一直在黄河流域一带。群雄竞争，逐鹿中原，必然带来战乱之苦，治乱无常。而绍兴地处东南沿海，远离京畿，在喧嚣中赢得了相对的安定，这自然也给越地的文化繁衍创造了十分有利的条件。历史上发生过两次中原的东迁，一次是在两晋扰攘时随着晋室东迁，有大批移民入居绍兴，其中不乏出自豪门大族的贤士俊杰，如谢安家族、王羲之家族等；另一次是北宋衰落，南宋偏安，使杭城（临安）成为皇室行都，百姓潮水似的流迁江南，其中不少人到了绍兴，蔚成一代繁华。

——勤俭的先民智慧，孕育越地独特风范。古越本是江南洪荒之地，先民筚路蓝缕，爝火不息，使不毛之地变为丰沃厚土。这中间铸造了多少的智慧勤劳、奋发求实的精神，在日久天长的传承中蔚然成风。绍兴人特有的勤奋精神，无疑是其中最为可贵的特色。

——深厚的名士文化，成为越地历史瑰宝。在人类历史的长河中，人物是一个永恒的主题，尤其是杰出人物，足以使一方地域的历史增辉生色。何况代有人杰，史不绝书，名流荟萃，是绍兴作为历史文化名城的突出标志。绍兴被誉为"鉴湖越台名士乡"（毛主席语）的背后，无疑是它教育事业之发展，母语教学之深邃，名师队伍之壮大，耕读传家之兴盛。我们从《绍兴市志》立传的 525 人中不难发现，大多数名士与语文教育有着这样那样的联系。有许多学问家授徒传业，如王充、朱熹、王守仁、刘宗周等；有许多教育家博古通今，如蔡元培、鲁迅、马一浮、范寿康、马寅初等；有许多专家兼问教育，如章学诚、竺可桢、朱自清、夏丏尊等；有许多办学人士热衷薪火相传，如范仲淹、经亨颐、陈春澜、吴善庆等；更有许多文化艺术界名流与母语教育有着割不断的联系，古代如嵇康、谢灵运、王羲之、贺知章、陆游等，近代如张岱、李慈铭、徐渭、赵之谦等，真是数不胜数。

"越语文"当源于越文化胆剑精神之传承与越地前贤薪火相传的母语教育之品格和风范，另一方面它又受到地域经济、政治、人文、山水和乡风民俗的滋养，如绍兴的名士传统、轻纺产业、茶酒生活、鉴湖文化、"唐诗之路"等要素的化育。记得政府部门曾把绍兴的地域文化归纳为四个方面：与时俱进、奋发有为的名士文化，不断创新、精益求精的纺织文化，厚积薄发、醇厚芬芳的黄酒文化和兼容并蓄、有容乃大的鉴湖文化。显然，这对"越语文"的历史血脉也有着促进、融会、沉淀的作用。

"越语文"的辉煌史迹无疑是绍兴语文教育的一笔极其宝贵的财富。"越语文"的研究，开全国母语课程地域文化之先河，大力弘扬"鉴湖越台名士乡"的优秀语文传统，体现了语文不仅是一门母语课程，更是直接关系到人的精神建设的一门生命课程。

现在由我执笔的《"越语文"地域文化发展研究》（30万字）已接近完稿，即将出版。之后，如有可能还拟继续编写《"越语文"发展简史》。最近，绍兴市教育局已责成绍兴市教育教学研究院发文正式成立绍兴市"越语文"研究专家指导委员会，并举行了成立仪式。在这之前已运作的研究机构——"越语文名师坊"（名师培训）、"越语文大课堂"（课堂教学观摩讲评会）和"越语文陈列馆"，也得到了进一步加强。

感恩新时代！

感恩越文化！

感恩"越语文"！

参考文献

［1］叶圣陶.叶圣陶语文教育论集［M］.北京：教育科学出版社，1980.

［2］伊丽莎白·劳伦斯.现代教育的起源和发展［M］.纪晓林，译.北京：北京语言学院出版社，1992.

［3］卢梭.爱弥儿［M］.李平沤，译.北京：商务印书馆，1994.

［4］曹明海，张秀清.语文教育文化过程研究［M］.济南：山东人民出版社，2005.

［5］冯骥才.冯骥才艺术随笔［M］.杭州：浙江文艺出版社，2000.

［6］麦曦.教学设计的理论和方法［M］.广州：新世纪出版社，1996.

［7］庞朴.浅说一分为三［M］.北京：新华出版社，2004.

［8］钱冠连.语言：人类最后的家园［M］.北京：商务印书馆，2005.

［9］施良方.学习论［M］.北京：人民教育出版社，1994.

［10］冯建军.生命与教育［M］.北京：教育科学出版社，2004.

［11］孙隆基.中国文化的深层结构［M］.桂林：广西师范大学出版社，2004.

［12］刘士林.中国诗学精神［M］.海口：海南出版社，2006.

［13］周庆原.语文教学设计论［M］.南宁：广西教育出版社，1996.

［14］顾黄初，李杏保.二十世纪前期中国语文教育论集［M］.成都：四川教育出版社，1991.

［15］周一贯.阅读课堂教学设计论［M］.宁波：宁波出版社，2000.

［16］周一贯.“儿童作文”教学论［M］.宁波：宁波出版社，2005.

［17］周一贯.语文课堂变革的创意策略［M］.上海：华东师范大学出版社，

2018.

　　［18］周一贯 . 小学语文教学改革研究概观［M］. 杭州：杭州大学出版社，
1992.

　　［19］周一贯 . 小学语文文体教学大观［M］. 上海：上海教育出版社，2017.

　　［20］周一贯 . 周一贯与语文教育生命观［M］. 北京：北京师范大学出版社，
2019.

附

录

附录 1　周一贯简明年谱

1936 年

农历三月初三，生于浙江绍兴城区宣花坊旧宅。

1942 年

旧宅被日军炸毁，逃难至绍兴县小皋埠村，1942 年在村里的崇圣小学上学。1948 年 7 月毕业。

1949 年

春季在绍兴县越光中学上初中，半年未及，学校停课，辍学。

1950 年

3 月，参加中国人民解放军，任文书、文化教员。

1952 年

转业，9 月在绍兴县皋埠区仁渎完全小学当教师，开始执教语文学科。

1953 年

9 月，奉调皋埠区樊江乡中心小学任教，执教语文学科。

1954 年

9 月，在嵊县初级师范学校 "小学教师轮训班" 脱产就读两年毕业，在校先后任班团支部书记、学生会宣传部部长。

1956 年

毕业后分配在绍兴县钱清区杨汛桥镇中心小学任教，担职教导主任，执教语文学科。

1957 年

9 月，奉调钱清区中心小学，先后任教师、少先队总辅导员、教导主任、副校长，并在小学部、初中部执教语文课程。截至 1966 年在《宁波日报》上发表随笔 7 篇。

1981 年

3 月"文革"后拨乱反正，开始在《辽宁教育》发表第一篇语文教学研究文章《谈谈谜语的教学》，全年在多家教育杂志共发表 9 篇文章。

1982 年

接受聘请，任浙江教育学院《教学月刊》（小学版）兼职编辑。

1983 年

主编《小学生学数学》（七、八两册）由浙江人民出版社出版。

为解决当时普及五年义务教育的需要，提高师资水平，在钱清区中心小学率先组织教师的"教材教法过关"培训活动，效果显著，引起地区教育局领导的重视。就地召开盛大的全市"教材教法过关"现场会，地区内外的校长、教师 200 余人与会。

在《人民教育》第 9 期上发表《积极解决矛盾，抓好师训工作》一文。

1984 年

9 月调离钱清区中心小学。至此，在省级以上教育报刊发表语文教学研究文章 60 篇。出版教学研究专著 5 种。

10 月，奉调绍兴县教育局教研室，任副主任，分管幼儿、小学教育教研。

年末，指导绍兴县漓渚镇中心小学开展语文尝试教学研究。数年之后，邱学华教授（数学尝试教学法创始人）在《尝试教学研究之"第一"》一文中有这样的记录："第一个系统研究在语文教学中运用尝试法的是绍兴县教育局教研室副主任、特级教师周一贯。"

1986 年

《小学语文教学答疑》由浙江教育出版社出版。

1988 年

4 月，经浙江省教师职务评委会评定，获浙江省首批小学界中学高级教师职称。

1989 年

12 月，在浙江省教育学会小学语文教学研究会第四届年会上被推选为研究会副理事长。

《小学语文一课多式教例》（两册）由福建教育出版社出版，《从课文中学作文》由广西教育出版社出版。

1990 年

8 月，被浙江省人民政府评为特级教师。

《小学生学习手册》由浙江教育出版社出版。

1991 年

接受浙江省教育厅聘请，任浙江省九年义务教育小学语文教材编委会副主任。

参与朱绍禹教授主编的《语文教育辞典》，撰稿三万字，由延边人民出版社出版。

1992 年

《小学语文教学改革研究概观》由杭州大学出版社出版。

1993 年

11 月，在浙江省教育学会小学语文教学研究会第五届年会上被推选连任副理事长。

1994 年

加入中国共产党。兼任中国教育学会数学教育研究发展中心尝试教学理论研究会副会长。

主编的《语文教学方法论》由山西高校联合出版社出版;《语文教学训练论》由海南出版社出版。

1996 年

从绍兴县教育局教研室退休。之前，已有绍兴市鲁迅小学、绍兴县教师进修学校聘请，分别任顾问。

从 1981 年至退休（1996 年年底），共在省级以上报刊发表教育教学研究文章 501 篇，正式出版教学专著 55 本。

1997 年

在绍兴县教师进修学校主持教科室工作，编印《教科与进修》小报;策划绍兴县"名师工程"，并主持第一期"名优教师研修班"，招收优秀青年教师 16 人，首届学员为李文泉、洪志明、金明东、李建忠、屠素凤、姚国海等。学员与全国小语界名师于永正、贾志敏、靳家彦、支玉恒分别结对，计划三年结业。在鲁迅小学招收陈丽君、周毅、叶燕芬、张蔚、朱雁为弟子（均已获中学高级教师职称，其中两人为特级教师）。

发表研究文章 27 篇。特别是《小学教学改革与实验》报特辟一整版的"周一贯专栏"，当年相继发表 4 期:《热点：小学语文教学改革的前沿课题》《优课——教学的最高境界》《半个世纪的历史经验——精讲多练》《语文素质教育，跨世纪的探索与追求》。

1998 年

在省级以上报刊发表教学研究文章 16 篇。《语文教学优课论》由宁波出版社出版。

1999 年

首期"名优教师研修班"如期结业，第二期开始举办。招收学员陈建新、季科平、傅海炎、鲍国潮等 31 人。

5 月，在浙江省教育学会小学语文教学研究会第六届年会上被聘为顾问。

在省级以上报刊发表专业研究文章 19 篇。《应用文起步》由浙江少年儿童出版社出版。

2000 年

接受绍兴市教师进修学校聘请，任该校顾问。是年即着手筹办绍兴市"名优教师研修班"，修业期限五年，招收来自各县（市、区）的优秀教师何夏寿、屠素凤、濮朝阳、蔡雷云等共 32 人。

发表语文教学研究文章 15 篇。《小学语文尝试教学设计》由教育科学出版社出版，《阅读课堂教学设计论》由宁波出版社出版。

2001 年

在省级以上报刊发表语文教学研究文章 17 篇，主攻对"研究性阅读"的探索。

在绍兴市教师进修学校同时主持越城区"名优教师研修班"，学员 35 人。

《小学生必读古诗词 80 首》由浙江少年儿童出版社出版，《小学作文教学新概念研究》由（上海）少年儿童出版社出版。

2002 年

2 月，绍兴市教育学会小学语文教学研究会举行"周一贯语文教育思想研讨会"。北京著名教育专家王云峰、全国著名特级教师靳家彦等专家学者莅临，全国首届小学"语文名师国培班"（北京）学员 18 人一起参加，同时祝贺周一贯先生语文从教五十周年。市小学语文教学研究会编印《半个世纪的求索——周一贯先生从教五十周年志》一书，分"学长寄语""教坛轨迹""杏林笔耕""师友传情""新秀慰勉"等五个部分。

发表语文教学研究文章 13 篇，继续深化对研究性阅读的实践研究。《研究性阅读教学探索》由上海教育出版社出版。

2003 年

在省级以上报刊发表语文教学研究文章 26 篇。《小学生作文 300 问》由浙江少年儿童出版社出版。

9 月，被绍兴县人民政府授予"教育功臣"称号。

2004 年

继续在绍兴县教师进修学校举办第三届"名优教师研修班"，由进修学校聘请第一、第二届结业的优秀学员季科平老师为导师助理，青年骨干教师学员有刘发建、范信子、金妙红等 44 人，至 2007 年 6 月结业。在先后三届"名优教师研修班"学员中，一半以上获得了高级教师职称，其中成为特级教师的有 4 人。

在省级以上报刊发表语文教学研究文章 22 篇。《语文教研案例论》由宁波出版社出版。

2005 年

发表语文教学研究文章 23 篇。在《人民教育》第 11 期发表了《小学语文应是儿童语文》，这是继 1983 年刊发的《积极解决矛盾，抓好师训工作》之后，在《人民教育》发表的第二篇文章。之后又陆续发表 6 篇文章。《"儿童作文"教学论》由宁波出版社出版。

2006 年

28 篇语文教学研究文章在省级以上报刊公开发表。

2007 年

6 月，受聘于北京师范大学教育学院、东方北师教育培训中心，任教学顾问。

发表教学研究文章 23 篇。《小学生作文锦囊 360 计》（共 7 册）由浙江少年儿童出版社出版。

2007 年岁末，为《中国小学语文教学论坛》（后改名为《语文教学通讯·小学刊》）写年终评刊文章《〈小语论坛〉的风云际会》，得到良好反响。之后每年均与编辑部有约作年终评刊。

2008 年

2 月，成立"周一贯名师工作室"（"语文教育研究工作室"）。

4 月 12 日，"周一贯入室弟子拜师仪式"（结合"绍兴县小学语文知名学科打造启动仪式"和"绍兴县第三届小学语文骨干教师研修班结业典礼"）在柯桥小学教育集团笛扬校区举行。绍兴县教育局局长许义平到会并讲话。

发表语文教学研究文章 33 篇，主要有《在千年视野内寻找语文教学的传统》《把鲁迅还给儿童》《快意阅读　留心世事——以鲁迅的儿童阅读理念瞻观今日》，均发表于《中国教育报》；《语文课堂的田野性格》发表于《人民教育》第 18 期。

2009 年

在省级以上报刊发表语文教学研究文章 39 篇，《〈小学语文教师〉引领小学语文教师》一文获创刊纪念文章特等奖。《小学语文教学·人物》创刊后第二期即是"周一贯专刊"，发表多篇各类文章和多篇同人的评价文章。《中国教育报》8 月 27 日刊发《鲁迅：读图时代应当仰望的背影》。

2010 年

在省级以上报刊发表语文教学研究文章 17 篇，其中《简朴清新：于式语文流派的常青品格》（研究评价于永正老师）刊于《人民教育》第 23 期。

时逢浙江《教学月刊》复刊，主编陈永华专程来绍兴拜访，商讨如何办好复刊后的《教学月刊》，《在中国小学语文教革的折点上……》一文便是访谈记录。

在绍兴市、绍兴县分别举行"周一贯先生从教 60 周年"庆贺活动。

2011 年

发表语文教学研究文章 21 篇。在浙江《教学月刊》主编陈永华的指导和支持下主持"浙派语文"专栏。《朱作仁教授的求实精神与"浙派语文"》一文发表于《教学月刊》第 3 期，以纪念这位"浙派语文"的举旗人。《今天，重读鲁迅的儿童观》刊载于 9 月 1 日《中国教育报》，《焕发儿童的生命光彩——孙双金"情智语文"的价值和意义》一文发表于《人民教育》第 22 期。

6 月 22 日参加省委、省政府表彰会，荣获"浙江省离退休干部优秀共产党员"称号。

《周一贯语文教育 60 年》由宁波出版社出版。

2012 年

发表语文教学研究文章 23 篇。在《教学月刊》的"浙派语文"专栏发表《袁微子——"浙派语文"的全国领军人物》（第 6 期）、《白马湖："浙派语文"的一泓圣水》（第 12 期）。在《教育理论与实践》第 5 期发表《今天，重谈鲁迅的儿童观》。

2013 年

4 月 7 日，绍兴县教育局局长蒋国洪在审阅了"2012 年周一贯名师工作室大事记"之后，郑重回信："对您为我县教育事业做出的巨大贡献表示由衷的感谢和崇高的敬意，并祝您工作室成果丰硕，名师辈出！"

发表专业研究文章 21 篇。主持的《教学月刊》"浙派语文"专栏发表了《概观"浙派语文"历史发展的"源"与"流"》（第 4 期）。在《中国教育报》5 月 13 日版还发表了评价福建《新教师》刊物的文章《教育报刊应坚守教师立场》。《容膝斋随笔》由宁波出版社出版。

2014 年

12 月，被上海师范大学语文教学研究中心、上海《小学语文教师》编辑部"新体系作文教学研究共同体"聘请为学术顾问。

发表语文教学研究文章 28 篇。"浙派语文"的专栏文章有《夏丏尊：浙派语文的"师"道之"范"》(《教学月刊》第 6 期)、《试论"浙派语文"的文化地貌和群体风格》(《教学月刊》第 10 期)、《洪汛涛：涌动小学语文教学的"浙江潮"》(《教学月刊》第 9 期)、《斯霞——给孩子的那片爱的霞光》(《教学月刊》第 12 期)。

11 月，"周一贯语文教育研究工作室"会同柯桥区实验小学展开"课程文化的本土化开发：'越派语文'的研究和课堂展示"，上海《小学语文教师》将其作为"教改风景线"的开场活动给予深度报道。

2015 年

这一年是周一贯从教 65 周年，又逢 80 生辰，"周一贯语文教育工作室"全体同人筹划了"周一贯八旬文丛"。这套文丛共 7 册，由宁波出版社出版。其中周一贯、鲍国潮著《中国古代语文教育言论读解》，周一贯、俞慧琴著《语文智慧教育的教学智慧》。

为庆贺周一贯从教 65 周年暨 80 华诞，由山西《语文教学通讯 C 刊》主编裴海安联络中国语文报刊协会、上海师范大学小学语文研究中心、上海《小学语文教师》、山西《小学语文教学》、河南《小学教学》、浙江《教学月刊》《语文世界》和浙江大学"千课万人"活动组委会等 9 个单位发起并筹备庆贺活动，由北京名师之约文化传播中心杭州分中心承办。

4 月 24 日上午，庆贺活动在杭州市金川宾馆隆重举行。从全国各地远道而来的近 250 位学者、专家、名师、教授、媒体代表与会。浙江省教育学会小学语文教学分会会长柯孔标老师，杨再隋、吴忠豪、潘新和等教授，著名特级教师张化万、王崧舟、窦桂梅等热情致辞，小学语文名师黄国才、吴琳、管建刚、吴勇、王雷英、王红、刘发建、董建奋、何夏寿、李文泉、金明东、洪志明、季科平等也相继发言。中国语文报刊协会会长王晨到会祝贺。崔峦同志、汪潮教授因故未能到会，也发来贺电。人们称赞这是全国小语界为老教师举办的一次最盛大的庆典。

2016 年

在研究"浙派语文"的同时，开始探索"越语文"的发展史迹。这是国内首创的对母语课程地域文化资源的系统开发。绍兴有 2500 年的建城史，自越王勾践"十年生聚，十年教训"始，语文教育就承荷了文明发展、社会进步的使命。越地人文荟萃、贤杰辈出，被毛主席誉为"名士之乡"。"名士"的背后有名师，有教育。语文作为母语课程，更发挥着养育名士的主体作用。所以，母语课程的地域文化无疑是最为珍贵的课程资源，深入开掘、承传发扬对于今天的语文课程建设有着十分重要的意义。经联络同人，群策群力，"越语文陈列馆"选址在绍兴市钱清镇中心小学钱东校区。8 月，"越语文陈列馆"完成筹备工作，正式开馆。

发表语文教育研究文章 36 篇。由浙江少年儿童出版社约稿的新编《唐诗三百首》（少儿注音版）出版。

2017 年

6 月，完成由北京师范大学出版社约写的《周一贯与语文教育生命观》初稿。

10 月 27 日至 29 日由绍兴市上虞区教育体育局主办、全国中小学教师培训品牌"千课万人"承办的首届"越语文大课堂"观摩研讨活动在金近小学举行，与会者近 700 人。

在全国教育刊物上发表研究文章 39 篇。开始在《小学教学设计》上连载"一贯看课"专栏，全年发表文章 11 篇。《小学语文文体教学大观》

由上海教育出版社出版，《周一贯序言书评选集》由宁波出版社出版。

2018 年

2 月，应华东师范大学出版社约稿，出版《语文课堂变革的创意策略：周一贯谈好课的应有样态》。

2 月小年夜，"千课万人"组委会组织由绍兴市名师参加的"小学语文迎春学术论坛"，晚上举办由绍兴与杭州部分语文名师参加的"迎春团拜会"。

5 月 25 日至 27 日，由著名特级教师董建奋领衔的"越语文名师坊"首届结业典礼及课堂教学展示活动举行，来自全国各地的 800 余位语文教师莅临。

在《中国教育报》为何夏寿老师（特级教师、市人大代表）的新书出版发表书评《戏曲教学中的家国情怀——评中华戏曲文学读本》。

7 月 11 日，由江苏著名特级教师吴勇带工作室团队一行 18 人，来钱清参观越语文陈列馆，周一贯做专题报告："开发母语课程的地域文化资源"。

8 月，由广西教育出版社约稿，入选丛书"当代中国语文教育家口述实录（第一辑）"，开始准备书稿。口述由季科平实录并整理。

11 月 4 日，经绍兴市教育局批准，在绍兴市教育研究院成立"绍兴市'越语文'研究专家指导委员会"，任顾问。

11 月 8—10 日，全国第二届小学"越语文"课堂教学观摩会在绍兴市上虞区百官小学隆重举行。本届活动由上虞区教育体育局主办，上海《小学语文教师》编辑部承办，邀请来自全国各地的专家名师 30 余人。参与本次活动的有来自全国各地的教师 600 余人。

附录 2　周一贯主要著作

书名	著作方式	出版单位	出版时间
《文体各异·教法不同》	独著	浙江教育出版社	1984 年
《从课文中学作文》	独著	广西教育出版社	1989 年
《小学语文学法大全》	主编	浙江少年儿童出版社	1991 年
《语文教育辞典》	撰稿	延边人民出版社	1991 年
《小学语文教学改革研究概观》	独著	杭州大学出版社	1992 年
《小学语文教育学》	撰稿	湖北教育出版社	1993 年
《语文教学答疑》（共 12 册）	主编	杭州大学出版社	1994 年
《语文教学训练论》	独著	海南出版社	1994 年
《语文教学方法论》	主编	山西高校联合出版社	1994 年
《作文使我们快乐》（共 4 册）	主编	国际文化出版公司	1998 年
《小学语文课堂训练设计》（共 12 册）	主编	陕西人民教育出版社	1998 年
《语文教学优课论》	独著	宁波出版社	1998 年
《中国小学语文教学·名师精品录》	主编	杭州大学出版社	1998 年
《应用文起步》	独著	浙江少年儿童出版社	1999 年
《小学语文尝试教学设计》	主编	教育科学出版社	2000 年
《阅读课堂教学设计论》	独著	宁波出版社	2000 年
《小学作文教学新概念研究》	主编	（上海）少年儿童出版社	2001 年

续表

书名	著作方式	出版单位	出版时间
《小学语文优课精彩片断评点》	编著	陕西人民出版社	2001 年
《研究性阅读教学探索》	独著	上海教育出版社	2002 年
《小学"研究性阅读"教学设计精编》	合著	国际文化出版公司	2003 年
《小学生作文 300 问》	合著	浙江少年儿童出版社	2003 年
《语文教研案例论》	独著	宁波出版社	2004 年
《小学生作文常见病诊治百例》（中年级）	主编	浙江少年儿童出版社	2004 年
《小学生作文常见病诊治百例》（高年级）	主编	浙江少年儿童出版社	2004 年
《小学语文名师课堂教学经典设计》	主编	上海教育出版社	2004 年
《"儿童作文"教学论》	独著	宁波出版社	2005 年
《新课标新作文　语文》（共 6 册）	主编	浙江人民美术出版社	2005 年
《小学生作文锦囊 360 计》（共 7 册）	主编	浙江少年儿童出版社	2007 年
《教师教学写作 360°》	独著	宁波出版社	2010 年
《小学生经典诵读 100 课》（共 6 册）	主编	浙江少年儿童出版社	2010 年
《周一贯语文教育 60 年》	编著	宁波出版社	2011 年
《容膝斋随笔》	独著	宁波出版社	2013 年
《中国古代语文教育言论读解》	合著	宁波出版社	2015 年
《语文智慧教育的教学智慧》	合著	宁波出版社	2015 年
《周一贯序言书评选集》	合著	宁波出版社	2017 年
《小学语文文体教学大观》	编著	上海教育出版社	2017 年
《语文课堂变革的创意策略：周一贯谈好课的应有样态》	独著	华东师范大学出版社	2018 年
周一贯与语文教育生命观	独著	北京师范大学出版社	2019 年

附录 3　周一贯语文教育思想经典摘录

语文课程应该是最容易让孩子发生兴趣的，因为它跟人的生命感受、生命表白、生命交流和生命成长关系最密切。"课文无非是例子"，而生活是海洋。

语文教育是关爱生命发展的事业，我们要义无反顾地让每一朵花儿都开放，每一只鸟儿都歌唱。所以我们不能用一种方法去教育 100 个孩子，而要用 100 种方法去教育一个孩子，方能为所有的孩子提供合适的教育。

论思想，语言是思想的外衣；说符号，语言是人类最重要的符号系统；论文化，语言又是离不开的载体。可以这样说，人所具有的生理特征、思维特征、社会特征和文化特征，都与语文息息相关。

语文是人类生命诗意栖居和真情表现的家园。语文教育就如一篇浓墨重彩的华章，书写着"人的生命"四个金光灿灿的大字。

"课堂生命活力"，起点在于学生是"生命体"，而不只是"认知体"。"生命体"并非一定在沉睡之中，而是有着醒悟的"生命态"；进入状态的生命，会充满多样的"生命欲"（求知欲、表现欲、交流欲、成功欲等等）；课堂群体学习生态的积聚、碰撞会汇聚成"生命流"；"生命流"的奔腾，便自然萌发出强大的"生命力"。所以，课堂生命活力不仅可见，而且是可以激发的。

教师课堂教学的设计力直接关系到课堂教学的效益。《论语》中的"好谋而成者也"，这个"谋"也就是"设计"，它直接关系到做事能否"成"。鉴于课堂的进行性、双主体（师、生）性和生成性，教师的教学设计并非一次完成。课前的教案，是"前设计"；课中应学情而做必要的修整是"中设计"；课后的回顾和梳理提升设计经验是"后设计"。如此历练了设计全程的"元认知"（对设计"认知"的"再认知"），可以极大提升教师的设计力。

对课堂教学设计的认知，我们不难发现，课堂教学的设计不应当是基于"师道尊严"的"硬设计"，而应当是基于学情生成的"软设计"。"软设计"是一种"以生为本""以学为基"的"柔性设计"，而不只是由教师主观认定，而且力图在课堂上强行实施的"硬设计""刚性设计"。教学设计的"身段"要柔软，这是让学生站在课堂正中央的根本保证。

教师"紧扣课文"，并非"不可越雷池一步"，阅读教学可能只在课文的壁垒中"戴着镣铐跳舞"。教师囿于课文的过度讲析，讲深讲透，令学生被动配合，味如嚼蜡。显然，这样的语文教学传统模式已进入了"高原现象"。所谓"高原现象"也叫"练习曲线"，指在各种技能形成过程中有可能产生的一种共同趋势，即不再向前、上升，而是成了难以突破的"瓶颈"并呈下降趋势。我们应当立足课文，但不僵化地囿于课文。不是呆板地"教课文"，而应当"用课文教"，实现以课文为中心的拓展阅读、比较阅读、批判阅读和创新阅读。

从"接受式阅读"到"比较式阅读"的转换，集中体现了阅读教学的根本目标不只是接受读物的内容，而是要在阅读的过程中激发学生个性化思维，唤起学生生命的自由参与。而实现这种转换的契机，则在于围绕一个主导文本，组织具有比较功能的多文本辅助参照阅读，达到扩大阅读量、拓宽视野、激发思维、深化解读和提出问题、解决问题的能力，化讲深讲透为深度学习。

我不认可作文要"以模仿为主"。因为作文既然是生命的存在与表达，就要从小开始习惯于坦陈自身生命的真实。源于自我生命的思想表达，主要不是靠模仿。当下，现实的问题在于儿童太关注于模仿，而无视自我思想的存在，导致许多儿童作文真情真思缺位，一写作文先想到的是去找一篇可模仿的。真实思想缺位才是当下最多见的"脑瘫症"。

"学习始于模仿"是有道理的，但不能一概而论。不同学科对模仿的要求是不一样的，如写字临帖的模仿是越像越好，但作文的模仿应当提倡的是"读书破万卷，下笔如有神"。若有模仿，也大多是在不知不觉中的"融合"。过分强调模仿，很容易陷入"套袭"或"抄袭"，久而久之则不再去关注自己的思考和认识。

习作首要的是"写真"，但"真实"的思想并不都是正确的。现时有些老师十分热衷于介绍孩子的"写真话"，这当然好。但是，对"真话"中的粗话、脏话、错话、不正确的话也是津津乐道，这就不妥。儿童作文"写真"是重要的第一步，虽有不妥的话，但写出来总比捂起来好，因为写出来可以得到别人的帮助。这就要求儿童作文在"写真"的基础上还需教师进一步去指导学生"求善"（写得对）和"尚美"（写得生动、鲜明，富有美感）。当然，这种"求善"和"尚美"不是靠教师简单的批评、指责，也不是靠灌输，而是要启发学生自己来认识、自己来修改。作文教学不仅要"作文"，更要"教学"。

"一分为二"是正确的哲学思想，事物都有着内在矛盾，都是可分的。但矛盾的对立又是可以统一的。认识矛盾的对立，是为了让认识走向统一。由对立复归统一，就是"一分为三"。师与生、教与学、讲与练、课内与课外、工具性与人文性等，都是对立的，但又是统一的。但当我们在刻意纠正某种偏向时，往往会只看到它对立之不妥，对其中过度的一面给予彻底否定，这就很容易从一个极端跳到另一个极端，结果就出现了另一种新偏向。从语文教育发展史上，我们曾痛感有不断被纠正的无所适从，这正是需要从"一分为二"到"一分为三"之必要，从对立的"二"时时想到可以和谐统一之"三"。

附录 4　名家评价

周一贯先生是"浙派语文"的突出代表。他代表的不仅是语文教学、教研的一座高峰，而且代表着一种精神：对语文教育虔诚的挚爱，对教育理想执着的信念，对语文教学规律恒定的求索，对语文事业无私的奉献……这一贯的热爱，一贯的追寻，一贯的勤奋，一贯的实践，一贯的奉献，一贯的精彩，是"一贯之道"的精髓，是难能可贵的"一贯精神"！65 年教学、教研生涯，23725 个日日夜夜，发表了 1500 余篇文章，出版 150 多册著述，平均一周写一篇文章，不到半年出一本书。65 年在学海逐浪，80 高龄仍笔耕不辍。这不是"勤奋"二字所能概括的！请允许我向一贯先生致以深深的敬礼！

周一贯先生是浙江乃至全国小语界的一面旗帜。不管教育界、语文界如何风云变幻，他总能审视现状，展望态势，保持高度的学术清醒；他总能坚守教育之"魂"，一切为了每个学生的学习发展；他总能尊重语文教育的传统，遵循儿童学习语文的规律，坚守语文之"根"；他总能审时度势、与时俱进，引领语文教学的潮头，建构语文教学的新常态……周一贯先生是一座语文教育的富矿。希望广大小语界同人在不断发掘这座富矿的过程中，能够自觉运用周一贯先生的心血与经验，把今后语文改革之路走得更正、更壮！

周一贯先生是一代语文宗师。他从教 65 年，传经布道 65 年。得到他真传的本土教师、浙江教师、全国教师何止成千上万！

（崔峦《祝愿"浙派语文"继续引领全国小语界》）

周一贯把生命哲学融入语文教研之中，他指出，关爱受教育者的生命发展是"教育的原点"。他说："教育应当是关爱受教育者生命发展的事业。这不仅因为教育是生命发展的原始需要，而且还因为它需要通过人的倾情投入、积极互动来实现，最终是为了生命质量的提升。正是教育才使一个个鲜活的、充满绿意的生命，在全面、全程、全方位的活动中，得到人的生命四重构（自然生命、精神生命、价值生命和智慧生命）最和谐的发展。"出于对教育原点的思考，周一贯感叹道："如果没有受教育者的生命发展，教育还能留下什么？又需要教师做些什么？"

从教育原点出发，周一贯提出了"生命场"的概念。他认为，学生的生命发展、教师的生命活力和教材的生命情怀，在这里汇聚和交流……语文课堂的"场效应"是课堂教学赖以高效运行并充满生命活力的基本条件。教师若能敏锐地把握和发挥这种"场效应"，课堂往往就会具有可调性和兼容性，以及能进能退、能屈能伸、能吐能纳、能开能合的灵动，师生的生命活力和智性潜能就获得真正自由的呈现，而使课程充满色彩斑斓的诗意和值得回味的神韵，达到那种充盈了绿意的生态课堂的境界。语文教育生命观引导出语文教学的儿童观。周一贯指出："小学语文应是儿童语文……小学语文教学不仅要考虑到'小学'特定的学业水平，更要考虑到儿童的心灵感受。"他还进一步指出："童心并非只存在于童年，它可以在一生中发挥出神奇的力量。它是健全人格的开端、创造力的源泉，是一辈子自由、幸福的基石，甚至是一个民族和国家健壮活力的标志。"而当下的儿童正遭遇成人文化的影响，这不仅来自社会，来自网络、影视等现代传媒，也来自学校课堂教学。这就致使儿童精神边缘化，儿童观念逐渐淡化，儿童文化也渐渐被遮蔽。所以，应当更多地去追寻儿童精神，莫让童心过早地消逝。"

（杨再隋《学品、文品、师品的一贯》）

周一贯先生以自己长期以来的实践告诉我们，一个人成功的秘诀是专念。美国心理学家埃伦·兰格说："专念是一种积极的思维方式，是思维中的蓝海——创造各种可能，积极留意新事物，随时能敏锐地发现环境中细微的变化，随时调整自己的反应。"专念不只是一种坚守的执念，而且是一种敏锐的目光，一种对新事物的关注，一种无限可能性的创造，周一贯先生之"一贯"正是坚守中的调整，执念中的发现和创造，是"一以贯之"和"与时俱进"的统一与融合。一贯，是可贵的守望和创新精神。

从风格的角度来看，周一贯先生69年只做一件事——小学语文教学研究与实践。69年啊！这是一种治学的风格。治学的风格有两种：狐狸型与刺猬型。狐狸什么都知道，知识面较为广泛，但止于量多而略嫌表象化；而刺猬只做一件事，求精准、求深刻。显然，周一贯先生属于刺猬型的治学风格。他心无旁骛，一心一意，潜心研究，静心思考。他的语文教育研究越来越科学，越来越深刻。正是这样的治学风格才让周一贯先生一直站在小学语文教学的制高点上，俯瞰语文的大千世界，又抬头仰望语文的辽阔星空。一俯一仰之中，周一贯先生的学术品格、学者人格得以锤炼和升华。一贯，治学的风格，做人的品格以至见乎风骨。

假若我们把关注的视野转向人生意义的探求，就会发现，周一贯先生有着一贯的价值追求、一贯的意义创造。周一贯先生的一生，再次证明了一个人生哲理：人是意义的存在；人生的意义不是别人赋予的，而是自己创造的；人既可以是人生意义的创造者，又可以是意义的破坏者。人生意义让周一贯先生静水深流，让周一贯先生深耕谷底。静水深流、深耕谷底，让他探求了语文之道、改革之道，而语文之道、改革之道正是为师之道、为人之道。道也，形而上也，规律也，创造也，人之生命也。但周一贯先生之"道"，又不仅有形而上，而且有形而下，甚或是形而上与形而下的统一，用周一贯先生的观点来谈，有着"一分为三"的和谐。

一贯，核心价值的追求，终极意义的创造。

（成尚荣《"一贯"的意义阐释与思想映照》）

"从教盈甲子，桃李满天芳。"周一贯老师不光是绍兴教育界的一张亮丽名片，不光是浙派小学语文名师的杰出代表，而且已成为我国小学语文教学的一位流派型名师。

"立言周一贯，著作等身看。"周一贯老师不但是语文教育研究领域的知名学者，不但是教育科学理论的普及者，而且已成为一名独具特色的语文教育家。常说，大凡欲成为具有相当理论造诣的名家，其研究水平的提高大致经历"主观经验型—客观描述型—科学解释型"三个阶段。周一贯老师在教学与研究相结合的过程中，正是这样一步步走来，置身浩浩学林，厚积薄发，引经据典，新意迭出，切理会心，兢兢业业地钻研和应用科学理论，洋洋洒洒地形成了一大批烙有周氏印记的个性化研究成果。

就个体特质而言，每个人在世的表现和结果又各不相同。由此反观周一贯老师，他之所以取得如此成就，综合先天、后天、环境、教育、机遇等主客观因素，我认为，天资聪颖是基因，识见累积是基础，思维品质是基点，一贯勤奋是基质，人格风度是基调。就一定意义说，"周一贯"就是"素养周全，矢志一贯"的代名词，每个人都可以从他身上获得丰富的教益。

（王松泉《从教盈甲子，立言周一贯》）

周一贯老师的奇迹我觉得关键还在于做出了最大的贡献，这就是对我们小学语文教育、教学改革提出了一些思想，一些理念。这个贡献，这么多年来一直为我们小语界珍视，并且到现在他仍然站在课改的最前列。这么多年来，周老师提出过很多很多真知灼见。我认真拜读了周老师的一些著作。2007 年，周老师在人文性和工具性争论激烈的背景下，提出了"一分为三"的观点，这个观点我觉得很有价值，这是真知灼见，反映一种教育的智慧，就是把对立的"二"，融合为一个发展性的"三"，这个"三"就是学生的发展、学生的自主学习。语文教学过去、现在和将来，都离不开训练。周老师这个观点，其实也是"一以贯之"。1994 年周老师就写了《语文教学训练论》，当时就阐述了"语文训练"和"语文感悟"之间的辩证关系。2005 年，周老师又提出了"儿童作文"的教学体系。当时，群雄并起，各式各样的流派作文竞放，出现了"新概念作文""疯狂作文"等。周老师提出"儿童作文"，就是小学生作文要摆脱学科作业的这种模式，强调自由表达与规则指导有机结合，同时也要重视道德和社会责任感的培养。这一作文体系的提出，是我们小学作文教学改革当中的一个重要理念，应该说是独树一帜。

2006 年，周老师在西方现代教育思想理论，比如后现代课程、建构主义、接受美学、多元智能等对中国语文教学产生影响的时候，提出了"重认千年语文教学的传统经验"，这观点我觉得非常重要。他发表了《留住传统经验的根，寻找千年语文教学的传统》等重要文章。应该说，这对我们坚持中国母语教育的传统，在西方各种理论影响盛大的时候，我们可以兼收并蓄，但一定要在坚持传统精华的基础上。这是真知灼见。2008 年，周老师又提出了"生本课堂"，坚守语文课堂教学的主流价值。当时，我记得我们语文课堂教学中，各种流派风行一时。有些课堂教学已经变味，教师成了"演员"，语文课堂变成了教师展示才艺的"舞台"。周老师及时地提出了语文课堂应该是生本课堂，强调了学生的自主学习，强调了学生的主动发展。

（吴忠豪《语文教坛的奇迹》）

我想周先生九十岁、一百岁应该还会活跃在小语论坛上，他很健康，仁者寿，他一定会健康长寿的。这是一个奇迹，他会永远保持着这个记录。他持续活跃在小语科研论坛上的时间也是最长的，这么多年的确是"一以贯之"，保持着生命的活跃状态。每次在"千课万人"会务手册上的"卷首语"多数是他写的，都让我们感受到他生命言语的律动。周老师立在那里就是一棵大树，是常青树，是不老松，是擎天柱，他撑起了小语科研的一片天空。更重要的是周先生给我们树立了一个精神的标杆。高山仰止，让我们知道了无论是教师、学者，还是教研员，站立在这个讲台上，靠的是什么。周先生的人生和他的研究，昭示的一个是德性，一个是学问。我想，用《中庸》里的一句话来形容周先生的精神是比较贴切的："尊德性而道问学，致广大而尽精微，极高明而道中庸。"德性和学问是第一位的，这应该是立身之本。《论语》里说："君子务本，本立而道生。"我们语文教研的本是什么，我想，就应该是德性和学问。

（潘新和《在周一贯先生从教六十五周年暨八十华诞庆典上的发言稿》）

从教师专业发展历程看，我认为周一贯老先生的特点有三：以一贯之、以学处之、以静思之。

从教师专业发展素养看，我认为周老先生的构成元素也是三：教育哲学、传统文化和专业体验。特别是，哲学角度是周老先生思考问题的一大视点。正是因为他站在了哲学高度审视小学语文教学问题，才使得他的研究起点志存高远，他的研究入木三分，他的研究成果思想深邃，表现出少有的深度、广宽和风度。

从教师专业发展的品质看，我认为周老先生的智慧品质还是三：专业积累精神、专业工作方式和专业理想追求。

三三得九，九九归一。归一为周老先生的教育思想。思想者永远是先行者。毫不夸张地说，周老先生的小学语文教学思想指引着当代中国小学语文教学的发展方向。小语路上，高手引路，周老先生功不可没。周老先生专业发展之路是一丛奇葩，一份宝贵的精神财富，作为样本的"个"，可以引发对小学语文教师专业发展普遍性的"类"的思考。其意义无比深远！

（汪潮《为周一贯先生喝彩》）

周一贯先生是一个传奇。他以小学毕业的文化程度迈入教坛，却成就了大师级的学术建树。先生著述之丰赡，在当代语文界怕是无人能出其右了。他的研究，从主观经验上升到客观描述，又从客观描述迈向科学建构，洋洋洒洒、浩浩汤汤，创作了一大批烙有周氏印记的理论成果。无人能知个中滋味，他如爱默生诗中的那只小虫，在无数连环缀成的长链上，奋力生成为人，越过了自然的所有峰巅。如果请先生开列一份曾经读过的书单，恐怕连他自己都难以穷尽。"目织亿万里，神交五千年。"这不是妄议，也不是夸谈，这是先生成就人生传奇的一个诗意注脚。犹记15年前的那个黄昏，先生知我将赴杭州发展，巴巴地送来一方极洗练的歙砚。先生说："好墨色是磨出来的。"如今想来，这不仅是先生寄予我的殷殷希冀，更是他漫漫学路、上下求索中淬炼而成的人生箴言。

先生将学问做到了极致。他对真理永怀赤子般的虔诚，在语文教育的家园里，他思索，他叩问，他笃行，他将自己的 "容膝斋" 搭建在离真理最近的地方。太多的人在叹息、在后悔，但是先生却从来没有工夫怨天尤人。"立体地利用时间，几乎已成为我的习惯"，他坚信天道一定不会失信于一个勤勉劳作的行者。在我初涉教坛的那一年，先生就出版了他学术生涯中的第一部专著《文体各异·教法不同》。岁月有更迭，笔耕永不辍。在先生的笔下，《小学语文教学改革研究概观》《小学语文学法大全》《语文教学训练论》《语文教学方法论》《语文教学优课论》《阅读课堂教学设计论》《"儿童作文" 教学论》……一部部闪耀着智慧光芒的学术专著如雨后春笋般蓬勃而出。这些著述，或在理论建树上灵光一现、自成一家，或在研究思路上另辟蹊径、别具一格，或追踪热点而独领风骚，或乘虚而入却独开先河，或用新视角探索老问题，或据大原理解读新概念，其研究一扫传统的局促习气，呈现一派鲲鹏展翅九万里的大千气象。

（王崧舟《先生》）

周老的文章，用语前卫，思想活跃。如不看文章作者的名字，我都以为作者是一位年轻人。周老的文章文采激扬，纵贯古今，横驰中西，意深言简，余韵绵延。你真想象不出，这文章竟出自一位超 80 高龄的老人之手。

周老有一本《容膝斋随笔》。我把这本随笔置于案头，当成心灵鸡汤，累了就看看。我发现，周老的阅读面如此之广：每一篇都会引用格言妙语；古今中外的名著名言，尽收眼底。

我尤其喜欢周老随笔里引用的古诗词。绝大多数的古诗词，都有爬梳和阐释。《容膝斋随笔》，在我的眼里，就是一本难得的诗话。

周老的文章，绝少空话废话，信息量大，内涵丰富，实在受用。周老的文章，人云亦云不云，经典常谈常新，鲜少套话俗语，每每新意迭出。每有神会之处，我不禁拍案叫绝。

周老的《周一贯语文教育60年》，洋洋洒洒56万言，是我的最爱之一。这还不包括周老正式出版的165本著作和难以计数的论文。周老的最高学历，是初师——这，并没有妨碍他做事。

如此勤奋的劳作，在现当代教育史上，实属罕见。

我对周老的仰慕、敬慕，不是漂亮的恭维，是实实在在的敬服了。

周老是个老顽童，忙有忙趣，逸有闲情，生活别有情致。

周老说："人一辈子都不可丢弃'刻苦'，这与是不是有钱无关。有'苦'才能有乐，有'痛'才会有快。辛辛苦苦过日子，才能舒舒服服做人。只有刻苦勤奋才能为人生幸福奠基，为人类的幸福奠基。"

"刻"苦为乐的精神，妙哉！

（夏家发《实实在在的敬服》）

很早就知道周一贯的大名，那是从教学刊物上间接了解的。20世纪八九十年代，几乎每读一份教学刊物总能看到周一贯发表的文章，心想：这人真了不起，怎么这么能写文章呢？当时对周老师是崇拜之至，经常把他发表的文章剪辑下来，收藏起来作为资料。

周老师在一篇论文里提出必须将传统的课堂教学的"硬设计"转换为从引领教学现场出发的"软设计"，直到我看到周老师的"软设计"一文我才豁然开朗。周老师认为：当时的"软设计"理论与当下的新课程所赋予语文教学的许多全新理念，是完全一致的。

理念之一："语文课程丰富的人文内涵对学生精神领域的影响是深广的，学生对语文材料的反应往往是多元的。"

理念之二："学生是学习和发展的主体。语文课程必须根据学生身心发展和语文学习的特点，关注学生的个体差异和不同的学习需求，爱护学生的好奇心、求知欲，充分激发学生的主动意识和进取精神，倡导自主、合作、探究的学习方式。"

理念之三："阅读教学是学生、教师、文本之间的对话过程。阅读教学是学生的个性化行为，不应以教师的分析代替学生的阅读实践。要珍视学生独特的感受、体验和理解。"

我个人以为，"软设计"既重视教师的主导作用，更重视学生的主体地位，它粗线条的教学流程使得教学设计着眼的是学生的发展，留出足够的时间，把读书的权利还给学生，把思考的时间还给学生，把提问的时间还给学生，把合作讨论空间留给学生。教师仅仅是学生学习活动的组织者和引导者，在课堂上起激励、点拨、启发和引导的作用。打个比方说，教师在课堂上要具有中国"太极"的功夫，能够在关键处"四两拨千斤"，而不能在课堂教学上"花拳绣腿"，展示自己的"十八般武艺"。教师更不能在课堂上"作秀"，把自己对文本深奥的理解强加给学生。

"软设计"，它给学生以和教师、文本对话的可能。传统的硬设计，教师的每句话、每个环节是几分钟，均已事先做好周密安排，教师在讲台上都不能"越教案一步"，哪里谈得上让学生畅所欲言，发表自己"独特的感受、体验和理解"呢？学生是人如其面，各不相同，个体之间的差异是客观存在的。每个人的知识结构、思想观念、学习方式各不相同，"软设计"要求我们教师照顾差异、尊重差异，让每个学生均在课堂上得到最理想的发展和成长。

（孙双金《周一贯老师和他的教学软设计》）

周一贯先生是一位创新能量充沛、创新精神活跃的大师。细细考察周先生的语文教育思想和语文教育理论，不难发现，勇于开拓、善于超越的学术创新思维品质是他成功的重要原因。周先生语文教育的真知灼见，创生于两次语文课程改革的大潮之中。

他的《小学语文教学改革研究概观》《语文教学方法论》《语文教学训练论》《语文教学优课论》《阅读课堂教学设计论》的问世，引起了语文界普遍关注。在《小学语文教学改革研究概观》专著中，他着眼语文教学的课程体系，为全面开展语文教学整体改革提供诸多前沿信息，使语文教学园地增添了一道春色。

周先生的四"论"虽然出版于20世纪，但其中的一些观点却是十分前卫的，我们已经不难从中感受到第八次课改理念的曙光。这种理性的前瞻，在当时不仅是一种源于对教学实际状态的深刻反思，更是具有理念创新意义的可贵发现。

周先生回顾语文教育的历史轨迹，语文教育一直在"一分为二"、对立斗争、大破大立的崎岖小路上，左右摇摆、跌跌撞撞地艰难前行。他坦言，从"对立斗争"的视角审视语文教育，非此即彼，是对生命的割裂，则语文教育只能陷入死谷！若以"一分为三"的辩证统一观点看待语文教育，寻求生命活动之和谐统一，亦此亦彼，则语文教育定能走出误区！周先生这段话，展现的是他语文教育思想的核心价值，传递的是他对语文课程改革的真知灼见。

（戴正兴《启智扬思 引领创新——周一贯先生经典的理念与新常态思维》）

在20世纪，就"方法论""训练论""优课论"三本书，说周一贯先生的著作本身，一点没有虚晃的东西。你把他的书垒起来，量一量，大概就是这个高度。那么，我有啥呢？我想这个是无法等量观之的，差异度太大，这是生命的厚度。生命的厚度是什么呢？周先生写的东西不是藏之深山，世人知之甚少，而是在全国小语界，在我们浙江小语界是大放光彩的，福泽很多年轻老师。20世纪80年代的时候，周老师带绍兴的老师到杭州来听我的课，我在灯下看周先生的文章，感悟到他的智慧和魄力。

革命人永远是年轻，好像我们现在已经不太习惯说革命人了。但客观上就是如此，周先生，你看看他，鹤发童颜、精神矍铄、目光如炬。

很多方式的改变，包括思维方式的改变，最终是生活方式的改变。

但是，他对事业的这种奉献，是他生命中的主流，是他生命的价值，他认为活着就应当是这样的。我相信周老师一定不会想：我哪一篇什么文章获得了浙江省教育厅技术教育成果一等奖。他写文章是生命的一种状态。他对事业的一种奉献，他对教育思想的那种奋发，是"一以贯之"的。对事业的热爱，对年轻人的关照，上善若水，平平常常，完全是一种自然的状态。

（张化万《在周一贯先生从教六十五周年暨八十华诞庆典上的发言稿》）

　　我和周一贯老师的相识是在"千课万人"上。在十多年前，我遇到了周老师，如果我没记错的话，我上的课是《秋天的怀念》。周老师说："小窦啊，你要好好地备课、钻研，你会有出息的。"我不知道周老师是不是跟所有的人都这么讲，但我记住了。后来，在《小学语文教师》上我又读过了他的文章之后，才突然发现触摸到了一个有学者风范的、宽容地爱护青年教师的周老师。他给我以激励，指明了一种方向。我把我曾经在学校做的有关语文教学课程改革的材料发给他，我请求他："我上完课，请您一定让我听听您的评价。我并不在乎您怎么赞我，我在乎的是您的建议关乎我未来的成长。"真好啊，可以从一个65年的专业生命里，得到他的惠泽。从65引发开去，我想起了去年国庆65周年首届基础教育成果奖评奖，我被北京市选中了，并拔得了一等奖的头筹。当我在人民大会堂和习近平、李克强等国家领导人握手的时候，我在想：我是一名有着研究主题教学与语文立人方向的小学语文老师，我身后有周一贯老师这样有着65年专业生命的人支持和鼓励。周一贯老师应该是我专业生命里，一个重要的、不可或缺的人。在这里，请允许我代表我们清华附小所有的老师向周一贯老师鞠一个躬。

　　（窦桂梅《在周一贯先生从教六十五周年暨八十华诞庆典上的发言稿》）

　　实践性是周一贯语文教育研究的价值特征。辩证唯物主义告诉我们，理论源于实践。语文教育实践是语文教育理论研究的源头活水，同时，也是检验语文教育理论正确与否的唯一标准。反过来，语文教育实践也需要在一定的语文教育理论指导之下进行，才是自觉的而不是盲目的实践，也才能起到检验理论、不断补充和完善理论、发展理论的作用。

　　首先，周一贯来自实践。在进入绍兴县教研室之前，他直接从事小学语文教学工作长达 30 多年，是一位优秀的语文教师。30 多年的语文教学实践，使他对我国当今语文教学现状有了全面的了解，对语文教学实践过程中出现的经验和碰到的问题有深切的理解，对语文教学研究方向和研究重点有准确的把握。这既是他得天独厚的优势，也是他与那些来自大专院校的理论工作者的不同之处。

其次，长期的语文教学实践，决定了他的理论研究必定围绕语文教学实践进行，保证了这些理论的实践针对性。理论来自实践，实践之树常青。语文教学的实践不断地向工作在语文教学第一线的实践者提出问题，不断要求从事语文教学研究的理论工作者回答语文教学实践提出的问题。作为一个来自实践第一线的理论工作者，强烈的事业心和责任感要求他自觉调整自己的研究兴趣和理论积累，针对语文教学实践的重点和碰到的难题，确定自己的研究重点和研究课题。如针对教学实践中碰到的语文阅读教学如何由应试教学向素质教学转轨的问题，他从语文阅读教学的理论到语文阅读教学的改革和程序性设计，进行了系统的研究和具体的回答。他正是在不断回答这些问题的过程中逐步建立起自己的语文阅读教学理论体系，这样的理论体系无疑是实践第一的。

最后，他的理论研究，其目的性非常明确，就是为了解决问题，是为实践而研究，为解决问题而研究的。他的语文阅读教学思想，虽然蕴含了非常丰富的理念，也有很多前沿的理论，但这些都是为指导语文阅读教学的实践服务的。因此，在他的著作和文章中，理论是和实践紧密结合在一起的，理论是为实践服务的，理论是真正指导语文阅读教学实践的。

（白金声《纵览凌云，立言一贯》）

后记

季科平

《论语》有云："吾道一以贯之。"这也是周一贯先生外祖父对他的期望，更成了先生自己一生的信条。他以"吾道一以贯之"的精神，在农村小学语文教育这块希望的田野上勤耕不辍，积极探索语文的教学之道，满怀深情地推动我国小学语文教学改革。

而我何其有幸，此生拥有了与恩师周一贯先生的美丽相遇。1998年的教师节，我破格成为先生的弟子，于是一直追随着先生走到今天。我在他门下读了一届又一届的名师班：第一届，我是"插班生"；第二届，我成了"留级生"；第三届，我做了他的导师助理，成了"研究生"。前后共计九年的时间。在三届"名优教师研修班"培训结束后，我继续跟着先生做助理的工作，帮助他处理语文教学研究的电子事务。近水楼台先得月，我因此也就拥有了更多的学习、发展的机会，还被评为浙江省特级教师、正高级教师。

近年来，我一直在想该如何研究先生的语文教育思想，做好传承工作。零零碎碎，我写过相关的文章，参与主编过《师道一贯——周一贯从教 65 周年暨 80 华诞文集》，整理过先生有关语文教育生命观的所有电子文档，但一直没有找到系统研究的合适路径。所以，当我接到先生的邀请，参与"当代中国语文教育家口述实录"丛书的编写，感到特别兴奋，因为我觉得这就是一条最佳的研究路径，可以系统地、深入地研究先生的语文教育思想，并通过口述实录的方式实现更有价值的传承。

在先生看来，语文教育与生命有着必然的、互为表里的联系。生命是里，语文是表。生命的表达与交流靠语文，生命的成长与发展靠语文。可以说，语文教育生命观是先生"一以贯之"的追求。从 2018 年金秋十月开始到 2019 年阳春三月，在先生书香满溢的容膝斋里，我们展开了一次次的访谈，整理了一次次的实录，修改了一个个的细节。对我来说，每一次访谈都伴随着感动，每一次整理都是学习的经历，每一个修改都是思想的升华。

先生 14 岁参军入伍（主要工作是为战士们扫盲），实际上已经开始语文教学，至今已整整 69 年。目前，83 岁高龄的先生，仍继续从事他所热爱的语文教育事业。他认为："一个真正的专业人员，生命未到尽头，总会对自己的专业情有独钟，不放弃，不抛弃。"他说："事业与生命同在，一息尚存必当守望教育。"他指导的青年教师均获得了很好的专业发展，不少人评上了省特级教师、高级教师。他正式出版教学著作 180 余部，发表文章 1500 余篇，共计 4000 多万字。先生主动放弃可以调入城市工作的机会，把一辈子都奉献给了农村教育事业。在他看来，农村教育更需要他。他说："我感恩于农村教育，正是农村的朴实和偏僻，使我能低调地沉潜其中，赢得了许多宝贵的时间。"可以说，先生语文教育生命观的形成与发展，与他的成长经历是密不可分的。

先生总说自己是一个十分平常的小学农村教师，的确，在他的身上集中了许多的"平常"，在一个平常的地方，在一段平常的时间里，从一个平常的起点，以平常的经历做了一件平常的事。然而，正是这么多的平常汇聚在一起，成就了一个极不平常的周一贯，取得了极不平凡的成绩。我不止一次听他说过："我能收获从事语文教学实践与研究的无限乐趣，源于我树立了对中国语文教育事业的不灭信念。"先生的语文教育生命观竖起了一座语文教学研究的高峰，而且还充分显示了他自己特有的"一贯之道"。重读先生的座右铭——"一个人，一辈子，做好一件事，勤奋做人，低调处世，'吾道一以贯之'"，或许我们可以得到更多的启迪。

2019 年 4 月 28 日于两耕居

图书在版编目（CIP）数据

周一贯口述："一以贯之"的语文教育生命观 / 周一贯口述；季科平整理. -- 南宁：广西教育出版社，2020.12（2024.7 重印）

（当代中国语文教育家口述实录 / 任彦钧，刘远主编. 第一辑）

ISBN 978-7-5435-8905-6

Ⅰ. ①周… Ⅱ. ①周… ②季… Ⅲ. ①语文教学-教育思想-思想史-中国 Ⅳ. ①H19

中国版本图书馆 CIP 数据核字 (2020) 第 264708 号

ZHOU YIGUAN KOUSHU
周一贯口述——"一以贯之"的语文教育生命观

项目策划：陆思成　刘朝东
项目统筹：周　影
责任编辑：钟元楷
装帧设计：璞　闾　杨　阳
责任校对：刘汉明　陆媱澄
责任技编：蒋　媛

出 版 人：石立民
出版发行：广西教育出版社
地　　址：广西南宁市鲤湾路 8 号　　　邮政编码：530022
电　　话：0771-5865797
本社网址：http://www.gxeph.com
电子信箱：gxeph@vip.163.com
印　　刷：广西民族印刷包装集团有限公司
开　　本：787mm×1092mm　1/16
印　　张：20.5
插　　页：4
字　　数：260 千字
版　　次：2020 年 12 月第 1 版
印　　次：2024 年 7 月第 2 次印刷
书　　号：ISBN 978-7-5435-8905-6
定　　价：52.00 元

如发现图书有印装质量问题，影响阅读，请与出版社联系调换。

中国古医籍整理丛书

伤寒论类方

清·徐大椿　撰

李具双　赵东丽　校注

中国中医药出版社
·北　京·

图书在版编目（CIP）数据

伤寒论类方/（清）徐大椿撰；李具双，赵东丽校注．—北京：中国中医药出版社，2015.12（2024.5重印）

（中国古医籍整理丛书）

ISBN 978-7-5132-3065-0

Ⅰ.①伤⋯　Ⅱ.①徐⋯ ②李⋯ ③赵⋯　Ⅲ.①《伤寒论》–方书–中国–清代　Ⅳ.①R222.26

中国版本图书馆 CIP 数据核字（2015）第 317280 号

中国中医药出版社出版

北京经济技术开发区科创十三街 31 号院二区 8 号楼
邮政编码　100176
传真　010-64405721
廊坊市祥丰印刷有限公司印刷
各地新华书店经销

开本 710×1000　1/16　印张 8.5　字数 47 千字
2015 年 12 月第 1 版　2024 年 5 月第 9 次印刷
书号　ISBN 978-7-5132-3065-0

定价　35.00 元
网址　www.cptcm.com

服 务 热 线　010-64405510
购 书 热 线　010-89535836
维 权 打 假　010-64405753

微信服务号　zgzyycbs
微商城网址　https://kdt.im/LIdUGr
官方微博　http://e.weibo.com/cptcm
天猫旗舰店网址　https://zgzyycbs.tmall.com

如有印装质量问题请与本社出版部联系（010-64405510）
版权专有　侵权必究

国家中医药管理局
中医药古籍保护与利用能力建设项目
组织工作委员会

主　任　委　员　王国强

副 主 任 委 员　王志勇　李大宁

执行主任委员　曹洪欣　苏钢强　王国辰　欧阳兵

执行副主任委员　李　昱　武　东　李秀明　张成博

委　　　　员

各省市项目组分管领导和主要专家

　　（山东省）武继彪　欧阳兵　张成博　贾青顺

　　（江苏省）吴勉华　周仲瑛　段金廒　胡　烈

　　（上海市）张怀琼　季　光　严世芸　段逸山

　　（福建省）阮诗玮　陈立典　李灿东　纪立金

　　（浙江省）徐伟伟　范永升　柴可群　盛增秀

　　（陕西省）黄立勋　呼　燕　魏少阳　苏荣彪

　　（河南省）夏祖昌　刘文第　韩新峰　许敬生

　　（辽宁省）杨关林　康廷国　石　岩　李德新

　　（四川省）杨殿兴　梁繁荣　余曙光　张　毅

各项目组负责人

　　王振国（山东省）　　王旭东（江苏省）　　张如青（上海市）

　　李灿东（福建省）　　陈勇毅（浙江省）　　焦振廉（陕西省）

　　蔡永敏（河南省）　　鞠宝兆（辽宁省）　　和中浚（四川省）

项目专家组

顾　问　马继兴　张灿玾　李经纬

组　长　余瀛鳌

成　员　李致忠　钱超尘　段逸山　严世芸　鲁兆麟
　　　　　郑金生　林端宜　欧阳兵　高文柱　柳长华
　　　　　王振国　王旭东　崔　蒙　严季澜　黄龙祥
　　　　　陈勇毅　张志清

项目办公室（组织工作委员会办公室）

主　任　王振国　王思成

副主任　王振宇　刘群峰　陈榕虎　杨振宁　朱毓梅
　　　　　刘更生　华中健

成　员　陈丽娜　邱　岳　王　庆　王　鹏　王春燕
　　　　　郭瑞华　宋咏梅　周　扬　范　磊　张永泰
　　　　　罗海鹰　王　爽　王　捷　贺晓路　熊智波

秘　书　张丰聪

前 言

中医药古籍是传承中华优秀文化的重要载体，也是中医学传承数千年的知识宝库，凝聚着中华民族特有的精神价值、思维方法、生命理论和医疗经验，不仅对于传承中医学术具有重要的历史价值，更是现代中医药科技创新和学术进步的源头和根基。保护和利用好中医药古籍，是弘扬中国优秀传统文化、传承中医学术的必由之路，事关中医药事业发展全局。

1949年以来，在政府的大力支持和推动下，开展了系统的中医药古籍整理研究。1958年，国务院科学规划委员会古籍整理出版规划小组在北京成立，负责指导全国的古籍整理出版工作。1982年，国务院古籍整理出版规划小组召开全国古籍整理出版规划会议，制定了《古籍整理出版规划（1982—1990）》，卫生部先后下达了两批200余种中医古籍整理任务，掀起了中医古籍整理研究的新高潮，对中医文化与学术的弘扬、传承和发展，发挥了极其重要的作用，产生了不可估量的深远影响。

2007年《国务院办公厅关于进一步加强古籍保护工作的意见》明确提出进一步加强古籍整理、出版和研究利用，以及

"保护为主、抢救第一、合理利用、加强管理"的方针。2009年《国务院关于扶持和促进中医药事业发展的若干意见》指出，要"开展中医药古籍普查登记，建立综合信息数据库和珍贵古籍名录，加强整理、出版、研究和利用"。《中医药创新发展规划纲要（2006—2020)》强调继承与创新并重，推动中医药传承与创新发展。

2003～2010年，国家财政多次立项支持中国中医科学院开展针对性中医药古籍抢救保护工作，在中国中医科学院图书馆设立全国唯一的行业古籍保护中心，影印抢救濒危珍本、孤本中医古籍1640余种；整理发布《中国中医古籍总目》；遴选351种孤本收入《中医古籍孤本大全》影印出版；开展了海外中医古籍目录调研和孤本回归工作，收集了11个国家和2个地区137个图书馆的240余种书目，基本摸清流失海外的中医古籍现状，确定国内失传的中医药古籍共有220种，复制出版海外所藏中医药古籍133种。2010年，国家财政部、国家中医药管理局设立"中医药古籍保护与利用能力建设项目"，资助整理400余种中医药古籍，并着眼于加强中医药古籍保护和研究机构建设，培养中医古籍整理研究的后备人才，全面提高中医药古籍保护与利用能力。

在此，国家中医药管理局成立了中医药古籍保护和利用专家组和项目办公室，专家组负责项目指导、咨询、质量把关，项目办公室负责实施过程的统筹协调。专家组成员对古籍整理研究具有丰富的经验，有的专家从事古籍整理研究长达70余年，深知中医药古籍整理研究的重要性、艰巨性与复杂性，履行职责认真务实。专家组从书目确定、版本选择、点校、注释等各方面，为项目实施提供了强有力的专业指导。老一辈专家的学术水平和智慧，是项目成功的重要保证。项目承担单位山东中医药大学、南京中医药大学、上海中医药大学、福建中医药大学、浙江省中医药研究院、陕西省中医药研究院、河南省中医药研究院、辽宁中医药大学、成都中医药大学及所在省市中医药管理部门精心组织，充分发挥区域间互补协作的优势，并得到承担项目出版工作的中国中医药出版社大力配合，全面推进中医药古籍保护与利用网络体系的构建和人才队伍建设，使一批有志于中医学术传承与古籍整理工作的人才凝聚在一起，研究队伍日益壮大，研究水平不断提高。

本着"抢救、保护、发掘、利用"的理念，该项目重点选择近60年未曾出版的重要古医籍，综合考虑所选古籍的保护价值、学术价值和实用价值。400余种中医药古籍涵盖了医经、基础理论、诊法、伤寒金匮、温病、本草、方书、内科、外科、女科、儿科、伤科、眼科、咽喉口齿、针灸推拿、养生、医案医话医论、医史、临证综合等门类，跨越唐、宋、金元、明以迄清末。全部古籍均按照项目办公室组织完成的行业标准《中医古籍整理规范》及《中医药古籍整理细则》进行整理校注，绝大多数中医药古籍是第一次校注出版，一批孤本、稿本、抄本更是首次整理面世。对一些重要学术问题的研究成果，则集中收录于各书的"校注说明"或"校注后记"中。

"既出书又出人"是本项目追求的目标。近年来，中医药古籍整理工作形势严峻，老一辈逐渐退出，新一代普遍存在整理研究古籍的经验不足、专业思想不坚定等问题，使中医古籍整理面临人才流失严重、青黄不接的局面。通过本项目实施，搭建平台，完善机制，培养队伍，提升能力，经过近5年的建设，锻炼了一批优秀人才，老中青三代齐聚一堂，有效地稳定了研究队伍，为中医药古籍整理工作的开展和中医文化与学术的传承提供必备的知识和人才储备。

本项目的实施与《中国古医籍整理丛书》的出版，对于加强中医药古籍文献研究队伍建设、建立古籍研究平台，提高古籍整理水平均具有积极的推动作用，对弘扬我国优秀传统文化，推进中医药继承创新，进一步发挥中医药服务民众的养生保健与防病治病作用将产生深远影响。

第九届、第十届全国人大常委会副委员长许嘉璐先生，国家卫生计生委副主任、国家中医药管理局局长、中华中医药学会会长王国强先生，我国著名医史文献专家、中国中医科学院马继兴先生在百忙之中为丛书作序，我们深表敬意和感谢。

由于参与校注整理工作的人员较多，水平不一，诸多方面尚未臻完善，希望专家、读者不吝赐教。

国家中医药管理局中医药古籍保护与利用能力建设项目办公室
二〇一四年十二月

许 序

"中医"之名立，迄今不逾百年，所以冠以"中"字者，以别于"洋"与"西"也。慎思之，明辨之，斯名之出，无奈耳，或亦时人不甘泯没而特标其犹在之举也。

前此，祖传医术（今世方称为"学"）绵延数千载，救民无数；华夏屡遭时疫，皆仰之以度困厄。中华民族之未如印第安遭染殖民者所携疾病而族灭者，中医之功也。

医兴则国兴，国强则医强。百年运衰，岂但国土肢解，五千年文明亦不得全，非遭泯灭，即蒙冤扭曲。西方医学以其捷便速效，始则为传教之利器，继则以"科学"之冕畅行于中华。中医虽为内外所夹击，斥之为蒙昧，为伪医，然四亿同胞衣食不保，得获西医之益者甚寡，中医犹为人民之所赖。虽然，中国医学日益陵替，乃不可免，势使之然也。呜呼！覆巢之下安有完卵？

嗣后，国家新生，中医旋即得以重振，与西医并举，探寻结合之路。今也，中华诸多文化，自民俗、礼仪、工艺、戏曲、历史、文学，以至伦理、信仰，皆渐复起，中国医学之兴乃属必然。

迄今中医犹为国家医疗系统之辅，城市尤甚。何哉？盖一则西医赖声、光、电技术而于 20 世纪发展极速，中医则难见其进。二则国人惊羡西医之"立竿见影"，遂以为其事事胜于中医。然西医已自觉将入绝境：其若干医法正负效应相若，甚或负远逾于正；研究医理者，渐知人乃一整体，心、身非如中世纪所认定为二对立物，且人体亦非宇宙之中心，仅为其一小单位，与宇宙万象万物息息相关。认识至此，其已向中国医学之理念"靠拢"矣，虽彼未必知中国医学何如也。唯其不知中国医理何如，纯由其实践而有所悟，益以证中国之认识人体不为伪，亦不为玄虚。然国人知此趋向者，几人？

国医欲再现宋明清高峰，成国中主流医学，则一须继承，一须创新。继承则必深研原典，激清汰浊，复吸纳西医及我藏、蒙、维、回、苗、彝诸民族医术之精华；创新之道，在于今之科技，既用其器，亦参照其道，反思己之医理，审问之，笃行之，深化之，普及之，于普及中认知人体及环境古今之异，以建成当代国医理论。欲达于斯境，或需百年欤？予恐西医既已醒悟，若加力吸收中医精粹，促中医西医深度结合，形成 21 世纪之新医学，届时"制高点"将在何方？国人于此转折之机，能不忧虑而奋力乎？

予所谓深研之原典，非指一二习见之书、千古权威之作；就医界整体言之，所传所承自应为医籍之全部。盖后世名医所著，乃其秉诸前人所述，总结终生行医用药经验所得，自当已成今世、后世之要籍。

盛世修典，信然。盖典籍得修，方可言传言承。虽前此 50 余载已启医籍整理、出版之役，惜旋即中辍。阅 20 载再兴整理、出版之潮，世所罕见之要籍千余部陆续问世，洋洋大观。

今复有"中医药古籍保护与利用能力建设"之工程，集九省市专家，历经五载，董理出版自唐迄清医籍，都400余种，凡中医之基础医理、伤寒、温病及各科诊治、医案医话、推拿本草，俱涵盖之。

噫！璐既知此，能不胜其悦乎？汇集刻印医籍，自古有之，然孰与今世之盛且精也！自今而后，中国医家及患者，得览斯典，当于前人益敬而畏之矣。中华民族之屡经灾难而益蕃，乃至未来之永续，端赖之也，自今以往岂可不后出转精乎？典籍既蜂出矣，余则有望于来者。

谨序。

第九届、十届全国人大常委会副委员长

许嘉璐

二〇一四年冬

王 序

　　中医学是中华民族在长期生产生活实践中，在与疾病作斗争中逐步形成并不断丰富发展的医学科学，是中国古代科学的瑰宝，为中华民族的繁衍昌盛作出了巨大贡献，对世界文明进步产生了积极影响。时至今日，中医学作为我国医学的特色和重要医药卫生资源，与西医学相互补充、相互促进、协调发展，共同担负着维护和促进人民健康的任务，已成为我国医药卫生事业的重要特征和显著优势。

　　中医药古籍在存世的中华古籍中占有相当重要的比重，不仅是中医学术传承数千年最为重要的知识载体，也是中医为中华民族繁衍昌盛发挥重要作用的历史见证。中医药典籍不仅承载着中医的学术经验，而且蕴含着中华民族优秀的思想文化，凝聚着中华民族的聪明智慧，是祖先留给我们的宝贵物质财富和精神财富。加强对中医药古籍的保护与利用，既是中医学发展的需要，也是传承中华文化的迫切要求，更是历史赋予我们的责任。

　　2010 年，国家中医药管理局启动了中医药古籍保护与利用能力建设项目。这既是传承中医药的重要工程，也是弘扬优秀民族文化的重要举措，不仅能够全面推进中医药的有效继承和创新发展，为维护人民健康作出贡献，也能够彰显中华民族的璀璨文化，为实现中华民族伟大复兴的中国梦作出贡献。

相信这项工作一定能造福当今，嘉惠后世，福泽绵长。

国家卫生和计划生育委员会副主任

国家中医药管理局局长

中华中医药学会会长

王国强

二〇一四年十二月

马 序

　　新中国成立以来，党和国家高度重视中医药事业发展，重视古籍的保护、整理和研究工作。自 1958 年始，国务院先后成立了三届古籍整理出版规划小组，分别由齐燕铭、李一氓、匡亚明担任组长，主持制定了《整理和出版古籍十年规划 (1962—1972)》《古籍整理出版规划（1982—1990)》《中国古籍整理出版十年规划和"八五"计划（1991—2000)》等，而第三次规划中医药古籍整理即纳入其中。1982 年 9 月，卫生部下发《1982—1990 年中医古籍整理出版规划》，1983 年 1 月，中医古籍整理出版办公室正式成立，保证了中医古籍整理出版规划的实施。2002 年 2 月，《国家古籍整理出版"十五"（2001—2005）重点规划》经新闻出版署和全国古籍整理出版规划领导小组批准，颁布实施。其后，又陆续制定了国家古籍整理出版"十一五"和"十二五"重点规划。国家财政多次立项支持中国中医科学院开展针对性中医药古籍抢救保护工作，文化部在中国中医科学院图书馆专门设立全国唯一的行业古籍保护中心，国家先后投入中医药古籍保护专项经费超过 3000 万元，影印抢救濒危珍、善、孤本中医古籍 1640 余种，开展了海外中医古籍目录调研和孤本回归工作。2010 年，国家财政部、国家中医药管理局安排国家公共卫生专项资金，设立了"中医药古籍保护与利用能力建设项目"，这是继 1982～1986 年第一批、第二批重要中医药古籍整理之后的又一次大规模古籍整理工程，重点整理新中国成立后未曾出版的重要古籍，目标是形成并普及规范的通行本、传世本。

为保证项目的顺利实施，项目组特别成立了专家组，承担咨询和技术指导，以及古籍出版之前的审定工作。专家组中的许多成员虽逾古稀之年，但老骥伏枥，孜孜不倦，不仅对项目进行宏观指导和质量把关，更重要的是通过古籍整理，以老带新，言传身教，培养一批中医药古籍整理研究的后备人才，促进了中医药古籍保护和研究机构建设，全面提升了我国中医药古籍保护与利用能力。

作为项目组顾问之一，我深感中医药古籍保护、抢救与整理工作的重要性和紧迫性，也深知传承中医药古籍整理经验任重而道远。令人欣慰的是，在项目实施过程中，我看到了老中青三代的紧密衔接，看到了大家的坚持和努力，看到了年轻一代的成长。相信中医药古籍整理工作的将来会越来越好，中医药学的发展会越来越好。

欣喜之余，以是为序。

中国中医科学院研究员

马继兴

二〇一四年十二月

校注说明

一、作者生平简介

徐大椿（1693—1771），又名大业，字灵胎，晚号洄溪老人，清代江苏吴江县松陵镇人。徐氏生活在一个家学渊源十分深厚的士大夫家族，自幼习儒，旁及诸子百家，凡星经、地志、九宫、音律、技击无不探究，尤嗜《易经》与黄老之学。早年鄙视以八股制艺求取功名利禄，并在岁试时流露，被革除生员资格，随即改习武，研究岐黄之学。其三弟患痞，后四弟、五弟又相继病故，父亲也悲悼成疾，遂发奋致力于医，攻读《本草》《内经》《难经》《伤寒》《千金》《外台》及历代名医之书，五十年间，呕心沥血，批阅之书约千余卷，泛览之书达万余卷。其于医学洞悉源流，妙悟医理，自学成才，理论不为一家一派所拘泥，多有独特创见。临床用药精当，虽至重至危之疾，每能手到病除，为时医所叹服。乾隆三十六年（1771）十月再次被召入京，其时徐氏正卧病在床，病稍愈，即由其子陪同前往，抵京三日后病逝，时年七十九岁。

徐氏一生勤于临床，也不停于笔耕，所著甚丰。所撰医学著作有七种：《难经经释》二卷，《神农本草经百种录》一卷，《医贯砭》二卷，《医学源流论》二卷，《伤寒论类方》一卷，《兰台轨范》八卷，《慎疾刍言》（又名《医砭》）一卷。评注前人的著述则有《外科正宗》《评叶氏临证指南》等。徐氏经治案例，由后人整理成册曰《洄溪医案》；另有未刊稿本《管见集》。由于徐氏久负盛名，后人辑刊或托名为徐氏撰著的医书如《内经诠释》《杂病证治》《女科医案》等共十六种。医学丛书则有徐氏医书三种、六种、八种、十六种等。非医学著作有《乐府传声》《道德经注》等十种。其中文学著作《洄溪道情》颇受读者称誉；而其《时文叹》一篇，揭露八股文的弊端，亦为世人所赞赏。

徐灵胎医术高明，为人正直，扶危救厄，医德高尚。其学术思想，有明显的时代特色。徐氏生于康乾盛世，清政府以科举和文字狱作为对士人的怀柔与高压手段，学界文人为避免牢狱之灾，考据、复古之风盛行。大椿受时风的影响，以考据之法治医，尊经崇古。治医从研究经典始，注重探讨医学发展的源流，反对断章取义与邪说。临证必从实际出发，坚持审证论治，不死守一法一方，强调同中别异，异中求同，因人而异，因时而异。主张治病方法宜如古人，法不拘一，宜汤则汤，汤药所不能及，针、灸、熨、贴、按摩诸法皆应广为采用。在具体的治疗过程中，强调元气的重要性，要呵护元阴元阳。指出元气是人体生命活动的原动力，"阴阳阖辟存乎此，呼吸出入系于此，无火而能令百体皆温，无水而能令五脏皆润。"（《元气存亡论》）生长壮老死是人生的必然规律，但元气的多少决定寿命的长短。他谆谆告诫医者，对元阳不足患者慎用升提发散之药；对元阴不足患者，慎用辛热香燥灼阴伤津之剂。指出"阴气有余则上溉，阳气有余则下固，其人无病；病亦易愈，反此则危。故医人者，慎毋发其阳而竭其阴也。"（《阴阳升降论》）针对明代以来滥用温补，辨证不精，强调致病有因，受病有位。医者需明病内出由脏腑，外入由经络，治病必须要先明是七情所因，还是六淫所犯，对证下药，方能分毫不爽。

二、《伤寒论类方》的主要内容与特点

《伤寒论类方》是对《伤寒论》的重编和笺释，是徐大椿对仲景学术思想的继承和发展。作者对《伤寒论》穷究三十年，稿成七载，反复探究，五易而竣。全书采取"不类经而类方"的方式，将《伤寒论》113方分12大类。溯源其法，唐代孙思邈《千金翼方》中"方证同条，比类相附"发其端，宋代朱肱承其绪，至清代柯琴著《伤寒来苏集》，采取"以方类证，证从经分"，而徐氏则脱离六经，单纯"以方类证"，明细归类，使仲景方义一目而了然，切于临床使用。内容方面，徐氏将仲景113方详归12类，每类先定主方，同类诸方附后，分析主方之方证可见相因的治疗大法。编次方面，采用类方相聚和方统条文的方法，每方之次第为：首列方名，次方药，次煎服法，次原文适应证。注释方法，徐氏依据条文的繁简，用按语和夹注两种方法，并结合其临床实践，揭示仲景辨证论治之真谛。在注释的过程中，尤其擅长用类比的方法研究方证，如轻重方剂的类比研究；药物组成相同而剂量不同方剂的类比研究；类似方剂的类比研究等。通过这种异中审同，同中求异，深入揭示仲景方所蕴含的规律及证候内部之间的联系。《伤寒论类方》所取得的多方面成就，使其成为以类方方法研究《伤寒论》的代表作，《四库全书总目提要》称其"削除阴阳六经门目，但使方以类从，证随方注，使人可按证以求方，而不必循经以求证。虽于古人著书本意未必果符，而于聚讼纷呶之中，亦艾除葛藤之一术也"。

三、底、校本的选择

《伤寒论类方》版本较多，清乾隆年间有：乾隆二十四年己卯（1759）刻本、乾隆半松斋徐氏医书六种本、乾隆松风斋本、日本聿修堂本。同治年间有：同治三年甲子（1864）彭树萱善成堂刻本、同治吴江半松斋徐氏医书十二种本、同治十二年癸酉（1873）湖北崇文书局徐氏医书六种本。此外还有咸丰、光绪、宣统年间所刻版本。

底本：通过对有关馆藏的考察，乾隆年间刻印，标注为乾隆半松斋藏版的"医书六种"丛书本，包含《难经经释》《医学源流论》《神农本草》《医贯砭》《伤寒类方》《兰台规范》，总计六种九册。乾隆半松斋藏版的版式：每页9行，每行22字，字迹秀丽浑圆，正文前有序与目录，正文内容以大字单行显示，徐氏注文以小字双行列出。另外还有标注为乾隆年间的单行本，经校勘发现与乾隆半松斋丛书本的内容、版式完全一致。故本书以乾隆间半松斋藏版"医书六种"本为底本。

主校本：《伤寒论类方》刻本的版式分两类：半松斋刻本及其重印、翻刻本，每页9行，每行22字，版式严谨规范，错讹很少，只有刻写风格的略微不同，极少差异。另一类是不采用半松斋版式而新编，每页9行，每行25字，如湖北崇文书局重雕"六种"本、光绪年间八种本，光绪十八年"八种本"等。本次校注选取了与底本不同版式，且刊刻时间较为靠前的同治十二年湖北崇文书局重雕"六种"本作为主校本。简称为"同治本"。

参校本：清光绪年间江西书局刻"鞞园医学六种本"。该刻本《伤寒论类方》与《长沙方歌括》合刊，简称"鞞园医书本"。

他校本：明代赵开美仿刻宋本《伤寒论》。简称"宋本《伤寒论》"。

四、校注的原则

本次校注，在尊重原著，尽量维持原貌的基础上，结合现代书籍印刷版式和阅读习惯，确定校注原则如下：

1. 底本的繁体字直接转为简化字，并根据现代排版阅读习惯，将底本中的"右几味"之方位词"右"改为"上"。

2. 横排并加现代标点符号。

3. 根据该书的体例，原书书名后"吴江徐大椿灵胎编释 男燨鼎和校"删除。

4. 类目下小字题注以小字注文单独起行，如"桂枝加桂汤"下题注曰："桂枝原方加桂二两，即另立汤名，治症迥别，古圣立方之严如此。"

5. 该书医方剂量使用汉唐时期的斤、两、分、铢制，即四分为一两，六铢为一分。

6. 校勘及注释全部排列于每页页末，混合编码，依次标出。校勘或注释过的字词后文再次出现，则在首次注释或校勘时标注"下同"。

7. 异体字、形近讹误字及不规范用字，直接厘定为通行规范字体，一般不出注说明。

8. 较难理解的字词、术语等进行简要的解释，包括注字音、释通假、正字形，不作繁琐的考证。

9.《伤寒论类方》中有关药物的炮制方法较宋本《伤寒论》多有省略，为充分尊重原著，不补。

序

王叔和《伤寒例》云："今搜采仲景旧论，录其证候诊脉声色，对病真方，拟防世急。"则知《伤寒论》当时已无成书，乃叔和之所搜集者，虽分定六经，而语无诠次①，阳经中多阴经治法，阴经中多阳经治法，参错不一。后人各生议论，每成一书，必前后更易数条，互相訾议②，各是其说，愈更愈乱，终无定论！不知此书非仲景依经立方之书，乃救误之书也。其自序云：伤夭横③之莫救，所以寻求古训，博采众方。盖因误治之后，变症错杂，必无循经现症之理。当时著书，亦不过随症立方，本无一定之次序也。余始亦疑其有错乱，乃探求三十年，而后悟其所以然之故，于是不类经而类方。盖方之治病有定，而病之变迁无定，知其一定之治，随其病之千变万化，而应用不爽。此从流溯源之法，病无遁形④矣。至于用药，则各有条理，解肌发汗，攻邪散痞，逐水驱寒，温中除热，皆有主方。其加减轻重，又各有法度，不可分毫假借。细分之，不外十二类，每类先定主方，即以同类诸方附焉。其方之精思妙用，又复一一注明，条分而缕悉之。随以论中用此方之症，列于方后，而更发明其所以然之故。使读者于病情药性，一目显然，不论从何经来，从何经去，而见症施治，与仲景之意，无不吻合，岂非至便之法乎！

---

① 诠次：选择和编次。
② 訾（zǐ 紫）议：诽谤非议。
③ 夭横：夭折早死。
④ 遁形：隐匿。

余纂集成帙①之后，又复钻穷者七年，而五易其稿，乃无遗憾。前宋②朱肱《活人书》，亦曾汇治法于方后，但方不分类，而又无所发明，故阅之终不得其要领。此书之成，后之读《伤寒论》者，庶可以此为津梁③乎！

乾隆二十四年岁在屠维单阏④阳月⑤上浣⑥洄溪徐大椿序

---

① 帙（zhì 至）：册。

② 前宋：即北宋。

③ 津梁：渡口和桥梁。比喻起引导、过渡作用的事物或方法。

④ 屠维单阏（chánè 缠恶）：即己卯年（1759）。屠维，天干"己"的别称；单阏，地支"卯"的别称。

⑤ 阳月：阴历十月。

⑥ 上浣：上旬。

目　录

桂枝汤类

桂枝汤

桂枝三两，去皮　芍药三两　甘草二两，炙　生姜三两　大枣十二枚，擘①

上五味，㕮咀，以水七升，微火煮取三升，去滓，适寒温，服一升。服已，须臾啜②热稀粥一升余，以助药力。桂枝本不能发汗，故须助以热粥。《内经》云："谷入于胃，以传于肺。"肺主皮毛，汗所从出，啜粥充胃气以达于肺也。观此可知伤寒不禁食矣。温覆令一时许，遍身漐漐，微似有汗者益佳，不可令如水流漓，病必不③除，此解肌之法也。若如水流漓，则动营气，卫邪仍在。若一服汗出病瘥④，停后服，不必尽剂。若不汗，更服依前法。又不汗，后服小促其间，半日许，令三服尽。若病重者，一日一夜服，周时观之。服一剂尽，病证犹在者，更作服。若汗不出，乃服至二三剂。桂枝汤全料，谓之一剂；三分之一，谓之一服。古一两，今二钱零，则一剂之药，除姜枣，仅一两六钱零，一服不过五钱零矣。治伤寒大症，分两不过如此。一服即汗，不再服；无汗，服至二三剂，总以中病为主。

---

① 擘（bāi 掰）：用手分开，剖裂。
② 啜（chuò 辍）：饮，喝。
③ 必不：原作"不必"，据宋本《伤寒论》乙正。
④ 瘥（chài 虿）：痊愈。

后世见服药得效者，反令多服，无效者即疑药误，又复易方，无往不误矣！禁生冷、黏滑、肉面、五辛、酒酪及臭恶等物。

太阳中风，阳浮而阴弱。风在外，故阳脉浮；卫气有邪，则不能护营，故阴脉弱。阳浮者，热自发。风为阳邪，故发热，桂枝之辛以散之。阴弱者，汗自出。芍药之酸以收之，甘草之甘以缓之。啬啬恶寒，淅淅恶风。恶风未有不恶寒者，但恶寒甚轻，非若中寒及阴经之甚也。翕翕发热，其热亦不如阳明之甚。鼻鸣干呕者，鼻鸣似属阳明，干呕似属少阳，盖三阳相近，故略有兼病，但不甚耳。桂枝汤主之。

太阳病，头痛发热，汗出恶风者，桂枝汤主之。此桂枝汤总症。

太阳病下之后，其气上冲者，可与桂枝汤。方用前法。误治。若不上冲者不可与之。此误下之症。误下而仍上冲，则邪气犹在阳分，故仍用桂枝发表。若不上冲，则其邪已下陷，变病不一，当随宜施治。论中误治诸法，详观自明。

太阳病，初服桂枝汤，反烦不解者，先刺风池、风府，却与桂枝汤则愈。此非误治，因风邪凝结于太阳之要路，则药力不能流通，故刺以解其结。盖邪风太甚，不仅在卫，而在经，刺之以泄经气。风府一穴，在项上入发际一寸，大筋内宛宛①中，督脉阳维之会，刺入四分，留三呼。风池二穴，在颞颥②后，发际陷者中，足少阳阳维之会，针入三分，留三呼。

---

① 宛宛：屈曲凹陷处。
② 颞颥（nièrú 聂如）：头骨的两侧靠近耳朵上方的部位。

太阳病，外症未解，脉浮弱者，当以汗解，宜桂枝汤。病虽过期，脉症属太阳，仍不离桂枝法。

太阳病，外症未解者，不可下也，此禁下总诀。下之为逆。欲解外者，宜服①。言虽有当下之症，而外症未除，亦不可下，仍宜解外，而后下也。

太阳病，先发汗不解，而复下之，脉浮者不愈。浮为在外，而反下之，故令不愈。今脉浮，故知在外，当须解外则愈，宜服。脉浮而下，此为误下。下后仍浮，则邪不因误下而陷入，仍在太阳。不得因已汗下而不复用桂枝也。

病常②自汗出者，此为荣气和，荣③气和者，外不谐，以卫气不共荣气和谐故尔。荣气和者，言荣气不病，非调和之和，故又申言之。以营行脉中，卫行脉外，复发其汗，营卫和则愈。宜桂枝汤。自汗与发汗迥别。自汗乃营卫相离，发汗使营卫相合。自汗伤正，发汗驱邪。复发者，因其自汗而更发之，则荣卫和而自汗反止矣。

病人脏无他病，时发热，自汗出，而不愈者，此卫气不和也。先其时，未热之时。发汗则愈。宜桂枝汤主之。无他病，太阳诸症不必备，而惟发热自汗，故亦用桂枝汤。

伤寒不大便六七日，宜下之候。头痛有热者，未可与承

① 宜服：宋本《伤寒论》作"宜桂枝汤"。省略方名而用"宜服"，是作者行文特点。下同。

② 常：原作"尝"，据宋本《伤寒论》改。

③ 荣：通"营"，指血的循行。《素问·热论》："五藏已伤。六府不通，荣卫不行，如是之后，三日乃死。"下同。

气汤。太阳症仍在，不得以日久不便而下也。按"未可"二字，从《金匮》增入，《伤寒论》失此二字。其小便清者，知不在里，仍在表也，便赤为里有热。当须发汗，若头痛者，必衄。汗出而头痛未解，则蕴热在经而血动矣。宜桂枝汤。

伤寒发汗解，半日许复烦，脉浮数者，可更发汗。发汗未透，故烦，乃服药不及之故。宜桂枝汤。

伤寒，医下之，续得下利，清谷不止，里症。身疼痛者，表症。急当救里。此误下之症，邪在外而引之入阴，故便清谷，阳气下脱可危，虽表症未除，而救里为急。《伤寒论》不可下篇云：误下寒多者便清谷，热多者便脓血。后身疼痛，清便自调者，急当救表。清谷已止，疼痛未除，仍从表治。盖凡病皆当先表后里，惟下利清谷，则以扶阳为急，而表症为缓也。表里分治而序不乱，后人欲以一方治数症，必至两误。救里宜四逆汤，救表宜桂枝汤。

太阳病，发热汗出者，此为荣弱卫强，故使汗出。欲救邪风者，宜桂枝汤。提出"邪风"二字，见桂枝为驱风圣药。

阳明病，脉迟，汗出多，微恶寒者，表未解也，可发汗，宜此方。阳明本自多汗，但不恶寒而恶热。今多汗而犹恶寒，则仍在太阳矣，虽阳明病，而治从太阳。

太阴病，脉浮者，可发汗，宜桂枝汤。太阴本无汗法，因其脉独浮，则邪仍在表，故亦用桂枝，从脉不从症也。

病人烦热，汗出则解，又加①疟状。有时复热。日晡②

---

① 加：宋本《伤寒论》作"如"，义胜。
② 日晡：即十二时段中的"晡时"，申时，下午三点至五点。

所发热者，属阳明也。日晡发热，则为阳明之潮热，而非疟矣。脉实者，宜下之；脉虚浮者，宜发汗。一症而治法迥别，全以脉为凭。此亦从脉而不从症之法。下之与大承气汤，发汗宜桂枝汤。

下利腹胀满，里症。身疼痛者，表症。先温其里，乃攻其表。温里宜四逆汤，攻表宜桂枝汤。此节属厥阴症，未必由误治而得。然既见表症，亦宜兼治。

吐利止，而身痛不休者，当消息[①]和解其外，宜桂枝汤，小和之。里症除而表症犹在，仍宜用桂枝法，轻其剂而加减之可也。

伤寒大下后，复发汗，再误。心下痞，邪入中焦。恶寒者，表未解也，不可攻痞，当先解表，表解乃可攻痞。解表宜桂枝汤，攻痞宜大黄黄连泻心汤。苦寒开降之法，详见后。

桂枝加附子汤

桂枝汤原方加附子一枚，炮去皮，破八片

上六味，以水七升，煮取三升，去查[②]，温服一升。

太阳病，发汗，遂漏不止。此发汗太过，如水流漓，或药不对症之故，其人恶风，中风本恶风，汗后当愈。今仍恶风，则表邪未尽也。小便难，津液少。四肢微急，难以屈伸。四肢为诸

① 消息：斟酌，酌情。

② 查：同“渣”。渣滓。《农政全书·水利·泰西水法下》：“查，滓也。查元用簁笔，择其大过者去之。”

阳之本，急难屈伸乃津脱阳虚之象，但不至亡阳耳。若更甚而厥冷恶寒，则有阳脱之虑，当用四逆汤矣。**桂枝加附子汤主之。**桂枝同附子服，则能止汗回阳。

桂枝加桂汤

桂枝原方加桂二两，即另立汤名，治症迥别，古圣立方之严如此。

桂枝汤原方加桂二两

上五味，以水七升，煮取三升，去滓，温服一升。

烧针令其汗，针处被寒，复感新寒。核起而赤者，必发奔豚。气从小腹上冲心者，灸其核上各一壮，不止一针，故云各一壮。与桂枝加桂汤。重加桂枝，不特御寒，且制肾气。又药味重，则能达下。凡奔豚症，此方可增减用之。

桂枝去芍药汤

桂枝汤原方去芍药

上四味，以水七升，煮取三升，温服一升。

桂枝去芍药加附子汤

即前方加附子一枚，炮去皮，破八片

余依前法。

太阳病，下之后，脉促胸满者，中虚而表邪仍在。**桂枝去芍药汤主之。**太阳之邪未尽，故用桂枝。下后伤阴，不宜更用凉药。若微恶寒者，去芍药方中加附子汤主之。微恶寒则阳亦虚矣，故加附子。

桂枝加厚朴杏仁①汤

桂枝汤原方加厚朴二两，炙，去皮，杏仁五十枚

上七味，以水七升，微火煮取三升，温服一升，覆取微似汗。

喘家，作桂枝汤加厚朴杏仁，佳。《别录》②：厚朴主消痰下气。《本经》③：杏仁主咳逆上气。

太阳病，下之微喘者，表未解故也，此汤主之。前条乃本然之喘，此乃误下之喘，因殊而法一。

小建中汤

桂枝汤原方加胶饴一升。

上六味，以水七升，煮取三升，去滓，纳饴，更上微火消解。温服一升，日三服。呕家不可用建中汤，以甜故也。

伤寒，阳脉涩，阴脉弦，中宫④之阳气虚，则木来乘土，故阳涩而阴弦也，法当腹中急痛，先与小建中汤。胶饴大甘，以助中宫。不差⑤者，与小柴胡汤主之。治太阴不愈，变而治少

---

① 杏仁：宋本《伤寒论》作"杏子"。

② 别录：本草著作，《名医别录》的简称。魏晋间诸名医撰，一般认为南北朝时期梁陶弘景辑录。

③ 本经：本草著作，《神农本草经》的简称。原书佚，现传有多种辑佚本。

④ 中宫：中焦。

⑤ 差：同"瘥"，痊愈。《方言》卷三："差，愈也。"《广韵·卦韵》："差，病除也。"《玉篇·疒部》："瘥，疾愈也。"

阳，所以疏土中之木也，以脉弦故用此法。

伤寒二三日，心中悸而烦者，小建中汤主之。悸而烦，其为虚烦可知，故用建中汤以补心脾之气。盖栀子汤治有热之虚烦，此治无热之虚烦也。

桂枝加芍药生姜人参新加汤

桂枝汤原方芍药、生姜各增一两，加人参三两

上六味，以水一斗二升，煮取三升，去滓，温服一升。此以多煎为妙，取其味厚入阴也。

发汗后，身疼痛，表未尽。脉沉迟，气虚已甚。此汤主之。邪未尽，宜表，而气虚不能胜散药，故用人参。凡素体虚而过汗者，方可用。

桂枝甘草汤

桂枝四两，去皮 甘草二两，炙

上二味，以水三升，煮取一升，顿服。此以一剂为一服者。

发汗过多，其人叉手自冒心，心下悸，欲得按者，此汤主之。发汗不误，误在过多。汗为心之液，多则心气虚，二味扶阳补中。此乃阳虚之轻者，甚而振振欲擗①地，则用真武汤矣。一症而轻重不同，用方迥异，其义精矣。

---

① 擗（pǐ匹）：跌倒。

茯苓桂枝甘草大枣汤

茯苓半斤　桂枝四两，去皮　甘草二两，炙　大枣十二枚，擘

上四味，以甘烂水一斗，以水二斗，扬之万遍取用。按：甘烂水，大约取其动极思静之意。先煮茯苓，凡方中专重之药，法必先煮。减二升，内①诸药，煮取三升，去渣，温服一升，日三服。

发汗后，其人脐下悸者，欲作奔豚，此汤主之。心下悸，是扰胸中之阳。脐下悸，则因发汗太过，上焦干涸，肾水上救，故重用茯苓以制肾水，桂枝以治奔豚。

桂枝麻黄各半汤

桂枝一两十六铢，去皮　芍药　生姜　甘草炙　麻黄去节。各一两　大枣四枚　杏仁二十四枚，去皮及双仁者

上七味，以水五升，先煮麻黄一二沸，去上沫。欲去沫，故先煮。内诸药，煮取一升八合，减去三之一。去滓，温服六合。一云：桂枝汤三合，麻黄汤三合，顿服，将息如上法。

太阳病，得之八九日，过经。如疟状，发热恶寒，热多寒少，邪已渐轻。其人不呕，非少阳。清便欲自可，无里热。一日二三度发，非疟象。脉微缓者，不浮不弦不大。为欲愈

---

①　内：同"纳"。《史记·秦始皇本纪》："百姓内粟千石，拜爵一级。"下同。

也。余邪欲退之象。脉微而恶寒者，此阴阳俱虚，不可更发汗、更下、更吐也。此三句，申明上文欲愈之故。盖由病气虽除，而正气亦衰，当静以养之，使胃气渐充，则荣卫自和，若更用汗、吐、下之法，益虚其气，则病从药增。医者不审，误人多矣。面色反有热色者，未欲解也。面有热色，则余邪尚郁①。以其不得小汗出，身必痒，宜服。微邪已在皮肤中，欲自出不得，故身痒，以此汤取其小汗足矣。阳明篇云：身痒如虫行皮中状者，此以久虚故也。

按：此方分两甚轻，计共约六两，合今之秤仅一两三四钱，分三服，只服四钱零，乃治邪退后至轻之剂，犹勿药也。

桂枝二麻黄一汤

桂枝一两十七铢，去皮　芍药一两六铢　甘草一两二铢　杏仁十六枚，去皮尖　麻黄十六铢，去节　生姜一两六铢　大枣五枚

上七味，以水五升，先煮麻黄一二沸，去上沫，内诸药，煮取二升，去滓，温服一升，日再服。一本云：桂枝汤二升，麻黄汤一升，合为三升，分再服。

服桂枝汤，大汗出，脉洪大者，汗虽出而邪未尽。与桂枝汤，如前法。此所谓邪不尽，行复如法者也。若形如疟，日再发者，汗出必解，桂枝二麻黄一汤主之。此与桂枝麻黄各半汤意略同，但此因大汗出之后，故桂枝略重而麻黄略轻。

桂枝二越婢一汤

桂枝汤加麻黄、石膏二味。

---

① 郁：郁结。

桂枝去皮　芍药　甘草　麻黄去节。各十八铢　大枣四枚　生姜一两二铢　石膏二十四铢，碎，绵裹

上七味，以水五升，煮麻黄一二沸，去上沫，内诸药，煮取二升，去渣，温服一升。

附越婢方：麻黄六两，甘草二两，石膏半斤，生姜三两，大枣十五枚。

太阳病，发热恶寒，热多寒少，脉微弱者，此无阳也，不可更汗。此无阳与亡阳不同，并与他处之阳虚亦别。盖其人本非壮盛，而邪气亦轻，故身有寒热而脉微弱，若发其汗，必至有叉手冒心、脐下悸等症，故以此汤清疏营卫，令得似汗而解。况热多寒少，热在气分，尤与石膏为宜。古圣用药之审如此。

按：以上三方，所谓一、二、各半之说，照方计算，并不对准，未知何说。或云：将本方各煎或一分，或二分，相和服，此亦一法。但方中又各药注明分两，则何也？存考。

桂枝去桂加茯苓白术汤

芍药三两　甘草二两，炙　生姜　茯苓　白术各三两　大枣十二枚

上六味，以水八升，煮取三升，去滓，温服一升，小便利则愈。此方专于利小便。

服桂枝汤，或下之，仍头项强痛，翕翕发热，无汗，心下满，微痛，小便不利者，此汤主之。头痛发热，桂枝症仍在也，以其无汗，则不宜更用桂枝。心下满，则用白术。小便不利，则用茯苓。此症乃亡津液而有停饮者也。

凡方中有加减法，皆佐使之药，若去其君药，则另立方名。今去桂枝而仍以桂枝为名，所不可解！殆以此方虽去桂枝，而意仍不离乎桂枝也。

桂枝去芍药加蜀漆龙骨牡蛎[①]救逆汤

桂枝汤原方去芍药，加蜀漆三两，洗去腥　牡蛎五两，熬
龙骨四两

上七味，以水一斗二升，先煮蜀漆，减二升，内诸药，煮取三升，去滓，温服一升。

伤寒脉浮，医以火迫劫之，亡阳，必惊狂，以火劫其胸中之阳。起卧不安者，此汤主之。此与少阴汗出之亡阳迥别。盖少阴之亡阳，乃亡阴中之阳，故用四逆辈，回其阳于肾中。今乃以火逼汗，亡其阳中之阳，故用安神之品，镇其阳于心中。各有至理，不可易也。去芍药，因阳虚不复助阴也。蜀漆去心腹邪积，龙骨、牡蛎治惊痫热气。

桂枝甘草龙骨牡蛎汤

桂枝一两，去皮　甘草二两，炙　牡蛎二两，熬　龙骨二两

上四味，以水五升，煮取二升半，去渣，温服八合，日三服。

脉浮，宜以汗解。此治脉浮之总诀。用火灸之，误治。邪无从出，因火而盛，火反入内。病从腰以下，必重而痹，名

---

① 龙骨牡蛎：宋本《伤寒论》作"牡蛎龙骨"。

火逆也。火气在上，则阴气独治于下，故重而痹。

火逆下之，又误治。因烧针烦躁①者，更误治，下之虚其阴，烧针又益其阳，则胸中益烦躁不宁矣。桂枝甘草龙骨牡蛎汤主之。镇其阴气，散其火邪，上下同治。前方惊狂，治重在心，故用蜀漆；此无惊狂象，故蜀漆不用，其症药大段相同。

桂枝加葛根汤

此汤成无己本有麻黄，非！有麻黄则为葛根汤矣。

桂枝汤原方加葛根四两，桂枝芍药各减一两，余同。

上六味，以水一斗，先煮葛根，减二升，去上沫，内诸药，煮取三升，去渣，温服一升，覆取微似汗，不须啜粥。

太阳病，项背强几几②，反汗出恶风者。几几，伸颈之象。邪气渐深，故加葛根。桂枝加葛根汤主之。

桂枝加芍药汤

桂枝汤原方芍药加一倍。

上五味，以水七升，煮取三升，温服一升，日三服。

桂枝加大黄汤

此二方俱治太阴症，而法不离乎桂枝。

---

① 躁：原作"燥"，据宋本《伤寒论》改。

② 几（jǐn 紧）几：拘紧不柔和的样子。一读 shū。

桂枝汤原方，加大黄一两，芍药一倍。

上六味，以水七升，煮取三升，去滓，温服一升，日三服。

本太阳病，医反下之，误治。因而腹满时痛，属太阴也。引邪入于太阴，故所现皆太阴之症。桂枝加芍药汤主之。虽见太阴症，而太①阳之症尚未罢，故仍用桂枝汤，只加芍药一倍，以敛太阴之症。

大实痛者，此句承上文"腹满时痛"言。腹满时痛，不过伤太阴之气，大实痛，则邪气结于太阴矣。桂枝加大黄汤主之。此因误下而见太阴之症。大实痛，则反成太阴之实邪，仍用大黄引之，即从太阴出，不因误下而禁下，见症施治，无不尽然。

按：《活人书》②云：桂枝汤，自西北人四时行之，无不应验。江淮间惟冬及春可行之。春末及夏至以前，桂枝症可加黄芩一分，谓之阳旦汤；夏至后可加知母半两，石膏一两，或加升麻一分。若病人素虚寒者，不必加减。

---

① 太：原作"大"，据同治本、韡园医书本改。
② 活人书：《类证活人书》的简称，宋朱肱撰。所引内容见该书"桂枝汤"。

麻黄汤类

麻黄汤

麻黄三两，去节　桂枝二两，去皮　甘草一两，炙　杏仁七十个，去皮尖

上四味，以水九升，先煮麻黄，减二升，此须多煮，取其力专，不仅为去上沫止煮一二沸矣。去上沫，内诸药，煮取二升半，去滓，温服八合，覆取微似汗，不须啜粥，以其易发汗也。余如桂枝将息法。《活人书》云：夏至后用麻黄汤，量加知母、石膏、黄芩。盖麻黄性热，恐有发黄斑出之虑。

太阳病，头痛发热，身疼腰痛，骨节疼痛，此痛处，比桂枝症尤多而重，因荣卫俱伤故也。恶风无汗而喘者，此二症乃肺气不舒之故。麻黄治无汗，杏仁治喘，桂枝甘草治太阳诸症，无一味不紧切，所以谓之经方。

太①阳与阳明合病，阳明之病象甚多，如身热不恶寒，口苦鼻干之类，但见一二症即是，不必全具②也。太阳病即上文所指者。喘而胸满者，不可下，病俱在上焦。宜麻黄汤主之。喘而胸满，此麻黄症之太阳合阳明也。

---

① 太：原作“具”，据同治本、韡园医书本、宋本《伤寒论》改。按“具”，当为“巨”之音误。“巨阳”即“太阳”。

② 具：原作“其”，据同治本、韡园医书本改。

太阳病，十日以去，过经。脉浮细，邪已退。而嗜卧者，正渐复。外已解也。设胸满胁痛者，与小柴胡汤；胸满胁痛，病延日久，邪留少阳，故与此汤。脉但浮者，与麻黄汤。若果邪在少阳，脉必带弦，今但浮，则尚在太阳矣，故仍用麻黄汤，此亦从脉不从症之法。

太阳病，脉浮紧，无汗，发热，身疼痛，此乃太阳伤寒的①症。经云：诸紧为寒。八九日不解，表证仍在，表证即上文数端。此当发其汗。宜麻黄汤。服药已，微除，其人发烦目瞑，阳郁而不能外达。剧者必衄，衄乃解。热甚动血，血由肺之清道而出，与汗从皮毛而泄同，故热邪亦解，俗语所云"红汗"也。经云：阳明病，口燥，但欲漱水，不欲咽者，此必衄。所以然者，阳气重故也。风郁固为热，寒郁亦为热。《内经》云：热病者，皆伤寒之类也。麻黄汤主之。此言未衄之前，可用麻黄，非衄后更用麻黄也。

脉浮者，病在表，可发汗，宜麻黄汤。此脉浮必带紧。

脉浮而数者，可发汗，宜麻黄汤。数为阳气欲出。

伤寒脉浮紧，不发汗，失治。因致衄者，麻黄汤主之。前段衄后而解，则不必复用麻黄，衄后尚未解，则仍用此汤。

阳明病，脉浮，无汗而喘者，阳明本脉大，自汗，今乃脉浮，无汗而喘，则为麻黄汤症矣。发汗则愈，宜麻黄汤。

麻黄杏仁甘草石膏汤

此即越婢汤加杏仁也。

---

① 的（dí 敌）：确实；实在。

麻黄四两，去节　杏仁五十个，去皮尖　甘草二两，炙　石膏半斤，碎，绵裹

上四味，以水七升，先煮麻黄，减二升，去上沫，内诸药，煮取二升，去滓，温服一升。

发汗后，不可更行桂枝汤，既汗不可再汗，津液不得重伤。汗出而喘，尚有留邪在肺，故汗出而喘。无大热者，邪已轻也。可与此汤。汗出故用石膏，喘故用麻杏。发汗后，饮水多者，必喘，以水灌之亦喘。此二句明致喘之所由，盖喘未必皆由于水，而饮水则无有不喘者。戒之！

下后，不可更行桂枝汤，既下不可复汗，津液不得两伤。若汗出而喘，无大热者，可与此汤。

大青龙汤

此合麻黄、桂枝、越婢三方为一方，而无芍药。

麻黄六两，去节　桂枝二两，去皮　甘草二两，炙　杏仁四十枚，去皮尖　生姜三两，切　大枣十二枚　石膏碎，如鸡子大一块

上七味，以水九升，先煮麻黄，减二升，去上沫，内诸药，煮取三升，去滓，温服一升，取微似汗。汗出多者，温粉扑之。此外治之法，论中无温粉方。《明理论》载：白术、藁本、川芎、白芷各等分，入米粉，和匀扑之。无藁本亦得。后人用牡蛎、麻黄根、铅粉、龙骨亦可。一服汗者，停后服，汗多亡阳，遂虚，恶风烦躁，不得眠也。

太阳中风，脉浮紧，紧为阴脉，故汗不易出。发热恶寒，非恶风。身疼痛，不汗出而烦躁者，邪深热郁。大青龙汤主

之。若脉微弱，汗出恶风者，不可服。服之则厥逆，筋惕肉瞤①，此为逆也。恶风乃桂枝症，误服此则汗不止而有亡阳之象矣。立此方即垂②此戒，圣人之意深矣。按此方合麻桂而用石膏，何以发汗如是之烈？盖麻黄汤，麻黄用二两，而此用六两。越婢汤石膏用半斤，而此用鸡子大一块。一剂之药，除大枣，约共十六两，以今秤计之，亦重三两有余，则发汗之重剂矣。虽少加石膏，终不足以相制也。少阴篇云：脉阴阳俱紧，反汗出者，亡阳也。

伤寒脉浮缓，身不疼，但重，乍有轻时，无少阴症者，大青龙汤主之。脉不沉紧，身有轻时，为无少阴外症；不厥利吐逆，为无少阴里症，此邪气俱在外也，故以大青龙发其汗。

按：此条必有误。脉浮缓，邪轻易散；身不疼，外邪已退；乍有轻时，病未入阴，又别无少阴等症，此病之最轻者，何必投以青龙险峻之剂？此必另有主方，而误以大青龙当之者也。

小青龙汤

麻黄去节　芍药　细辛干姜　甘草　桂枝去皮，各三两　五味子半斤　半夏半斤，汤洗

上八味，以水一斗，先煮麻黄，减二升，去上沫，内诸药，煮取三升，去滓，温服一升。

若微利者，去麻黄，加荛花，如鸡子大，熬令赤色。利属下焦阴分，不可更发其阳。荛花，《明理论》作"芫花"；恐误。《本草》：荛花、芫花，花叶相近。而荛花不常用，当时已不可得，故

① 筋惕肉瞤：指筋肉跳动。
② 垂：留下。

改用芫花，以其皆有去水之功也。若渴者，去半夏，加栝楼①根三两。《本草》：栝楼根主消渴。若噎者，"噎"，古作"鲕"。论云：寒气相搏，则为肠鸣②。医乃不知，而反饮冷水，令汗大出，水得寒气，冷必相搏，其人即鲕。按《内经》无"噎"字，疑即呃逆之轻者。去麻黄，加附子一枚，炮。《本草》：附子温中。若小便不利，少腹满，去麻黄，加茯苓四两。小便不利而少腹满，则水不在上而在下矣，故用茯苓。若喘者，去麻黄，加杏仁半升，去皮尖。杏仁见前。

按：此方专治水气。盖汗为水类，肺为水源，邪汗未尽，必停于肺胃之间，病属有形，非一味发散所能除，此方无微不到，真神剂也。

伤寒表不解，发汗未透。心下有水气，即未出之汗。干呕发热而咳，或渴，或痢，或噎，或小便不利，少腹满，或喘者，小青龙汤主之。以上皆水停心下现症，其每症治法，皆在加减中。

伤寒，心下有水气，咳而微喘，发热不渴。凡水停心下者，喘而不渴。服汤已，即小青龙汤也，渴者，此寒气欲解也。寒饮欲去。小青龙汤主之。此倒笔法，即指"服汤已"三字，非谓欲解之后，更服小青龙汤也。

麻黄附子细辛汤

麻黄去节，二两　细辛二两　附子一枚，炮

---

① 栝楼：原作"括娄"，据宋本《伤寒论》改，下同。
② 寒气……肠鸣：语见《伤寒论·辨脉法第一》。

上三味，先煮麻黄，减二升，去上沫，内诸药，煮取三升，去滓，温服一升，日三服。

少阴病，始得之，反发热脉沉者，此汤主之。少阴病三字，所该①者广，必从少阴诸现症细细详审，然后反发热，知为少阴之发热。否则，何以知其非太阳、阳明之发热耶？又必候其脉象之沉，然后益知其为少阴无疑也，凡审症皆当如此。附子、细辛，为少阴温经之药，夫人②知之。用麻黄者，以其发热，则邪犹连太阳，未尽入阴，犹可引之外达。不用桂枝而用麻黄者，盖桂枝表里通用，亦能温里，故阴经诸药皆用之，麻黄则专于发表。今欲散少阴始入之邪，非麻黄不可，况已有附子，足以温少阴之经矣。

麻黄附子甘草汤

麻黄去节，二两　甘草二两，炙　附子一枚，炮

上三味，以水七升，先煮麻黄一两沸，此当少煮。去上沫，内诸药，煮取三升，去渣，温服一升，日三服。

少阴病，得之二三日，麻黄附子甘草汤，微发汗，以二三日无里症，故微发汗也。三阴经，惟少阴与太阳为表里，而位最近，故犹有汗解之理。况二三日而无里症，则其邪未深入，此方较麻黄附子细辛少轻，以其无里症也。

①　该：通"赅"，包括。《楚辞·天问》："该秉季德。"
②　夫人：众人。

葛根汤类

葛根汤

此即桂枝汤加麻黄三两，葛根四两。

葛根四两　麻黄三两，去节　芍药二两　生姜三两，切　甘草二两，炙　桂枝二两，去皮　大枣十二枚

上七味，以水一斗，先煮麻黄葛根。二味主药先煮。减二升，去上沫，内诸药，煮取三升，去渣，温服一升，覆取微似汗，不须啜粥，已能发汗矣。余如桂枝法将息及禁忌。

太阳病，项背强几几，无汗恶风，葛根汤主之。前桂枝加葛根汤一条，其现症亦同，但彼云"反汗出"，故无麻黄。此云"无汗"，故加麻黄也。阳明症，汗出而恶热，今无汗而恶风，则未全入阳明，故曰太阳病。按：葛根，《本草》：治身大热。大热乃阳明之症也，以太阳将入阳明之经，故加此药。

太阳与阳明合病者，必自下利，葛根汤主之。合病全在下利一症上审出，盖风邪入胃则下利矣。

葛根黄芩黄连汤

葛根半斤　甘草二两，炙　黄芩三两　黄连三两

上四味，以水八升，先煮葛根，减二升，内诸药，煮

取二升，去渣，分温再服。

太阳病，桂枝症。桂枝症，即太阳伤风之正病也。医反下之，大误。利遂不止，邪下陷，则利无止时。脉促者，表未解也。促有数意，邪犹在外，尚未陷入三阴，而见沉微等象，故不用理中等法。喘而汗出者，此汤主之。因表未解，故用葛根；因喘汗而利，故用芩连之苦以泄之、坚之。芩、连、甘草，为治痢之主药。

葛根加半夏汤

葛根汤原方加半夏半升洗，煎服法同。

太阳与阳明合病，不下利，前条因下利而知太阳、阳明合病，今既不下利，则合病何从而知？必须从两经本症一一对勘，即不下利，而亦可定为合病矣。但呕者，葛根加半夏汤主之。前条太阳误下而成利，则用芩连治利，因其本属桂枝症而脉促，故止加葛根一味，以解阳明初入之邪。此条乃太阳、阳明合病，故用葛根汤全方，因其但①呕，加半夏一味以止呕。随病立方，各有法度。

---

① 但：只，仅。

柴胡汤类

小柴胡汤

柴胡_{半斤} 黄芩 人参 甘草_炙 生姜_{各三两} 半夏_{半斤}
大枣_{十二枚}

上七味，以水一斗二升，煮取六升，去渣，再煎，_此_{又一法。}取三升，温服一升，日三服。_{此汤除大枣，共二十八}_{两，较今秤亦五两六钱零，虽分三服，已为重剂。盖少阳介于两阳之}_{间，须兼顾三经，故药不宜轻。去渣再煎者，此方乃和解之剂，再煎}_{则药性和合，能使经气相融，不复往来出入。古圣不但用药之妙，其}_{煎法俱有精义。}

若胸中烦而不呕者，去半夏、人参，_{不呕，不必用半夏；}_{烦，不可用人参。}加栝楼实一枚；_{栝楼实除胸痹，此小陷胸之法}_{也。}若渴者，去半夏，_{半夏能涤痰湿，即能耗津液。}加人参，_生_{津液。}合前成四两半，栝楼根四两；_{治消渴。}若腹中痛者，去黄芩，_{苦寒。}加芍药三两；_{除腹痛。}若胁下痞硬，去大枣，_{以其能补脾胃。}加牡蛎四两；_{《别录》云：治胁下痞热。}若心下悸，小便不利者，去黄芩，加茯苓四两；_{利小便。}若不渴，外有微热者，去人参，_{不渴，则津液自足。}加桂枝三两，_{微热}_{则邪留太阳。}温覆取微似汗，愈；若咳者，去人参、大枣，_{二味与嗽非宜。}生姜，_{加干姜故去生姜。}加五味子半升，干姜二两。

古方治嗽，五味、干姜必同用，一以散寒邪，一以敛正气，从无单用五味治嗽之法。后人不知，用必有害，况伤热、劳怯、火呛，与此处寒饮犯肺之症又大不同，乃独用五味，收敛风火痰涎，深入肺脏，永难救疗矣！又按：小柴胡与桂枝二方，用处极多，能深求其义，则变化心生矣。论中凡可通用之方，必有加减法。

伤寒五六日，正当传少阳之期。**中风往来寒热，**太阳之寒热，寒时亦热，热时亦寒。往来者，寒已而热，热已而寒也。**胸胁苦满，**胸胁为少阳之位。**默默不欲饮食，**木邪干①土。**心烦喜呕，**木气上逆。**或胸中烦而不呕，或渴，**少阳火邪。**或腹中痛，**木克土。**或胁下痞硬，**木气填郁②。**或心下悸，**有痰饮。**小便不利，或不渴，**有蓄饮。**身有微热，**太阳未尽。**或咳者，**肺有留饮。**此汤主之。**少阳所现之症甚多，柴胡汤所治之症亦不一，加减法具载方末。

血弱气尽，腠理开，邪气因入，与正气相搏，结于胁下，正邪分争，往来寒热，休作有时，默默不欲饮食。脏腑相连，其痛必下。邪高痛下，故使呕也。此条申明所以往来寒热，及不欲食、下痛上呕之故，皆因正衰邪入，脏腑相牵所致，则立方之意，可推而知矣。**小柴胡汤主之。**

服柴胡汤已，渴者，属阳明也，以法治之。此必先见少阳之症，故用柴胡汤，服后而渴，则转属阳明矣。

---

① 干：犯。
② 填郁：郁结。

伤寒四五日，身热恶风，颈项强，此是太阳所同。胁下满，此则少阳所独。手足温而渴者，前条之渴者属阳明，此因胁下满，则虽似阳明，不作阳明治矣。小柴胡汤主之。

伤寒阳脉涩，阴脉弦，法当腹中急痛，先与小建中汤，不差者，与小柴胡汤主之。详见桂枝类中。

伤寒中风，有柴胡症，但见一证便是，不必悉具。少阳与大阳、阳明，相为出入，一证可据，虽有他证，可兼治矣。

凡柴胡汤病证而下之，误治。若柴胡证不罢者，复与柴胡汤。凡误治而本证未罢，仍用本证之方，他经尽同，不独柴胡证也。必蒸蒸而振，却发热汗出而解。邪已陷下，故必振动，而后能达于外。辨脉法篇云：战而汗出者，其人本虚。是以发战发热汗出，邪仍从少阳而出。

伤寒十三日不解，过经二候。胸胁满而呕，此少阳的症。日晡所发潮热，此似阳明。已而微利，又现里症，药乱则症亦乱。此本柴胡症，下之而不得利，今反利者，知医以丸药下之，非其治也。以汤剂利之，不应，复以丸药利之，是谓重伤。潮热者，实也，先宜小柴胡汤以解外，虽潮热，本属少阳之邪，故仍以柴胡解外。后以柴胡加芒硝主之。解在后加芒硝汤下。

伤寒五六日，头汗出，微恶寒，手足冷，心下满，口不欲食，大便硬，脉细者，此为阳微结。阳气不能随经而散，故郁结不舒，非药误，即迁延所致，亦坏症之轻者。必有表，复有里也，以上诸症，有表有里，柴胡汤兼治表里。脉沉亦在里也。

脉细者必沉。汗出为阳微，以汗为征。假令纯阴结，不得复有外证，阴则无汗。此为半在里半在表也。脉沉为里，汗出为表。脉虽沉紧，细即有紧象。不得为少阴病。所以然者，阴不得有汗，此为要诀。今头汗出，故知非少阴也，可与小柴胡汤。设不了了①者，得屎而解。得汤而不了了者，以有里症，故大便硬，必通其大便，而后其病可愈。其通便之法，即加芒硝及大柴胡等方是也。

阳明病，发潮热，大便溏，小便自可，胸胁满而不去者，小柴胡汤主之。阳明潮热，乃当下之症，因大便、小便自可，则里症未具，又胸胁尝满，则邪留少阳无疑，用此汤和解之。

阳明病，胁下硬满，少阳症。不大便，可下。而呕，亦少阳症。舌上白胎者，邪未结于阳明，故舌胎白，虽不大便，不可下。此要诀也。可与小柴胡汤。上焦得通，津液得下，胃气因和，身濈然汗出而解也。此四句，申明小柴胡之功效如此，所以诸症得之皆愈也。按：少阳之外为太阳，里为阳明，而少阳居其间。故少阳之症，有兼太阳者，有兼阳明者，内中见少阳一症，即可用小柴胡汤，必能两顾得效。仲景所以独重此方也。

阳明中风，脉弦浮大，弦属少阳，浮大属阳明。而短气，腹都满，胁下及心痛，此少阳症。久按之气不通，鼻干，不得汗，嗜卧，此症又似少阴。一身面②目悉黄，小便难，此二

---

① 不了了：病虽解而未尽愈，身体尚觉不爽。
② 面：宋本《伤寒论》作"及"。

症又似太阴。有潮热，此似阳明。耳前后肿，刺之小差，外不解，病过十日，脉续浮者，与小柴胡汤。脉浮虽有里症，邪仍欲外出。脉但浮，无余症者，与麻黄汤。但浮无余症，则里症全无，必从汗解，故用麻黄汤。此二条，明阳明中风之症，有里邪用小柴胡，无里邪则用麻黄，总以脉症为凭，无一定法也。若不尿，膀胱气绝。腹满加哕者，不治。《论》中阳明篇云：阳明病，不能食，攻其热必哕。所以然者，胃中虚冷故也。"虚冷"二字尤明，盖阳微欲尽也。又云：大吐大下，汗出愫郁，复与之水，以发其汗，因得哕。《灵枢》云：真邪相攻，气并相逆，故为哕，即呃逆也。《素问》云：病深者，其声哕。乃肺胃之气隔绝所致，兼以腹满，故不治。

本太阳病不解，转入少阳者，此为传经之邪也。胁下硬满，干呕不能食，往来寒热，以上皆少阳本症。尚未吐下，脉沉紧者，未吐下，不经误治也，少阳已渐入里，故不浮而沉紧，则弦之甚者，亦少阳本脉。与小柴胡汤。

呕而发热者，小柴胡汤主之。但发热而非往来寒热，则与太阳、阳明同，惟呕则少阳所独，故亦用此汤。

太阳病，十日以去，脉浮细，而嗜卧者，外已解也。设胸满胁痛者，与小柴胡汤；脉但浮者，与麻黄汤。解见麻黄汤。

伤寒差以后，更发热者，小柴胡汤主之。此复症也，非劳复，非女劳复，乃正气不充，余邪未尽，留在半表半里之间，故亦用小柴胡。复病治法，明著于此，后世议论不一，皆非正治。脉浮者，以汗解之，脉沉实者，以下解之。复症之中，更当考此二脉。如果脉见浮象，则邪留太阳，当用汗法；如脉见沉实，则里邪未尽，当用下法。但汗下不著方名者，因汗下之法不一，医者于麻黄、桂枝，及承气、大柴胡等方，对症之轻重，择而用之，则无不中病矣。

妇人中风，七八日续得寒热，发作有时，此即下文所谓如疟也。经水适断者，此为热入血室，其血必结，血因热结，而成瘀矣。故使如疟状，发作有时，小柴胡汤主之。即以治疟之法治之。

又云：妇人中风，发热恶寒，经水适来，彼云断，此云来。得之七八日，热除而脉迟身凉，外邪内伏。胸胁下满，如结胸状，谵语者，此为热入血室也。血室为中焦营气之所聚。肝脏血，心主血，营血结滞，则肝气与心经之气亦凝，故胁满而神昏谵语。当刺期门，随其实而泻之。期门在乳下第二肋端，去乳头约四寸，肝募也。厥阴、阴维之会，刺入四分。血结则为有形之症，汤剂一时难效。刺期门以泻厥阴有余之热，则尤亲切①而易散。

又云：妇人伤寒、发热，经水适来，昼日明了，暮则谵语，如见鬼状者，此为热入血室。昼清而夜昏者。血室属阴，病在阴经也。无犯胃气，及上二焦，必自愈。此为中焦营气之疾，汗下二法，皆非所宜，小柴胡汤、刺期门，则其治也。

按：热入血室之状，此二条为最详，妇人伤寒，此症最多，前条症稍轻，后二条症尤重。男子亦有之。

---

① 亲切：贴切，准确。

大柴胡汤

小柴胡去人参、甘草，加枳实、芍药、大黄，乃少阳、阳明合治之方也。

柴胡半斤　半夏半斤①　黄芩三两　芍药三两　生姜五两　枳实四枚　大枣十二枚

上七味，以水一斗二升，煮取六升，再煎取三升，温服一升，日三服。

此方本有大黄二两。王叔和云：若不加大黄，恐不为大柴胡也。

太阳病，过经十余日，反二三下之，一误再误。后二三日，柴胡症仍在者，如寒热呕逆之类。先与小柴胡汤。呕不止，心下急，郁郁微烦者，犹有里症。为未解也，与大柴胡汤，下之则愈。前虽已下，非下法也，以大柴胡两解之。

伤寒十余日，热结在里，此大黄之对症。复往来寒热，此柴胡之对症。与大柴胡汤。

伤寒发热，汗出不解，当用柴胡。心中痞硬，呕吐而下利者，邪内陷，故用枳实、半夏、大黄。此汤主之。

伤寒后，后者，过经之后，诸症渐轻，而未全愈也。脉沉，沉者内实也，沉为在里。下解之，宜大柴胡汤。

柴胡桂枝汤

此小柴胡与桂枝汤并为一方，乃少阳、太阳合病之方。

---

① 斤：宋本《伤寒论》作"升"。

柴胡四两　黄芩　人参　桂枝　芍药　生姜各一两半
半夏二合半　甘草一两，炙　大枣六枚

上九味，水七升，煮取三升，去渣，温服一升。

伤寒六七日，发热，微恶寒，支节疼烦①，以上太阳症。微呕，心下支结②，以上少阳症。外症未去者，太阳症为外症。柴胡桂枝汤主之。

发汗多，亡阳，谵语者，此亡阳之轻者也。不可下，勿误以为有燥屎之谵语，故以为戒。与柴胡桂枝汤，和其营卫，以通津液，后自愈。桂枝汤，和营卫；柴胡汤，通津液，深著二汤合用之功效，而阳亡可复矣。

柴胡加龙骨牡蛎汤

柴胡　龙骨　生姜　人参　茯苓　铅丹　黄芩　牡蛎
桂枝各一两半　半夏二合　大枣六枚　大黄二两

上十二味，以水八升，煮取四升，内大黄，更煮一二沸，大黄只煮一二沸，取其生而流利也，去滓，温服一升。

伤寒八九日，下之，即陷入里。胸满，柴胡、黄芩。烦惊，龙骨、铅丹、牡蛎。小便不利，茯苓。谵语，大黄。一身尽重，不能转侧者，茯苓。此汤主之。此乃正气虚耗，邪已入里，而复外扰三阳，故现症错杂，药亦随症施治，真神化无方者也。

按：此方能下肝胆之惊痰，以之治癫痫必效。

---

① 支节烦疼：即四肢关节烦痛。
② 心下支结：心下感觉支撑闷结。

柴胡桂枝干姜汤

柴胡半斤　桂枝三两　黄芩三两　干姜　牡蛎熬　甘草各二两　栝楼根四两

上七味，以水一斗二升，煮取六升，去渣，再煎取三升，温服一升，日三服，初服微烦，复服汗出便愈。邪气已深，一时不能即出，如蒸蒸而振，发热汗出而解之类。

伤寒五六日，已发汗而复下之，一误再误。胸胁满，用牡蛎。微结，小便不利，渴，以上皆少阳症。渴，故用栝楼。而不呕，故去半夏生姜。但头汗出，阳气上越，用牡蛎。往来寒热，用柴、芩。心下烦者，黄芩、牡蛎。此为未解也，柴胡桂枝干姜汤主之。

柴胡加芒硝汤

柴胡汤原方，加芒硝，分两各不同。

柴胡二两①十六铢　黄芩　甘草炙　人参　生姜各一两　半夏二十铢　大枣四枚　芒硝二两

上八味，以水四升，煮取二升，去渣，内芒硝，更煮微沸，分温再服，不解更作。不解，不大便也。此药剂之最轻者，以今秤计之，约二两，分二服，则一服止一两耳。

按：大柴胡汤，加大黄、枳实，乃合用小承气也；此加芒硝，乃合用调胃承气也。皆少阳、阳明同治之方。

---

①　两：原缺，据同治本、宋本《伤寒论》补。

伤寒十三日不解，胸胁满而呕，日晡所发潮热，已而微利，此本柴胡证，下之而不得利，今反利者，知医以丸药下之，非其治也。潮热者，实也，先宜小柴胡汤以解外，后以柴胡加芒硝汤主之。《本草》：芒硝治六腑积聚。因其利而复下之，所谓通因通用之法也，潮热而利，则邪不停结，故较之大柴胡症，用药稍轻。

栀子汤类

栀子豉汤

栀子十四枚　香豉四合，绵裹

上二味，以水四升，先煮栀子，得二升半，内豉，煮取升半，去滓，分为二服，温进一服，得吐，止后服。此剂分两最小，凡治上焦之药皆然。

发汗吐下后，诸法俱用，未必皆误，而正气已伤矣。虚烦不得眠，虚为正气虚，烦为邪气扰。发汗吐下，实邪虽去，而其余邪，因正气不充，留于上焦，故阳气扰动而不得眠也。若剧者，必反覆颠倒，心中懊憹①，反覆颠倒，身不得宁也；心中懊憹，心不得安也。栀子豉汤吐②之。此非汗下之所能除者，吐之而痰涎结气无不出矣。按：汗吐下之后，而邪未尽，则不在经而在肺胃之间，为有形之物，故必吐而出之。反覆颠倒，心中懊憹，摩写病状，何等详切！凡医者之于病人，必事事体贴，如若身受之，而后用药无误。

发汗若下之，而烦热，胸中窒者，烦热且窒，较前虚烦等象为稍实。栀子豉汤主之。

伤寒五六日，大下之后，误治。身热不去，心中结痛者，未欲解也，外内之邪，俱未解，结痛更甚于窒矣。栀子豉汤

---

① 懊憹（náo 挠）：懊恼，烦闷。
② 吐：宋本《伤寒论》作"主"。

主之。按：胸中窒，结痛，何以不用小陷胸？盖小陷胸症，乃心下痛，胸中在心之上，故不得用陷胸。何以不用泻心诸法？盖泻心症乃心下痞，痞为无形，痛为有象，故不得用泻心。古人治病，非但内外不失厘毫，即上下亦不逾分寸也。

阳明病，脉浮而紧，咽燥口苦，胸满而喘，发热汗出，不恶寒反恶热，身重。以上皆阳明本症，非因误治而得者。若发汗则躁，心愦愦①，反谵语，汗多阳虚。若加烧针，必怵惕，烦躁，不得眠，即前以火逼汗，亡阳惊狂之意。若下之，则胃中空虚，客气动膈，心中懊憹，以前因用三法，未必合度，故病不解，各有现症如此。舌上胎者，此句乃要诀，舌上有白胎，则胸中有物，而可用吐法。否则，邪尚未结，恐无物可吐也。栀子豉汤主之。

阳明病，下之，其外有热，表邪未尽。手足温，不结胸，无实邪。心中懊憹，饥不能食，痰涎停结。但头汗出，阳邪在上，欲泄不泄。栀子豉汤主之。

下利后更烦，按之心下濡者，濡者，湿滞之象，非窒非痛也。为虚烦也，宜栀子豉汤。

栀子甘草豉汤

栀子汤原方加甘草二两，炙

上三味，以水四升，先煮栀子、甘草，取二升半，内豉，煮取升半，分二服，温进一服，得吐便止。

---

① 愦愦（kuì 溃）：烦乱貌。

栀子生姜豉汤

栀子汤原方加生姜五两

先煮栀子、生姜，余俱如前法，得吐止后服。

凡用栀子汤，病人旧微溏者，不可与服之。此服栀子汤之戒。

按：栀子清越上焦之火，与肠胃亦无大害，微溏者，即不可服，未知何义。想因大肠之气滑脱者，肺气不宜更泄也。若少气者，栀子甘草豉汤主之。甘草能补中气。若呕者，栀子生姜豉汤主之。此二条言凡遇当用栀子汤之病，见此二症，则加此二味也。

按：无物为呕，有物为吐，欲止其呕，反令其吐，吐之而呕反止，真匪夷所思也。

栀子干姜汤

栀子十四枚　干姜二两

上二味，以水三升半，煮取一升半，去滓，分二服，温进一服，得吐止后服。

伤寒，医以丸药大下之，下未必误，以丸药大下则误矣。身热不去，外有微邪。微烦，下后而烦，即虚烦也。此汤主之。下后故用干姜。

栀子厚朴枳实汤

栀子十四枚　厚朴四两，姜炙　枳实四枚，水浸，去穰炒　煮服法同前。

伤寒下后，心烦，即微烦。腹满，卧起不安者，烦而加之腹满，则卧起俱不宁矣。厚朴枳实，以治腹满也。栀子厚朴汤主之。

栀子檗皮汤

栀子十五枚　甘草一两　黄檗二两

上三味，以水四升，煮取升半，去滓，分温再服。

伤寒身黄发热者，栀子檗皮汤主之。本草：檗皮散脏腑结热，黄疸。

枳实栀子豉汤

枳实三枚　栀子十四枚　豉一升

上三味，以清浆水七升，空煮。又一煮法，浆水即淘米之泔水，久贮味酸为佳。取四升，内枳实栀子，煮取二升，下豉，更煮五六沸，去渣，分温再服，覆令微似汗。此不取吐而取汗。

大病差后劳复者，劳复乃病后之余症，不在吐法，故取微汗。枳实栀子汤主之。劳复因病后气虚，邪气又结于上焦，其症不一，故不著其病形，惟散其上焦之邪足矣。后人以峻补之剂治劳复，则病变百出矣。若有宿食者，加大黄如博棋子①大五六枚。此指劳复之有宿食者，治食复之法，亦在其中矣。可吐篇云：宿食在上脘，当吐之。

---

① 博棋子：即围棋子。

按：栀子汤加减七方，既不注定何经，亦不专治何误，总由汗吐下之后，正气已虚，尚有痰涎滞气，凝结上焦，非汗下之所能除。经所云"在上者因而越之"①，则不动经气，而正不重伤，此为最便，乃不易之法也。古方栀子皆生用，故入口即吐。后人作汤，以栀子炒黑，不复作吐，全失用栀子之意。然服之于虚烦症，亦有验，想其清肺除烦之性故在也。终当从古法生用为妙。

---

① 在上者因而越之：语见《素问·阴阳应象大论》。

承气汤类

大承气汤

大黄_{四两，酒洗}　厚朴_{半斤，炙，去皮}　枳实_{五枚，炙}　芒硝_{三合}

上四味，以水一斗，先煮厚朴、枳实，取五升，去滓，内大黄，煮取二升，去滓，内硝，更上微火一两沸，分温再服，得下，余勿服。

伤寒若吐若下后，不解，_{坏症。}不大便五六日，上至十余日，日晡时①发潮热，不恶寒，独语如见鬼状。若剧者，发则不识人，循衣摸床，惕而不安，微喘直视，_{以上皆阳明危症，因吐下之后，竭其中气，津液已耗，孤阳独存，胃中干燥，或有燥屎，故现此等恶症。}脉弦者生，涩者死。_{弦则阴气尚存，且能克制胃实，涩则气血已枯矣。然弦者尚有可生之理，未必尽生，涩则断无不死者也。}微者，但发热_{潮热}。谵语者，_{恶症皆无。}大承气汤主之。若一服利，止后服。_{中病即止。}

阳明病，谵语，有潮热，反不能食者，_{客热不能消谷。}胃中必有燥屎五六枚。若能食者，但硬尔。_{能食非真欲食，不过粥饮犹可入口耳。不能食，则谷气全不可近，肠胃实极故也。}宜

_{① 时：宋本《伤寒论》作"所"，义胜。}

大承气汤下之。硬即可下。

按：燥屎当在肠中，今云胃中，何也？盖邪气结成糟粕，未下则在胃中，欲下则在肠中。已结者，即谓之燥屎，言胃则肠已该矣。

汗出谵语者，以有燥屎在胃中，此为风也，阳明本自汗出，然亦有不汗出者，此指明汗出之为风，则知汗出乃表邪尚在，不汗出者，为火邪内结也。须下之，过经乃可下之。此下之之时。下之若早，语言必乱，轻于谵语。以表虚里实故也。下早则引表邪入里，故表虚而里实。下之则愈，宜大承气汤。虽已误下，然见谵语等症，则更下之，亦不因误下而遂不复下也。

二阳并病，同起者为合病，一经未罢，一经又病者，为并病。太阳症罢，但发潮热，手足漐漐汗出，大便难而谵语者，以上皆阳明现症。下之则愈，宜大承气汤。

阳明病，下之，心中懊憹而烦，此乃下之未尽，故有此实烦。胃中有燥屎者，可攻。胃中燥屎，必别有现症。腹微满，初头硬，后必溏，不可下也。仅微满则无燥屎，故不可攻。若有燥屎者，宜大承气汤。

病人烦热，汗出则解，又如疟状，日晡所发热者，属阳明也。脉实者，宜下之；脉虚浮者，宜发汗。下之与大承气汤，发汗宜桂枝汤。详解前桂枝汤下。

大下后，六七日不大便，烦不解，腹满痛者，此有燥屎也。所以然者，本有宿食故也。惟有宿食，故虽大下，而燥屎终未尽。宜大承气汤。

病人不大便五六日，绕脐痛，正在燥屎之位。烦躁，发作有时者，此有燥屎，故令不大便也。

病人小便不利，大便乍难乍易，时有微热，喘冒①不能卧者，有燥屎也。喘冒不卧，燥屎现症，宜大便有难无易。所以乍易者，以小便不利之故，燥屎不以易便而去也。宜大承气汤。以上三条，皆证明有燥屎之法。

得病二三日，脉弱，无太阳柴胡症，烦躁，心下硬，邪热入里。至四五日，又隔二日。虽能食，以小承气汤，少少与，微和之，不必用全方，只通其胃气而已，又用药之一法。令小安，至六日，又隔一日，而病未除。与大承气汤一升。亦不必用全方。古人用药，虽现症凿凿，而轻方小试，敬慎②小心如此。若不大便六七日，小便少者，虽不能食，但初头硬，后必溏，未定成硬，小便不利，则水谷未尽分，大便犹湿也。攻之必溏；须小便利，屎定硬，乃可攻之，以小便之利否，定宜下不宜下。又一法。宜大承气汤。

伤寒六七日，目中不了了，睛不和，皆阳盛之象。无表里症，邪已结在里。大便难，身微热者，此为实也。邪结为实。急下之，宜大承气汤。

阳明病，此三字，包阳明诸症。发热汗多者，急下之。此重在汗多，恐内热甚而逼阳于外，以致亡阳也。宜大承气汤。

发汗不解，腹满痛者，"不解"二字，必兼有阳明症，加以腹满且痛，则实邪有征矣。急下之，宜大承气汤。

---

① 喘冒：气喘而头昏目眩。
② 敬慎：严肃；慎重。《玉篇·苟部》："敬，慎也。"

腹满不减，减不足言。虽略减而仍腹满也。当下之，宜大承气汤。以上诸条，举当下之一二症，即用下法。然亦必须参观他症，而后定为妥。

阳明少阳合病，必下利，其脉不负者，顺也。负者，失也，少阳属木，脉当弦紧，阳明属土，脉当洪缓。若少阳脉胜为负，阳明脉胜为不负也。厥阴篇云：少阴负趺阳者，为顺也。少阴属水，趺阳属土，土能胜水，则胃气尚强，故为顺，即此意。但彼处乃手足厥冷之利，故属少阴，此则属少阳为异耳，互相克贼①，名为负也。脉滑而数者，有宿食也，滑数，则阳明之脉，独见而过盛，此为实邪，故知有宿食。当下之，宜此汤。

寸口脉浮而大，按之反涩，尺中亦微而涩，有食而反微涩，此气结不通之故。故知有宿食，当下之，宜大承气汤。

少阴病，得之二三日，阳邪初转入阴。口燥舌干者，急下之，阳邪传阴，肾水欲涸，故当急去其邪，以保津液。宜大承气汤。

少阴病，自利清水，色纯青，纯青则非寒邪，乃肝邪入肾也。《难经》云：从前来者，为实邪②。心下必痛，口干燥者，二症尤见非寒邪。急③下之，宜大承气汤。二条俱重口干，知为热邪无疑。

少阴病，六七日腹胀，不大便者，急下之，不便而胀，

---

① 贼：害。

② 从前……实邪：语见《难经·五十难》。

③ 急：宋本《伤寒论》作"可"，义胜。

为日又久，是以当下。宜大承气汤。

下利，三部脉皆平，<small>无外邪症。</small>按之心下硬者，<small>实邪有形。</small>急下之，宜大承气汤。

下利，脉迟而滑者，内实也。利未欲止，当下之，宜大承气汤。

下利，不欲食者，以有宿食故也。<small>伤食、恶食，凡禁口利亦必因宿食之故。</small>当须下之，宜大承气汤。

下利差后，至其年月日复发者，以病不尽故也。当下之，宜大承气汤。

下利，脉反滑，当有所去。<small>脉滑则实邪不留。</small>下之乃愈，宜大承气汤。

病腹中满痛者，此为实也。当下之，宜大承气汤。

脉双弦而迟者，必心下硬。<small>木邪乘土。</small>脉大而紧者，阳中有阴也。<small>大为阳，紧为阴。</small>可以下之，宜大承气汤。

按：以上七条，见《伤寒论》"可下"条内。似指杂症可下法，不入六经治法中。

小承气汤

<small>大承气去芒硝，厚朴、枳实亦减。</small>

大黄<small>四两</small>　厚朴<small>二两</small>　枳实<small>三枚</small>

上三味，以水四升，煮取一升二合，去渣，分温二服。初服汤，当更衣，不尔者，尽饮之。若更衣，勿服。

阳明病，脉迟，虽汗出不恶寒者，<small>凡汗出者皆恶寒。</small>其身必重，短气，腹满而喘，有潮热者，以上皆内实之症。此外欲解，不恶寒。可攻里也。手足濈然汗出者，此大便已硬也，四支为诸阳之本，濈然汗出，阳气已盛于土中矣。以此验大便之硬，又一法。大承气汤主之。若汗多，微发热恶寒者，外未解也，其热未潮，未可与承气汤。若腹大满不通者，可与小承气汤，微和胃气，勿令大泄下。腹满不通，虽外未解，亦可用小承气，此方乃和胃之品，非大下之峻剂故也。

阳明病，潮热，大便微硬者，可与大承气汤；不硬者，不可与之。潮热而便不硬，亦禁下。若不大便六七日，恐有燥屎，欲知之法，少与小承气汤，入腹中转失气者，此有燥屎也，此以药探之，又一法。乃可攻之。若不转失气者，此但初头硬，后必溏，不可攻之，攻之必胀满不能食也；邪气因正虚而陷入。欲饮水者，与水则哕。寒热相争则哕。其后发热者，必大便复硬而少也，重伤津液。以小承气汤和之。仍用小承气，以大便硬故也。不转失气者，慎不可攻也。又再申前戒，圣人之慎下如此。

阳明病，其人多汗，以津液外出，胃中燥，大便必硬，硬则谵语，谵语由便硬；便硬由胃燥；胃燥由汗出、津液少，层层相因，病情显著。小承气汤主之。若一服谵语止，更莫复服。

阳明病，谵语，发潮热，脉滑而疾者，小承气主之。因滑疾则易下，故止用小承气。因与小承气汤一升，腹中转失气者，更服一升，若不转失气，勿更与之。明日不大便，脉反微涩者，里虚也，为难治，攻之不应，是为难治。不可更与承气也。

太阳病，若吐、若下、若发汗后，过治。微烦，小便数，大便因硬者，"因"字当着眼大便之硬，由小便数之所致。盖吐下汗已伤津液，而又小便太多，故尔微硬，非实邪也。小承气汤和之，愈。

下利谵语者，有燥屎也。利而仍谵语，邪火不因利而息，则必有燥屎，盖燥屎不因下利而去也。后医见利则不复下，岂知燥屎之不能自出乎！

调胃承气汤

大黄四两，去皮、清酒洗　甘草二两，炙　芒硝半升

上三味，以水三升，先煮大黄、甘草，取一升，去滓，内芒硝，更上火，微煮令沸，少少温服之。

按：芒硝善解结热之邪。大承气用之，解已结之热邪；此方用之，以解将结之热邪。其能调胃，则全赖甘草也。

伤寒脉浮，自汗出，小便数，心烦，微恶寒，脚挛急，反与桂枝汤攻其表，此误也，得之便厥。咽中干，烦躁，吐逆者，作甘草干姜汤与之，以复其阳。若厥愈足温者，更作芍药甘草汤与之，其脚即伸。若胃气不和、谵语者，少与调胃承气汤。阴阳错杂之症，多方以救之，必有余邪在胃，故少与以和之。余详杂方条。

发汗后，恶寒者，虚故也。不恶寒，但热者，实也。当和胃气，与调胃承气汤。此必发汗后无他症，但现微寒微热，

故止作虚实观。否则，安知非更有余邪，将复变他症耶？

太阳病未解，脉阴阳俱停，脉法无"停"字，疑似沉滞不起，即下"微"字之义。寸为阳，尺为阴。先振慄，汗出乃解。阴阳争而复和。但阳脉微者，先汗出而解。当发其阳。但阴脉微者，下之而解。当和其阴。若欲下之，宜调胃承气汤。按：此"微"字，即上"停"字之意，与微弱不同，微弱则不当复汗下也。

伤寒十三日，不解，二候。过经谵语者，以有热也，当以汤下之。如大小承气之类。若小便利者，大便当硬，而反下利，脉调和者，此言下后之症。知医以丸药下之，非其治也。下非误，下之法误。若自下利者，脉当微厥，今反和者，知为内实也，调胃承气汤主之。当下而下非其法，余邪未尽，仍宜更下。

太阳病，过经十余日，心下温温欲吐，而胸中痛，大便反溏，腹微满，郁郁微烦，以上皆类少阳症。先其时自极吐下者，邪气乘虚陷入。与调胃承气汤。以涤胃邪。若不尔者，不可与。未经吐下，则邪在半表半里，不得用下法。但欲呕，胸中痛，微溏者，此非柴胡症，以呕，故知极吐下也。此段疑有误字。

阳明病，不吐不下，心烦者，未经吐下而心烦，中气实也。可与调胃承气汤。

太阳病，三日发汗不解，蒸蒸发热者，属胃也，外邪已解，内热未清。此汤主之。

伤寒吐后，腹胀满者，已吐而胃中仍满，则非上越所能愈，复当下行矣。与调胃承气汤。

桃核承气汤

桃仁五十个，去皮尖　大黄四两　甘草二两　桂枝二两　芒硝二两

上五味，以水七升，煮取二升半，去滓，内芒硝，更上火，微沸下火。先令温服五合，日三服，当微利。微利则仅通大便，不必定下血也。

太阳病不解，热结膀胱，太阳之邪由经入腑。其人如狂，血自下，下者愈。膀胱多气多血，热甚则血凝，而上干心包，故神昏而如狂，血得热而行，故能自下，则邪从血出，与阳明之下燥屎同。其外不解者，尚未可攻，外不解而攻之，则邪反陷入矣。当先解外，宜桂枝汤；外解已，但小腹急结者，乃可攻之，宜桃核承气汤。小腹急结，是蓄血现症。

按："宜桂枝汤"四字，从《金匮》增入。

抵当汤

水蛭熬　虻虫去翅足，熬，各三十六个　大黄三两，酒浸　桃仁去皮尖，二十个

上四味，以水五升，煮取三升，去渣，温服一升。不下，再服。

太阳病六七日，过经。表症仍在，脉微而沉，向里。反不结胸，向下。其人发狂者，以热在下焦，少腹当硬满，外

症。小便自利者，内症。下血乃愈。所以然者，以太阳随经，瘀血①在里故也。抵当汤主之。此亦热结膀胱之症，前桃核承气，乃治瘀血将结之时，抵当乃治瘀血已结之后也。

太阳病，身黄，脉沉结，少腹硬，小便不利者，为无血也。以上皆似血症谛②，因小便不利，安知非湿热不行之故？不可断为有血也。小便自利，其人如狂者，血症谛也，并无湿热而如狂，非蓄血而何？如此审证，无遁形矣。抵当汤主之。

阳明症，其人喜忘者，必有蓄血。心主血，血凝则心气结，而失其官矣。蓄不甚，故不狂。所以然者，本有久瘀血，故令喜忘。此乃旧病，非伤寒时所得者。屎虽硬，大便反易，血性滑利。其色必黑，浮血亦有随便而下者。宜抵当汤下之。

病人无表里症，发热七八日，过经。虽脉浮数者，可下之。脉虽浮数，而无表里症，则其发热竟③属里实矣，七八日，故可下。假令已下，脉数不解，合热则消谷善饥。脉数不解，邪本不在大便也，消谷善饥，蓄血本不在水谷之路，故能食。至六七日，蓄血更久。不大便者，有瘀血也，宜抵当汤。其脉数不解，而下不止，必协热而便脓血也。此指服汤后之变症，热邪不因下而去。又动其血，则血与便合为一，而为便脓血之症，又当别有治法。

按：瘀血，又有但欲漱水不欲咽之症。盖唇口干燥，而腹中不能容水也。

---

① 瘀血：宋本《伤寒论》作"瘀热"。
② 谛：确凿。
③ 竟：终究。

四七

抵当丸

水蛭熬　虻虫去翅足，熬，各二十个　大黄三两，酒洗　桃仁三十五个，去皮尖

上四味，捣分为四丸，以水一升，煮一丸，取七合服，晬时①当下血，不下更服。晬：一周时也。

伤寒有热，少腹满，应小便不利，今反利者，为有血也，当下之，不可余药，宜抵当丸。热而少腹满，又小便不利，必兼三者，乃为血证谛。不可余药，谓此症须缓下其血，用丸使之徐下。

十枣汤

芫花熬　甘遂　大戟等分　大枣十枚

上三味，各别捣为散，以水一升半，先煮大枣肥者，取八合，去滓，内药末，强人服一钱匕，羸人②服半钱③，得快下利后，糜粥自养。平旦温服，若下少，病不除者，明日更服。

太阳中风，下利呕逆，表解者，乃可攻之。其人漐漐汗出，发作有时，头痛，心下痞硬满，引胁下痛，水停也。干呕短气，汗出不恶寒者，此表解里未和也，不恶寒为表解。

---

① 晬时：一周时。指一天的某一时辰至次日的同一时辰。
② 羸人：瘦弱之人。
③ 半钱：半钱匕。

以上诸症，皆里不和，凡蓄水之症皆如此，不特伤寒为然也。**十枣汤主之。**服此汤以下蓄饮。

大陷胸汤

大黄六两，去皮　芒硝一升　甘遂一钱匕

上三味，以水六升，先煮大黄，取二升，去滓，内芒硝，煮一两沸，内甘遂末，温服一升，得快利止后服。

太阳病，脉浮而动数，浮则为风，数则为热，动则为痛，数则为虚。头痛发热，微盗汗出，而反恶寒者，表未解也，医反下之，经云：病发于阳而反下之，热入①因作结胸是也。动数变迟，正气益虚。膈内拒痛，胃中空虚，客气动膈，短气烦躁，心中懊憹，阳气内陷，心下因硬，则为结胸，此段明所以致结胸之由，及结胸之状，最详。乃因邪在上焦，误下以虚其上焦之气，而邪随陷入也。此症与承气法迥殊。若不结胸，但头汗出，余处无汗，剂颈而还，小便不利，身必发黄也。此乃误下，而邪气不陷入上焦，反郁于皮肤肌肉之间，故现此等症。伤寒六七日，结胸热实，脉沉而紧，心下痛，按之石硬者，此段申结胸之象尤明。**大陷胸汤主之。**

伤寒十余日，过经。热结在里，复往来寒热者，与大柴胡汤。但结胸，无大热者，此为水结在胸胁也。结胸本无他物，气与水所停也。但头汗出者，热结在上。**大陷胸汤主之。**

太阳病，重发汗，而复下之，不大便五六日，舌上燥

---

① 入：原作"人"，据同治本、韡园医书本改。

而渴，胸有蓄饮。日晡所小有潮热，从心上至少腹硬满而痛，不可近者，已汗下而大痛如此，知非有物之实邪矣。前云：膈内拒痛。又云：心下石硬。专指上焦说。此云：从心上至少腹硬满痛，则上下皆痛，其根总由心上而起，与承气症自殊。大陷胸汤主之。

伤寒五六日，呕而发热者，柴胡汤证具，而以他药下之，误治。柴胡证仍在者，复与柴胡汤。此虽已下之，不为逆，必蒸蒸而振，却发热汗出而解。邪向里而更虚，故汗出为难。若心下满而硬痛者，此汤主之。

大陷胸丸

大黄半斤　葶历子熬　芒硝　杏仁各半升，去皮尖，熬黑

上四味，捣筛二味，内杏仁、芒硝，合研如脂，和散，取如弹丸一枚，别捣甘遂末一钱匕，白蜜二合，水二升，煮取一升，温顿服之，一宿乃下，如不下，更服，取下为效。

病发于阳，而反下之，热入因作结胸；病发于阴，而反下之，热入因作痞。此明所以致结胸与痞之故。发热恶寒之症，则热入于阳位而作结胸；无热恶寒之症，则热入于阴位而作痞。故治结胸用寒剂，治痞用温剂也。所以成结胸者，以下之太早故也。二病未尝不可下，但各有其时，不可过早耳。

结胸者，项亦强，如柔痉①状，此陷胸之外症。下之则

伤寒论类方

五〇

---

① 痉：宋本《伤寒论》作“痓”。“痓”为“痉”的隶书形讹。

和，宜大陷胸丸。

小陷胸汤

黄连一两　半夏半升，汤洗　栝楼实大者一枚

上三味，以水六升，先煮栝楼，取三升，去渣，内诸药，煮二升，去渣，分温三服。一服未和，再服，微解下黄涎，便安也①。按：大承气所下者，燥屎；大陷胸所下者，蓄水；此所下者，为黄涎。涎者，轻于蓄水，而未成水者也。审病之精、用药之切如此。

小结胸病，正在心下，按之则痛，上不至心，下不及少腹，必按之方痛，非不可近手，与大陷胸症迥别。脉浮滑者，不若大陷胸症之沉紧，其邪未入深也。小陷胸汤主之。

白　散

桔梗　贝母各三分，古法二钱五分为一分②　巴豆一分，去皮心，熬黑，研如脂

上三味为散，内巴豆，更于臼中杵之，以白饮和服，强人服半钱匕，今秤约重三分，羸者减之。病在膈上必吐，在膈下必利。不利，进热粥一杯；利过不止，进冷粥一杯。巴豆得热则行，得冷则止。身热皮粟不解，畏冷起寒粟。欲

---

① 一服未和……便安也：宋本《伤寒论》无此十四字。按《活人书》卷第十三"小陷胸汤"作"未知再服，微利黄涎便安也"。徐氏当有所本。

② 古法二钱……一分：宋本《伤寒论》无此九字，应为徐氏注释文字。

引衣自覆者，若以水潠之、洗之，益令热却不得出，当汗而不汗则烦。假令汗出已，腹中痛，与芍药三两如上法。

寒实结胸，结胸皆系热陷之症，此云"寒实"，乃水气寒冷所结之痰饮也。无热症者，与三物小陷胸汤，白散亦可用。按：《活人书》云：与三物白散。无"小陷胸汤亦可用"七字，盖小陷胸寒剂，非无热之所宜也。

麻仁丸

即小承气加芍药、二仁也。

麻子仁二升　芍药　枳实各半升　大黄　厚朴　杏仁各一升，去皮尖，熬，别研作脂

上六味，为末，炼蜜和丸如梧桐子大，饮服十丸，渐加，以知为度。

跌阳脉浮而涩，浮则胃气强，阳盛。涩则小便数，阴不足。浮涩相搏①，大便则难，其脾为约，此即论中所云：太阳阳明者，脾约是也。麻仁丸主之。太阳正传阳明，不复再传，故可以缓法治之。

① 搏：宋本《伤寒论》作"抟"，应从。

泻心汤类

生姜泻心汤

生姜四两　甘草炙　人参　黄芩各三两　半夏半升　黄连　干姜各一两　大枣十二枚

上八味，以水一斗，煮取六升，去渣，煎取三升，温服一升，日三服。

伤寒，汗出解之后，胃中不和，心下痞硬，干噫食臭，胁下有水气，腹中雷鸣下利者，生姜泻心汤主之。汗后而邪未尽，必有留饮在心下。其症甚杂，而方中诸药一一对症，内中又有一药治两症者，亦有两药合治一症者，错综变化，攻补兼施，寒热互用，皆本《内经》立方诸法，其药性又有与《神农本草》所载无处不合。学者能于此等方讲求其理而推广之，则操纵在我矣。凡泻心诸法，皆已汗已下已吐之余疾。

甘草泻心汤

即生姜泻心汤去人参、生姜，加甘草一两。

甘草四两，炙　黄芩　干姜各三两　半夏半升　黄连一两　大枣十二枚

上六味，以水一斗，煮取六升，去渣，再煎取三升，温服一升，日三服。

伤寒中风，医反下之，其人下利，日数十行，谷不化，腹中雷鸣，心下痞硬而满，干呕，心烦不得安，医见心下痞，谓病不尽，复下之，其痞益甚，此非热结，但以胃中虚。两次误下，故用甘草以补胃，而痞自除，俗医以甘草满中，为痞呕禁用之药，盖不知虚实之义者也。客气上逆，故使硬也，甘草泻心汤主之。

半夏泻心汤

半夏半升　黄芩　干姜　甘草炙　人参各三两　黄连一两大枣十二枚

上七味，以水一斗，煮取六升，去渣，再煎取三升，温服一升，日三服。

伤寒五六日，呕而发热者，柴胡汤症具，而以他药下之，柴胡证仍在者，复与柴胡汤。此虽已下之，不为逆，必蒸蒸而振，却发热汗出而解。本症仍在，则即用本方治之。若心满而不痛者，此为痞。又指"不痛"二字，痞症尤的。柴胡不中与之，宜半夏泻心汤。以上三泻心之药，大半皆本于柴胡汤，故其所治之症，多与柴胡症相同，而加治虚、治痞之药耳。

大黄黄连泻心汤

大黄二两　黄连一两

上二味，以麻沸汤二升渍之，须臾，绞去渣，分温再服。此又法之最奇者，不取煎而取泡，欲其轻扬清淡，以涤上焦之邪。

脉浮而紧，而复下之，紧反入里，则作痞。紧脉为阴，此所谓病发于阴，下之作痞是也。按之自濡，但气痞耳。并无胁下之水。心下痞，按之濡，其关上浮者，邪气甚高。大黄黄连泻心汤主之。

伤寒大下后，复发汗，再误。心下痞，恶寒者，表未解也。不可攻痞，当先解表，表解乃可攻痞。解表宜桂枝汤，攻痞宜此汤。详见前桂枝类中。

附子泻心汤

大黄二两，酒浸　黄连炒　黄芩炒，各一两　附子一枚，去皮，别煮取汁

上四味，切三味，以麻沸汤二升渍之，须臾绞去渣，内附子汁，分温再服。此法更精，附子用煎，三味用泡，扶阳欲其热而性重，开痞欲其生而性轻也。

心下痞，而复恶寒汗出者，附子泻心汤主之。此条不过二语，而妙理无穷。前条发汗之后恶寒，则用桂枝；此条汗出恶寒，则用附子。盖发汗之后，汗已止而犹恶寒，乃表邪未尽，故先用桂枝，以去表邪；此恶寒而仍汗出，则亡阳在即，故加入附子以回阳气。又彼先后分二方，此并一方者，何也？盖彼有表，复有里；此则只有里病，故有分有合也。

黄连汤

即半夏泻心汤去黄芩加桂枝。

黄连　甘草炙　干姜　桂枝去皮。各三两　人参二两　半夏半升　大枣十二枚

上七味，以水一斗，煮取六升，去渣，温服一升，日三夜二服。治上焦之病，故服药宜少而数。

伤寒胸中有热，胃中有邪气，腹中痛，欲呕吐者，黄连汤主之。诸泻心之法，皆治心胃之间寒热不调，全属里症。此方以黄芩易桂枝，去泻心之名，而曰黄连汤，乃表邪尚有一分未尽，胃中邪气尚当外达，故加桂枝一味，以和表里，则意无不到矣。

黄芩汤

黄芩三两　甘草炙　芍药各二两　大枣十二枚

上四味，以水一斗，煮取三升，去渣，温服一升，日再夜一服。

黄芩加半夏生姜汤

黄芩三两　甘草炙　芍药各二两　半夏半升　生姜三两　大枣十二枚

上六味，以水一斗，煮取三升，去渣，温服一升，日再，夜一服。

太阳与少阳合病，自下利者，与黄芩汤。若呕者，黄芩加半夏生姜汤主之。下利即专于治利，不杂以风寒表药，此亦急当救里之义，若呕，亦即兼以止呕之药。总之，见症施治，服药后而本症愈，复见他症，则仍见症施治，可推而知也。

干姜黄连黄芩人参汤

干姜　黄连　黄芩　人参各三两

上四味，以水六升，煮取二升，去渣，分温再服。

伤寒本自寒下，本症。医复吐下之，误治。寒格更逆吐下，若食入口即吐，干姜黄连黄芩人参汤主之。此属厥阴条，寒格自用干姜，吐下自用芩连。因误治而虚其正气，则用人参，分途而治，无所不包，又各不相碍，古方之所以入化也。

旋覆代赭汤

旋覆花三两　人参二两　生姜五两　甘草三两，炙　半夏半升　代赭石一两　大枣十二枚

上七味，以水一斗，煮取六升，去渣，再煎取三升，温服一升，日三服。

伤寒发汗，若吐若下，解后，病久，治多，未必皆属误治。心下痞硬，噫气不除。《灵枢》口问篇云：寒气客于胃，厥逆从下上散，复出于胃，故为噫，俗名嗳气，皆阴阳不和于中之故。旋覆代赭汤主之。此乃病已向愈，中有留邪，在于心胃之间，与前诸泻心法，大约相近。《本草》云：旋覆治结气、胁下满。代赭治腹中邪毒气。加此二物以治噫，余则散痞，补虚之法也。

厚朴生姜甘草半夏人参汤

厚朴半斤，炙，去皮　生姜　半夏各半斤　甘草二两　人参一两

上五味，以水一斗，煮取三升，去滓，温服一升，日三服。

发汗后腹胀满者，此汤主之。发汗后，则邪气已去，而犹腹胀满，乃虚邪入腹，故以厚朴除胀满，余则补虚助胃也。

白虎汤类

白虎汤

知母六两　石膏一斤　甘草二两,炙　粳米六合

上四味，以水一斗煮，米熟汤成，火候。去滓，温服一升，日三服。

伤寒脉浮滑，此表有热，里有寒。此寒热二字必倒误。乃表有寒，里有热也。观下条"脉滑而厥者，里有热也"，凿凿可证。《活人书》作"表里有热"，亦未稳。白虎汤主之。

伤寒脉滑而厥者，热厥。里有热也，白虎汤主之。

三阳合病，腹满身重，难以转侧，口不仁，而面垢，谵语遗尿，以上皆阳明热症之在经者，以三阳统于阳明也。但身重腹满，则似风湿，宜用术附；面垢谵语，则似胃实，宜用承气。此处一惑，生死立判。如何辨别，全在参观脉症，使有显据，方不误投。发汗则谵语，阳从此越。下之则额上生汗，手足逆冷。阴从此脱。若自汗者，白虎汤主之。自汗则热气盛于经，非石膏不治。

按：亡阳之症有二：下焦之阳虚，飞越于外，而欲上脱，则用参附等药以回之；上焦之阳盛，逼阴于外，而欲上泄，则用石膏以收之。同一亡阳，而治法迥殊，细审之自明，否则死生立判。

白虎加人参汤

白虎汤原方加人参三两

煮服同前法。

服桂枝汤，大汗出后，大烦渴不解，脉洪大者，此汤主之。烦渴不解，因汗多而胃液干枯，邪虽去而阳明之火独炽，故用此以生津止汗，息火解烦。汗后诸变不同，总宜随症用药。

伤寒若吐若下后，前汗后，此吐下后。七八日不解，热结在里，表里俱热，此四字为白虎对症。时时恶风，表邪未尽，大渴，舌上干燥而烦，欲饮水数升者，胃液已尽，不在经，不在腑，亦非若承气症之有实邪。因胃口津液枯竭，内火如焚，欲引水自救，故其象如此，与热邪在腑者迥别。此汤主之。

伤寒无大热，热在内。口燥渴，心烦，背微恶寒者，此亦虚燥之症。微恶寒，谓虽恶寒而甚微。又周身不寒，寒独在背，知外邪已解。若大恶寒，则不得用此汤矣。此汤主之。

伤寒脉浮，发热无汗，"无汗"二字，最为白虎所忌。其表不解者，恶寒。不可与白虎汤。渴欲饮水，无表症者，不恶寒。白虎加人参汤主之。白虎加参汤，大段治汗吐下之后邪已去，而有留热在于阳明。又因胃液干枯，故用之以生津解热。若更虚羸，则为竹叶石膏汤症矣。壮火食气，此方泻火，即所以生气也。

竹叶石膏汤

竹叶二把　石膏一斤　半夏半斤　人参三两　麦门冬一升
甘草二两　粳米半升

上七味，以水一斗，煮取六升，去滓，内粳米煮，米熟汤成，又一煮法。去米，温服一升，日三服。

伤寒解后，虚羸少气，人参、麦冬。气逆欲吐者，半夏、竹叶。**竹叶石膏汤主之**。此仲景先生治伤寒愈后调养之方也,其法专于滋养肺胃之阴气,以复津液。盖伤寒虽六经传遍,而汗吐下三者,皆肺胃当之。又《内经》云:人之伤于寒也,则为病热。故滋养肺胃,岐黄以至仲景,不易之法也。后之庸医,则用温热之药,峻补脾肾,而千圣相传之精义,消亡尽矣。

五苓散类

五苓散

猪苓十八铢，去皮　　泽泻一两六铢　　白术十八铢　　茯苓十八铢
桂枝半两，去皮

上五味，为末，以白饮和服方寸匕，日三服，多饮暖水，汗出愈。服散取其停留胸中，多饮暖水，取其气散营卫。

太阳病，发汗后，大汗出，胃中干，烦躁不得眠，欲得饮水者，少少与饮之，令胃气和则愈。若脉浮，小便不利，微热消渴者，与五苓散主之。胃中干而欲饮，此无水也，与水则愈；小便不利而欲饮，此蓄水也，利水则愈。同一渴，而治法不同，盖由同一渴，而渴之象及渴之余症，亦各不同也。

发汗已，脉浮数，烦渴者，五苓散主之。汗不尽，则有留饮。

中风发热，六七日不解而烦，有表里症，渴欲饮水，水入则吐者，名曰水逆，胸中有水，则不能容水矣。五苓散主之。桂枝治表，余四味治里。多饮暖水，汗出愈。表里俱到。

本以下之，故心下痞，与泻心汤。痞不解，其人渴而口燥烦，小便不利者，五苓散主之。治痞而痞不解，反渴，则为水停心下之故，非痞也。

太阳病，寸缓关浮尺弱，皆为虚象。其人发热汗出，复

恶寒，不呕，但心下痞者，此以医下之也。_{误治。}如其不下者，病人不恶寒而渴者，此转属阳明也。_{此属实邪。}小便数者，大便必硬，不更衣十日，无所苦也。渴欲饮水者，少少与之，但以法救之。_{随症施治，不执一端。}渴者，与五苓散。_{如其渴不止，五苓散亦一法也。}

霍乱，头痛发热，身疼痛，热多欲饮水者，五苓散主之。_{此亦表里同治之法。}

猪苓汤

猪苓_{去皮}　茯苓　泽泻　滑石_碎　阿胶_{各一两}

上五味，以水四升，先煮四味，取二升，去滓，内阿胶烊消，温服七合，日三①。

阳明病，若脉浮发热，渴欲饮水，小便不利者，猪苓汤主之。_{此阳明之渴，故与五苓相近，而独去桂枝，恐助阳也。论中又云：阳明汗多而渴，不可与猪苓汤，以胃中燥，不可更利其小便也。}

少阴病，下利六七日，咳而呕渴，心烦不得眠者，此汤主之。_{此亦热邪传少阴之症。盖少阴口燥口干，有大承气急下之法。今止呕渴，则热邪尚轻，故用此方，使热邪从小便出，其路尤近也。}

文蛤散

文蛤_{五两}

---

① 日三：其后宋本《伤寒论》有"服"字。

上一味，为散，以沸汤和一方寸匕服，汤用五合。

病在阳，应以汗解之，反以冷水潠之，若灌之，其热被劫不得去，弥更益烦，肉上粟起，寒在肉中。意欲饮水，反不渴者，服文蛤散；此热结在皮肤肌肉之中，不在胃口，故欲饮而不渴，文蛤取其软坚逐水。若不差者，与五苓散。不应，则表里同治。

茯苓甘草汤

茯苓二两　桂枝二两，去皮　甘草一两，炙　生姜三两

上四味，以水四升，煮取二升，分温三服。

伤寒，汗出而渴者，五苓散主之；桂枝止汗，余四味止渴。不渴者，茯苓甘草汤主之。此方之义，从未有能诠释者。盖汗出之后而渴不止，与五苓，人所易知也。乃汗出之后，并无渴症，又未指明别有何症，忽无端而与茯苓甘草汤，此意何居？要知此处"汗出"二字，乃发汗后，汗出不止也。汗出不止，则亡阳在即，当与以真武汤；其稍轻者，当与以茯苓桂枝白术甘草汤；更轻者，则与以此汤。何以知之？以三方同用茯苓知之。盖汗大泄，必引肾水上泛，非茯苓不能镇之，故真武则佐以附子回阳。此二方，则以桂枝甘草敛汗，而茯苓则皆以为主药。此方之义，不了然乎！观下条心悸，治法益明。

伤寒厥而心下悸者，宜先治水，水犯心则悸。当服茯苓甘草汤，《本草》：茯苓治心下结痛、恐、悸。却治其厥。不尔，水渍入胃，必作利也。

四逆汤类

四逆汤

甘草二两，炙　干姜一两半　附子一枚，生用，去皮，破八片

上三味，以水三升，煮取一升二合，去滓，分温再服。强人可大附子一枚，常人则取中者，小者可知。干姜三两。按：方名四逆，必以之治厥逆。《论》云：厥者，阴阳气不顺接，手足逆冷是也。凡《论》中言脉沉、微、迟、弱者，则厥冷不待言而可知。此方温中散寒，故附子用生者。四逆、理中，皆温热之剂。而四逆一类，总不离干姜，以通阳也，治宜下焦。理中一类，总不离白术，以守中也，治宜中焦。余药皆相同，而功用迥别。

伤寒脉浮，自汗出，小便数，心烦，微恶寒，脚挛急，反与桂枝汤攻其表，此误也，得之便厥。咽中干，烦躁，吐逆者，作甘草干姜汤与之，以复其阳。若厥愈足温者，更作芍药甘草汤与之，其脚即伸。若胃气不和、谵语者，少与调胃承气汤。以上义详杂方条内。若重发汗，复加烧针者，四逆汤主之。阴阳两虚之后，又复竭其阳，非此汤不能挽回阳气。

伤寒，医下之，续得下利，清谷不止，身疼痛者，急当救里；后身疼痛，清便自调者，急当救表。救里宜四逆汤，救表宜桂枝汤。说详前桂枝条内。

病发热头疼，<small>此乃表邪。</small>脉反沉，<small>见里脉。</small>若不差，身体疼痛，当救其里，宜四逆汤。<small>身体疼痛，阴阳二症皆有之。今脉沉而疼痛，虽发热，亦是里寒外热之症，故用四逆。</small>

脉浮而迟，<small>表热浮。</small>里寒，<small>迟。</small>下利清谷者，四逆汤主之。

自利不渴者，属太阴，以其脏有寒故也，<small>明所以不渴之故，</small>当温之，宜四逆辈。<small>有寒则不渴，则知渴者皆当作热治。不曰四逆汤，而曰四逆辈，凡温热之剂皆可选用。</small>

少阴病，脉沉者，急温之，<small>病与脉相合，则温不可迟。</small>宜四逆汤。

少阴病，饮食入口则吐，心中温温欲吐，复不能吐。<small>此二句指不食之时言，此与少阳之呕，当有分别，宜以他症验之。</small>始得之，手足寒，脉弦迟者，此胸中实，<small>"始得"言病方起，"脉弦"则有力，故知为实。</small>不可下也，<small>欲吐则病在上焦，下之为逆。</small>当吐之。<small>在上者，因而越之。此少阴宜吐之法。</small>若膈上有寒饮，干呕者，<small>干呕无物，则知其为饮矣。</small>不可吐也，当温之，<small>寒饮无实物，温之则寒散，而饮亦去矣。凡治饮皆用温法。</small>宜四逆汤。

大汗出，热不去，内拘急，四肢疼，<small>以上皆外症，其疼亦属阴疼。</small>又下利清谷，厥逆而恶寒者，<small>三者皆虚寒内症。</small>四逆汤主之。

<small>按：此条诸症，皆属阴寒，固为易辨，惟"热不去"三字，则安知非表邪未尽？即恶寒，亦安知非太阳未罢之恶寒？惟下利厥逆，则所谓急当救里，不论其有表无表，而扶阳不可缓矣。</small>

大汗，若大下利，而厥冷者，四逆汤主之。<small>汗下后而厥</small>

冷，则虚寒极矣。呕而脉弱，小便复利，身有微热，见厥者难治，亦外热内虚寒之故。四逆汤主之。

吐利汗出，发热恶寒，四肢拘急，手足厥冷者，四逆汤主之。

既吐且利，小便复利，而大汗出，下利清谷，内寒外热，脉微欲绝者，四逆汤主之。

以上五条，皆系汗下之后阳气大虚，故虽外有微热，而总以扶阳为急。大小便俱利，则内阳亦尽矣，不仅手足逆冷为阳微之验也。

四逆加人参汤

四逆汤原方加人参一两

煎服法同。

恶寒，脉微而复利，利止亡血也。按：亡阴即为亡血，不必真脱血也。成无己注引《金匮玉函》曰"水竭则无血"，谓利止则津液内竭。四逆加人参汤主之。加参以生津液。

通脉四逆汤

甘草二两，炙　干姜三两，强人四两　附子一枚，生用

上三味，以水三升，煮取一升二合，去滓，分温再服。其脉即出者愈。面色赤者，加葱九茎。腹中痛者，去葱，加芍药二两。呕者，加生姜二两。咽痛者，去芍药，加桔梗一两。利止脉不出者，去桔梗，加人参二两。补益津液。

少阴病，下利清谷，里寒外热，寒逼阳于外。手足厥

逆，<small>外症。</small>脉微欲绝，<small>内症。</small>身反不恶寒，<small>寒邪已入里。</small>其人面色赤，<small>阳越。</small>或腹痛，或干呕，或咽痛，<small>阳升。</small>或利止脉不出者，通脉四逆汤主之。<small>其脉即出者愈。诸症或阳或阴，乃闭塞不通之故，用辛温通阳之品以治之。其兼症不同，详加减法。</small>

下利清谷，里寒外热，汗出而厥者，<small>汗出而厥，阳有立亡之象。</small>通脉四逆汤主之。

通脉四逆加猪胆汁汤^①

通脉四逆原方加猪胆汁半合。煎如前法，煎成，内猪胆汁，温服，其脉即出。<small>猪胆汁苦滑之极，引药直达下焦。</small>

吐已下断，<small>利止也。</small>汗出而厥，四肢拘急不解，脉微欲绝者，通脉四逆加猪胆汁汤主之。

干姜附子汤

<small>干姜一两　　附子一枚，生用，去皮，切八片</small>

上二味，以水三升，煮取一升，去渣，顿服。

下之后，复发汗，<small>先竭其阴，后竭其阳。</small>昼日烦躁不得眠，夜而安静，<small>阳虚有二症，有喜阳者，有畏阳者。大抵阴亦虚者畏阳，阴不虚者喜阳。此因下后阴亦虚，故反畏阳也。</small>不呕不渴，无表证，脉沉微，身无大热者，<small>此邪已退，而阳气衰弱，故止用姜附回阳。</small>干姜附子汤主之。

---

① 四：原作"内"，据上下文例及同治本、韡园医书本改。

白通汤

干姜附子汤原方加葱白四茎

煎服法照前。

少阴病，下利，白通汤主之。此专治少阴之利，用葱白所以通少阴之阳气。

白通加猪胆汁汤

白通汤原方加人尿五合　猪胆汁一合

上三味，以水三升，煮取一升，去渣，内胆汁、人尿，和令相得，分温再服。无胆汁亦可。

少阴，下利脉微者，与白通汤。利不止，厥逆无脉，干呕烦者，无脉厥逆，呕而且烦，则上下俱不通，阴阳相格，故加猪胆、人尿，引阳药达于至阴而通之。《内经》所云"反佐以取之"是也。白通加猪胆汁汤主之。服汤脉暴出者死，微续者生。暴出乃药力所迫，药力尽则气仍绝。微续乃正气自复，故可生也。少阴篇云：少阴病，下利不止，恶寒而蜷卧，手足温者可治。则又当以手足之温，验其阳之有无也。前云"其脉即出者愈"，此云"暴出者死"，盖"暴出"与"即出"不同。暴出，一时出尽；即出，言服药后少倾①即徐徐微续也。须善会之。

茯苓四逆汤

茯苓四两，一本作六两　人参一两　附子一枚，生用　甘草二

---

① 倾：同治本、觲园医书本作"顷"。"倾"通"顷"。少顷。《集韵·静韵》："倾，俄倾，少选也。通作顷"

两，炙　干姜—两半

上五味，以水五升，煮取三升，去滓，温服七合，日三服①。

发汗，若下之，病仍不解，烦躁者，此阳气不摄而烦，所谓阴烦也。然亦必参以他症，方不误认为栀子汤症。茯苓四逆汤主之。《本草》：茯苓治逆气烦满。

四逆散

甘草炙　枳实　柴胡　芍药

上四味，各十分，捣筛，白饮和服方寸匕，日三服。咳者，加五味子、干姜各五分，并主下利。悸者，加桂枝五分。小便不利者，加茯苓五分。腹中痛者，加附子一枚，炮令坼②。泄利下重者，先以水五升，煮薤白，取三升，去渣，以散方寸匕内汤中，煮取一升半，分温再服。《别录》：薤白，主温中散结。

少阴病，四逆，其人或咳，或悸，或小便不利，或腹中痛，或泄利下重者。此乃少阴传经之热邪，并无脉微恶寒等阴症；即下利一端，并非清谷，而反下重，故不得用温热。四逆散主之。疏邪通气。同名四逆，与前诸法迥殊。诸兼症皆在加减中。

当归四逆汤

当归　桂枝　芍药　细辛各三两　甘草　通草各二两

---

① 三服：宋本《伤寒论》作"二服"。
② 坼（chè 彻）：原作"拆"，据宋本《伤寒论》改。裂开。

大枣_{二十五枚}

上七味，以水八升，煮取三升，温服一升，日三服。

当归四逆加吴茱萸生姜汤

当归　甘草　通草_{各二两}　芍药　桂枝　细辛_{各三两}

大枣_{二十五枚}　吴茱萸_{二升}　生姜_{半斤}

上九味，以水六升，清酒六升，和煮取五升，去渣，分温①五服。

手足厥寒，脉细欲绝者，当归四逆汤主之。此四逆乃太阳传经之邪，而表症犹未罢，因阳气已虚，故用桂枝汤，加当归和血，细辛温散，以和表里之阳也。若其人内有久寒者，宜当归四逆加吴茱萸生姜汤主之。内有久寒，指平素言，必从问而得之，或另有现症，乃为可据。吴茱萸温中散寒，其性更烈。按：前四逆诸法，皆主于温，此二方则温中兼通阳和阴之法。

下利脉大者，虚也，凡症虚而脉反大者，皆元气不固也。以其强下之故也。推求②所以致虚之故。设脉浮革，《辨脉法》篇云：脉弦而大，弦则为减，大则为芤，减则为寒，芤则为虚，虚寒相搏③，此名为革。因而肠鸣者，肠鸣亦气不通和之故。属当归四逆汤主之。

---

① 分温：据宋本《伤寒论》作"温分"。
② 推求：原作"推半"，据同治本改。
③ 搏：原作"持"，据同治本改。

理中汤类

理中丸

人参　甘草　白术　干姜各三两

上四味，捣筛为末，蜜和为丸，如鸡子黄大，以沸汤数合，和一丸，研碎，温服之。日三四服，夜二服。腹中未热，益至三四丸。然不及汤。理中丸与汤本属一方。方法以四物，依两数切，用水八升，煮取三升，去渣，温服一升，日三服。急则用汤。若脐上筑者，肾气动也，去术，加桂四两。即欲作奔豚，桂枝加桂之法。吐多者，去术，加生姜二两。有干姜而复加生姜，知干姜不治呕也。下多者，还用术。术能止利。悸者，加茯苓二两。悸为心下有水，故用茯苓。渴欲饮水者，加术，足前成四两半。消饮生津。腹中痛者，加人参，足前成四两半。此痛因气不足之故。《别录》云：人参治心腹鼓痛。寒者，加干姜，足前成四两半。腹满者，去术，加附子一枚。此腹满乃阳气不充之故。服汤后如食顷，饮热粥一升许，微自温，勿揭衣被。桂枝汤之饮热粥，欲其助药力以外散。此饮热粥，欲其助药力以内温。

霍乱，头痛发热，身疼痛，《论》中又云：呕吐而利，名曰霍乱。又云：头痛则身疼，恶寒吐利，名曰霍乱。合观之，则霍乱之症始备，盖亦伤寒之类。后人以暑月之吐利当之，而亦用理中，更造为大顺散者，皆无稽之论也。**热多欲饮水者，五苓散主之**；此热胜寒之霍乱。**寒多不用水者，理中汤主之**。此寒胜热之霍乱。

按：霍乱之症，皆由寒热之气不和，阴阳拒格，上下不通，水火不济之所致。五苓所以分其清浊，理中所以壮其阳气，皆中焦之治法也。

大病差后，喜唾，胃液不藏，兼有寒饮，久不了了，胃上有寒，当以丸药理之，当缓治之。宜理中丸。

真武汤

茯苓　芍药　生姜各三两　白术二两　附子一枚，炮[①]

上五味，以水八升，煮取三升，去渣，温服七合，日三服。若嗽者，加五味子半升，细辛、干姜各一两。若小便利者，去茯苓。若下利者，去芍药，加干姜二两。此即下利清谷之类，故去芍药加干姜；若热利，则芍药又为要药也，须审之。若呕者，去附子，加生姜，足前成半斤。

太阳病发汗，汗出不解，太阳病，乃桂枝症也。其发汗当取微似汗，则卫气泄而不伤营。若发汗太过，动其营血，大汗虽出而卫邪反内伏，所以病仍不解。观前桂枝汤条下服法，可推而知也。**其人仍发热**，表邪仍在。**心下悸**，下焦肾水因心液不足，随阳而上犯。**头眩，身𥆧动，振振欲擗地者**，阳气泄，则虚浮无依着。**真武汤主之**。此方镇伏肾水，挽回阳气。

少阴病，二三日不已，至四五日，腹痛，小便不利，

----

① 炮：原作"泡"，据宋本《伤寒论》改。

四肢沉重疼痛，自下利者，以上湿邪之症。此为有水气，水亦湿也。其人或咳，或小便利，或下利，或呕者，此四症或有或无，方中加减法俱详。真武汤主之。此方因发汗不合法，上焦之津液干枯，肾水上救，以此镇肾气，治逆水，不专为汗多亡阳而设。治亡阳之方，诸四逆汤乃正法也。

附子汤

附子二枚，炮　茯苓三两　人参二两　白术四两　芍药三两

上五味，以水八升，煮取三升，去滓；温服一升，日三服。

少阴病，得之一二日，口中和，寒邪已微。其背恶寒者，当灸之。但背恶寒，则寒邪聚于一处，故用灸法。按：白虎加人参汤亦有背微恶寒之症，乃彼用寒凉，此用温热，何也？盖恶寒既有微甚之不同，而其相反处，全在口中和与口燥渴之迥别。故欲知里症之寒热，全在渴不渴辨之，此伤寒之要诀也。附子汤主之。此乃病已向愈，正气虚，而余寒尚存之证也。

少阴病，身体疼，手足寒，骨节痛，脉沉者，附子汤主之。此亦虚寒余症。

甘草附子汤

甘草二两，炙　白术二两　桂枝四两　附子二枚，炮

上四味，以水六升，煮取三升，去渣，温服一升，日三服。初服得微汗则解。即服桂枝汤。《论》中所云：风湿发汗，汗大出者，但风气去，湿气在，是故不愈也。治风湿者发其汗，但微

微似欲出汗者，风湿俱去也。**能食，汗出**①**复烦者，**尚有余邪郁而未尽。**服五合。恐一升多者，服六七合为始。**此言初服之始。

风湿相搏，骨节疼烦，掣痛不得屈伸，近之则痛剧，汗出短气，小便不利，恶风不欲去衣，或身微肿者，此汤主之。此段形容风湿之状，病情略备。

桂枝附子汤

桂枝四两　附子三枚，炮，去皮，切八片　甘草二两　生姜三两　大枣十二枚

上五味，以水六升，煮取二升，去滓，分温三服。

按：此即桂枝去芍药加附子汤，但彼桂枝用三两，附子用一枚，以治下后脉促胸满之症。此桂枝加一两，附子加二枚，以治风湿身疼脉浮涩之症。一方而治病迥殊，方名亦异，彼编入桂枝汤类，此编入理中汤类，细思之，各当其理，分两之不可忽如此，义亦精矣。后人何得以古方轻于加减也。

桂枝附子去桂加白术汤

白术四两　甘草二两　附子三枚，炮　生姜三两　大枣十二枚

上五味，以水六升，煮取二升，去滓，分温三服。初服，其人身如痹，半日许复服之，三服尽，其人如冒状，

---

① 出：宋本《伤寒论》作"止"，义胜。

勿怪，此以附、术并走皮内，逐水气，_{附术并力，则逐水之功}愈矣。未得除，故使之耳，法当加桂四两。_{此即前桂枝附子汤。此本一方二法，以大便硬，小便自利，去桂也；以大便不硬，小便不利，当加桂。观此条知桂枝能通小便，故五苓散用之。}附子三枚恐多也，虚弱家及产妇，宜减服之。_{附子能劫阴气。}

　　伤寒八九日，风湿相搏，身体疼烦，不能自转侧，_{湿则身重。}不呕不渴，_{湿而兼寒。}脉虚浮而涩者，_{内外之阳俱虚。}桂枝附子汤主之。若其人大便硬，小便自利者，去桂加白术汤主之。_{白术生肠胃之津液。}

茯苓桂枝白术甘草汤

　　茯苓_{四两}　桂枝_{三两，去皮}　白术　甘草_{各二两，炙}
　　上四味，以水六升，煮取三升，去渣，分温三服。
　　伤寒若吐若下后，心下逆满，气上冲胸，起则头眩，脉沉紧，发汗则动经，身为振振摇者，此汤主之。_{此亦阳虚而动肾水之症。即真武症之轻者，故其法亦仿真武之意。}

芍药甘草附子汤

　　芍药　甘草_{各三两}　附子_{一枚，炮，去皮，破八片}
　　上三味，以水五升，煮取一升五合，去渣，分温三服。
　　发汗，病不解，反恶寒者，虚故也，此汤主之。_{甘草附}

伤寒论类方

七六

子加芍药，即有和阴之意，亦邪之甚轻者。

桂枝人参汤

桂枝四两　甘草四两，炙　白术　人参　干姜各三两

上五味，以水九升，先煮四味，取五升，内桂，更煮取三升，桂独后煮，欲其于治里症药中越出于表，以散其邪也。去渣，温服一升，日再，夜一服。

太阳病，外症未除，而数下之，下之太早又多。遂协热而利，利下不止，邪陷入里。心下痞硬，邪在上焦，犹属半表。表宜桂枝。里宜余四味。不解，桂枝人参汤主之。此必数下之后，而现虚症，故虽协热而仍用温补。

杂法方类

赤石脂禹余粮汤

《论》中有：汗家重发汗，必恍惚心乱，小便已，阴疼，与禹余粮丸。疑即此为丸。

赤石脂　禹余粮各一斤

上二味，以水六升，煮取二升，去滓，分温三服。二石同煎，方中绝少。

伤寒服汤药，下利不止，心下痞硬，服泻心汤已，复以他药下之，利不止，一误再误。医以理中与之，利益甚。理中者，理中焦也，此利在下焦，下药太过，则大肠受伤。赤石脂禹余粮汤主之。以涩治脱。复利不止，当利其小便。分其清浊，则便自坚。

炙甘草汤

又名复脉汤。

甘草四两，炙　生姜三两　人参二两　生地黄一斤　桂枝三两　麦门冬半斤　阿胶二两　麻仁半斤　大枣三十枚

上九味，以清酒七升，水八升，先煮八味，取三升，去渣，内胶，烊消尽，温服一升，日三服。

伤寒脉结代，脉来缓而时一止，复来，曰结；脉来动而中止，

不能自还，因而复动，曰代。几动一息亦曰代。皆气血两虚而经隧不通、阴阳不交之故。**心动悸**，心主脉，脉之止息，皆心气不宁之故。**炙甘草汤主之。**此治伤寒邪尽之后，气血两虚之主方也。《活人书》云：阴盛则结，阳盛则促。

甘草干姜汤

甘草四两，炙　干姜二两，炮

上二味，以水三升，煮取一升五合，去滓，分温再服。

芍药甘草汤

芍药四两　甘草四两

上二味，以水三升，煮取一升五合，去滓，分温再服。

伤寒脉浮，自汗出，小便数，心烦，微恶寒，以上俱似桂枝症。**脚挛急，**里虚之象，只此一症，决非桂枝症矣。凡辨症，必于独异处着眼。**反与桂枝汤，欲攻其表，此误也，得之便厥。咽中干，烦躁，吐逆者，**有阳越之象。**作甘草干姜汤与之，以复其阳。若厥愈足温者，更作芍药甘草汤与之，其脚即伸。**此汤乃纯阴之剂，以复其阴也，阴阳两和而脚伸矣。**若胃气不和，谵语者，**留邪在中焦。**少与调胃承气汤。若重发汗，复加烧针者，四逆汤主之。**详见四逆汤条下。

问曰：证象阳旦。《活人书》云：桂枝汤加黄芩，曰阳旦。

成无己云：即桂枝汤别名。**按法治之而增剧，厥逆，咽中干，两胫拘急而谵语**，以上言按法用方，而病不应手，其故安在？**师言：夜半手足当温，两脚当伸。后如师言。何以知之？答曰：寸口脉浮而大，浮则为风，大则为虚。风则生微热，虚则两胫挛。病证象桂枝，因加附子参其间**，桂枝加附子汤。**增**①**桂令汗出，附子温经，亡阳故也**。厥逆两胫拘急，即阳亡之兆。**厥逆，咽中干，烦躁，阳明内结**。阳越在上。**谵语烦乱，更饮甘草干姜汤**。通纳阳气。**夜半阳气还，两足当热，胫尚微拘急，重与芍药甘草汤**。阳复而阴又虚，以此养阴气。**尔乃脚**②**伸，以承气汤微溏，则止其谵语**，以涤阳明所结之余邪。**故知病可愈**。"病证象桂枝"句以下，历叙治效，以明用药之次第当如此。盖病证既多，断无一方能治之理，必先分证而施方，而其先后之序又不可乱，其方有前后截然相反者，亦不得以错杂为嫌。随机应变，神妙无方，而又规矩不乱，故天下无不可愈之疾。后人欲以一方治诸症，又无一味中病之药，呜呼！难哉。

茵陈蒿汤

茵陈蒿六两　栀子十四枚　大黄二两

上三味，以水一斗，先煮茵陈，减六升，茵陈为主药。内二味，煮取三升，去滓，分温三服。小便当利，尿如皂

---

① 增：原作"犹"，据同治本、宋本《伤寒论》改。
② 脚：小腿。

角汁状，色正赤，一宿腹减，病①从小便去也。先煮茵陈，则大黄从小便出，此秘法也。

阳明病，发热汗出者，此为热越，不能发黄也；但头汗出者，身无汗，剂颈而还，小便不利，渴欲饮水者，此为瘀热在里，身必发黄，茵陈汤主之。《本草》：茵陈主热结黄疸。

伤寒七八日，身黄如橘子色，小便不利，腹微满者，阳明瘀热。茵陈汤主之。

麻黄连轺赤小豆汤

麻黄二两，去节　连轺二两　赤小豆一升　生梓白皮一升
杏仁四十枚　甘草二两　生姜二两　大枣十二枚

上八味，以潦一斗，无根之水。先煮麻黄再沸，去上沫，内诸药，煮取三升，去滓，分温三服，半日服尽。连轺即连翘根，气味相近，今人不采，即以连翘代可也。

伤寒瘀热在里，身必发黄，此汤主之，前方欲黄从下解，此方欲黄从汗解，乃有表无表之分也。

麻黄升麻汤

麻黄二两半　升麻一两一②分　当归一两一分　知母　黄芩
葳蕤各十八铢　白术　石膏　干姜　芍药　天冬　桂枝　茯

---

① 病：宋本《伤寒论》作"黄"，义胜。
② 一：原脱，据同治本、韡园医书本、宋本《伤寒论》补。

苓　甘草各六铢

上十四味，以水一斗，先煮麻黄一两沸，去上沫，内诸药，煮取三升，去滓，分温三服，相去如炊三斗米顷，令尽汗出愈。

伤寒六七日，大下后，寸脉沉而迟，手足厥逆，下部脉不至，咽喉不利，唾脓血，泄利不止者，皆上热下寒之症。为难治。此汤主之。此乃伤寒坏症，寒热互见，上下两伤，故药亦照症施治。病症之杂，药味之多，古方所仅见，观此可悟古人用药之法。

瓜蒂散

瓜蒂熬黄　赤小豆各一分

上二味，各别捣筛，为散已，合治之，取一钱匕，以香豉一合，用热汤七合，煮作稀糜，去渣，和散，温顿服之。不吐者，少少加，得快吐乃止。诸亡血虚家，不可与之。此即《论》中所云吐法也。栀子豉汤治虚烦，非专引吐，此方则专于引吐而已。

病如桂枝症，头不痛，项不强，寸脉微浮，胸中痞硬，气上冲咽喉，不得息者，此为胸中有寒也，寒必兼饮。当吐之，在上者越之。宜瓜蒂散。《本草》"瓜蒂"：病在胸腹中，皆吐下之。

病人手足厥冷，脉乍紧者，邪结在胸中，所以阳气不能四达。心中满而烦，饥不能食者，病在胸中，当须吐之，宜瓜蒂散。

吴茱萸汤

吴茱萸一升，洗　人参三两　生姜六两　大枣十二枚

上四味，以水七升，煮取二升，去渣，温服七合，日三服。

食谷欲呕者，必食谷而呕，受病在纳谷之处，与干呕迥别。属阳明也，吴茱萸汤主之。得汤反剧者，属上焦也。上焦指胸中，阳明乃中焦也。

少阴病，吐利，手足逆冷，烦躁欲死者，吴茱萸汤主之。此胃气虚寒症。

干呕，吐涎沫，吐涎沫，非少阳之干呕。然亦云干呕者，谓不必食谷而亦呕也。头痛者，阳明之脉上于头。吴茱萸汤主之。此胃中有寒饮之症。

黄连阿胶汤

黄连四两　黄芩一两①　芍药二两　阿胶三两　鸡子黄二枚

上五味，以水六升，煮三物，取二升，去渣，内胶烊尽，小②冷，内鸡子黄，小冷而内鸡子黄，则不至凝结而相和。搅令相得，温服七合，日三服。

少阴病，得之二三日以上，心中烦，不得卧，此汤主之。此少阴传经之热邪，扰动少阴之气，故以降火养阴为治，而以鸡

---

① 一两：宋本《伤寒论》作"二两"。
② 小：稍微。

子黄引药下达。

桃花汤

赤石脂一斤，一半全用，一半筛末　干姜一两　粳米一升

上三味，以水七升，煮米令熟，去渣，内赤石脂末方寸匕，温服七合，日三服。若一服愈，余勿服。兼末服，取其留滞收涩。

少阴病，下利便脓血，寒热不调，则大肠为腐，故成脓血，与下利清谷绝不同。桃花汤主之。《本草》：赤石脂，疗下利赤白。

少阴病，二三日至四五日，腹痛，小便不利，下痢不止，便脓血者，桃花汤主之。

半夏散及汤

半夏洗　桂枝去皮　甘草炙

上三味，等分，各别捣筛已，合治之，白饮和服方寸匕，日三服。若不能散服者，以水一升，煎七沸，内散两方寸匕，更煎三沸，下火，令小冷，少少咽之。治上之药，当小其剂。

少阴病，咽中痛，足少阴之脉，循喉咙，挟舌本。半夏散及汤主之。《本草》：半夏治喉咽肿痛，桂枝治喉痹。此乃咽喉之主药，后人以二味为禁药，何也？

猪肤汤

猪肤一斤

上一味，以水一斗，煮取五升，去渣，加白蜜一升，白粉五合，当是米粉。熬香，和令相得，温分六服。

少阴病，下利、咽痛、胸满、心烦者，此亦中焦气虚，阴火上炎之症。猪肤汤主之。以甘咸纳之。

甘草汤

甘草二两

上一味，以水三升，煮取一升五合，去滓，温服七合，日二服。

桔梗汤

桔梗一两 甘草二两

上二味，以水三升，煮取一升，去渣，分温再服。

少阴病二三日，咽痛者，可与甘草汤。大甘为土①之正味，能制肾水越上之火。不差，与桔梗汤。佐以辛苦开散之品，《别录》云：疗咽喉痛。

苦酒汤

半夏十四枚 鸡子一枚，去黄

上二味，内半夏，着苦酒中，以鸡子壳置刀环中，安火上，令三沸，此等煮法，必有深意，疑即古所云禁方也。去渣，

---

① 土：原作"上"，据同治本、韡园医书本改。

少少含咽之，不差，更作三剂。

少阴病，咽中伤，生疮，_{疑即阴火喉癣之类。}不能言语，声不出者，苦酒汤主之。_{咽中生疮，此必迁延病久，咽喉为火所蒸腐，此非汤剂之所能疗，用此药敛火降气，内治而兼外治法也。}

乌梅丸

乌梅_{三百枚}　细辛_{六两}　干姜_{十两}　当归_{四两}　黄连_{一斤}
附子_{六两，炮，去皮}　蜀椒_{四两，去汗}　桂枝_{六两，去皮}　人参_{六两}
黄蘗①_{六两}

上十味，异捣筛，合治之，以苦酒浸乌梅一宿，去核，蒸之五升米下，饭熟捣成泥，和药令相得，内臼中，与密杵二千下，圆如梧桐子大②，先食饮服十丸，日三服，稍加至二十丸，禁生冷滑物臭食等。

伤寒脉微而厥，至七八日肤冷，_{阳气不卫。}其人躁，无暂安时者，此为脏厥，_{此症不治。}非蛔厥也。蛔厥者，其人当吐蛔。今病者静，而复时烦，此为脏寒。蛔上入其膈，故烦，须臾复止，得食而呕，又烦者，蛔闻食臭出，其人当自吐蛔。蛔厥者，乌梅丸主之。又主久痢。_{此治久痢之圣方也。其能治蛔，诸药之性，当于《神农本草》中细细审辨，诸方尽然，不复一一具载。}

---

① 蘗（bò柏）：同"檗"，即黄柏。
② 大：原作"太"，据同治本、韡园医书本及宋本《伤寒论》改。

白头翁汤

白头翁二两　黄连　黄蘖　秦皮各三两

上四味，以水七升，煮取二升，去滓，温服一升，不愈，更服一升。

热利下重者，白头翁汤主之。凡下重皆属于热。

下利欲饮水者，以有热故也，白头翁汤主之。

牡蛎泽泻散

牡蛎　泽泻　蜀漆洗去腥　栝楼根　葶苈子　商陆根熬

海藻洗去盐。以上各等分

上七味，异捣，下筛为散，更入臼中杵之，白饮和服方寸匕。小便利，止后服。

大病差后，从腰以下有水气者，水流向下。牡蛎泽泻散主之。此治水病之主方。

蜜煎导方

蜜七合

上一味，于铜器内微火煎，凝如饴状，搅①之勿令焦灼，俟可丸，并手捻作锭，令头锐，大如指，长二寸许。当热时急作，冷则硬，以内谷道中，以手急抱，欲大便时

---

① 搅：原作"搅"，据同治本、韡园医书本、宋本《伤寒论》改。

乃去之。

猪胆汁方

大猪胆一枚，泻汁，和醋少许，以灌谷道中，如一食顷，当大便出宿食恶物，甚效

阳明病，自汗出，若发汗，小便自利者，此乃津液内竭，虽硬，不可攻之。当须自欲大便，须，待也，言必待其自欲大便，而后用此法。宜蜜煎导而通之，若土瓜根，及大猪胆汁，皆可为导。

烧裈①散

上取妇人中裈近阴②处，剪烧灰，以水和服方寸匕，日三服，小便即利，阴头微肿则愈。妇人病，取男子裈当烧灰。引其邪火从阴处出也。

伤寒阴阳易之为病，病方愈而交接③，则感其余热而生疾。其人身体重，少气，少腹里急，或引阴中拘挛，热上冲胸，头重不欲举，眼中生花，膝胫拘急者，烧裈散主之。

六经脉证

欲读《伤寒论》，必先识六经之本证，然后《论》中所称太阳、

---

① 裈（kūn 昆）：满裆裤。
② 阴：指前阴（外生殖器）。
③ 交接：性生活的委婉语。

阳明等病，其源流变态、形色脉象，当一一备记，了然于心，然后其症之分、并、疑似及用药加减异同之故，可以晓然，不致眩惑贻误，故备录于左。①

太阳病，脉浮，头项强痛而恶寒。

尺寸俱浮者，太阳受病也，其脉上连风府，故头项痛，腰脊强。

发热，汗出，恶风，脉缓者，名曰中风。

恶寒，体痛，呕逆，脉阴阳俱紧者，名曰伤寒。

发热恶寒者，发于阳也；无热恶寒者，发于阴也。发于阳者，七日愈；发于阴者，六日愈。以阳数七，阴数六也。

阳明中风，口苦咽干，腹满微喘，发热恶寒，脉浮而紧。恶寒未离太阳也。

阳明病，若能食，名中风；不能食，名中寒。

尺寸俱长者，阳明受病也。其脉侠②鼻络于目，故身热目疼鼻干，不得卧。

阳明外证：身热，汗自出，不恶寒，反恶热也。

阳明脉大。以上皆阳明之经病。

有太阳阳明，有正阳阳明，有少阳阳明。

太阳阳明者，脾约是也。

---

① 欲读……录于左：原文为大字，当为徐氏解释性文字。
② 侠：宋本《伤寒论》作"夹"。"侠"通"夹"。在两旁。《集韵·帖韵》："侠，傍也。"《正字通·人部》："侠，傍也，并也。与夹通。"

少阳阳明者，发汗利小便已，胃中燥烦实，大便难是也。

阳明之为病，胃家实也。此乃正阳阳明。

阳明居中，土也，万物所归，无所复传，始虽恶寒，二日自止。此为阳明病也。

少阳之为病，口苦、舌干、目眩也。

尺寸俱弦者，少阳受病也。其脉循胁络于耳，故胸胁痛而耳聋。

少阳中风，两耳无所闻，目赤，胸中满而烦者，不可吐下，吐下则悸而惊。

伤寒，脉弦细，头痛发热者，属少阳。

三阳合病，脉浮大，上关上，但欲眠睡，目合则汗。内热已极。

伤寒六七日，无大热，外热轻则内热重。其人烦躁者，此为阳去入阴也。

伤寒三日，三阳为尽，三阴当受邪，其人反能食而不呕，此为三阴不受邪也。

太阴之为病，腹满而吐，食不下，自利益甚，时腹自痛。

尺寸俱沉细者，太阴受病也。其脉布胃中，络于嗌，故腹满而嗌干。

伤寒脉浮而缓，手足自温者，系在太阴。

自利不渴者，属太阴，以脏有寒故也，当温之，宜服

四逆辈。<small>少阴①自利而渴，寒在下焦也。此自利不渴，寒在中焦也。</small>

少阴之为病，脉微细，但欲寐也。<small>卫气行于阳则寤，行于阴则寐。</small>

少阴病，欲吐不吐，心烦，但欲寐，五六日自利而渴者，属少阴也。

尺寸俱沉者，少阴受病也。以其脉贯肾络于肺，系舌本，故口燥舌干而渴。

厥阴之为病，消渴，气上撞心，心中疼热，饥而不欲食，食则吐蛔，下之利不止。

尺寸俱微缓者，厥阴受病也。以其脉循阴器络于肝，故烦满而囊缩。

厥阴中风，脉微浮为欲愈，不浮为未愈。

别症变症 <small>(附刺法)</small>

伤寒本症之外，有别症，有变症。别症者，其病与伤寒相类，而实非伤寒是也。变症者，伤寒本不当有此症，或因迁延时日，或因杂药误投，其病变态百出是也。其症不备，则必惊疑淆惑，而无所措手，故备录之，庶不致临症徬徨。

脏结、冷结、除中、伏气、晚发、痉、湿、风湿、湿温、温毒、暍、阴毒、阳毒、温病、热病、两感、风温、温疫、脚气、多眠、狐惑、百合、脏厥<small>见乌梅丸条</small>、尸厥<small>见</small>

---

① 阴：原作"名"，据同治本、韡园医书本改。

刺法。

脏　结

脏结如结胸状，饮食如故，时时下利，寸脉浮，关脉小细沉紧，名曰脏结。舌上白胎滑者，难治。

脏结无阳症，其人反静，舌上胎滑者，不可攻也。

病胁下素有痞，连在脐旁，痛引少腹，入阴经者，此名脏结，死。

脏结与结胸，皆下后邪气乘虚入里所致，热多与阳明相结，为结胸；寒多与阴相结，为脏结。故所现脉症，皆为阴象。舌上胎滑，则上焦亦寒，全无阳象，故曰"难治"，曰"不可攻"，然犹有治法。至素有痞疾，则中气已伤，连及脐旁少腹，并入阴经，则上下俱病，阴极阳竭，不死何待？

冷　结

病者手足厥冷，言我不结胸，小腹满，按之痛者，此冷结在膀胱关元也。

除　中

伤寒脉迟，六七日，而反与黄芩汤彻其热。脉迟为寒，今与黄芩汤，复除其热，腹中应冷，当不能食。今反能食，此名除中，必死。

微则为咳，咳则吐逆[①]。下之则咳止，而利因不休。利不休，则胸中如虫啮，粥入则出，小便不利，两胁拘

---

① 逆：宋本《伤寒论》作"涎"。

急，喘急为难，颈背相引，臂则不仁。极寒反汗出，身冷若冰，眼睛不慧，语言不休，而谷气多入，此为除中，口虽欲言，舌不得前。

伤寒始发热六日，厥反九日而利。凡厥利者，当不能食，今反能食，恐为除中。此病无治法。

伏 气

伏气之病，以意候之。今月之内，欲有伏气，假令旧有伏气，当须脉之。若脉微弱，当喉中痛似伤寒，非喉痹也。病人云：实咽中痛。虽尔，今复欲下痢。《活人书》云：伏气之病，谓非时有暴寒中人，伏于少阴经，始不觉病，旬月乃发，脉便微弱，法先咽痛，似伤寒，非咽痹之病，次必下利。始用半夏桂枝甘草汤主之，次四逆散主之。此病只二日便差，古方谓之"肾伤寒"也。甘草、半夏、桂心等分，每服四钱匕，入生姜四片煎，放冷，少少含咽之。

晚 发

脉阴阳俱紧，至于吐利，其脉独不解；紧去人安，此为欲解。若脉迟，至六七日不欲食，此为晚发，水停故也，为未解；食自可者，为欲解。《活人书》：伤寒病，三月至夏为晚发。

痓

太阳病，发热无汗，反恶寒者，名曰刚痓。《金匮》治刚痓，用葛根汤、大承气汤。汤俱见前。

太阳病，发热汗出，不恶寒者，名曰柔痓。柔痓用栝楼桂枝汤，即桂枝汤加栝楼根二两。太阳病，发汗太多，因致痓。

太阳，发热，脉沉而细者，名曰痓。此言痓脉。

病身热足寒，颈项强急，恶寒，时头热面赤，目脉赤，独头摇，卒口噤，背反张者，痓病也。此言痓象。

湿

太阳病，关节疼痛而烦，脉沉而细者，此名湿痹，湿痹①之候，其人小便不利，大便反快，但当利其小便。

湿家之为病，一身尽疼，发热，身色如似薰黄。

湿家下之，额上汗出，微喘，小便利者死；若下利不止者，亦死。

湿家下之②，其人但头汗出，背强，欲得被覆向火，若下之早则哕。胸满，小便不利，舌上如胎者，以丹田有热，胸中有寒，渴欲得水，而不能饮，则口燥烦也。

湿家病，身上疼痛，发热，面黄而喘，头痛鼻塞而烦，其脉大，自能饮食，腹中和无病，病在头中寒湿，故鼻塞，内药鼻中则愈。

风　湿

问曰：风湿相搏，一身尽疼痛，法当汗出而解。值天阴雨不止，医云"此可发汗"，汗之不愈者，何也？答曰：

---

① 湿痹：原脱，据宋本《伤寒论》补。
② 下之：宋本《伤寒论》无。

发其汗，汗大出者，但风气去，湿气在，是故不愈也。若治风湿者，发其汗，但微微似欲汗出者，风湿俱去也。此言治法。

病者一身尽疼，发热，日晡所剧者，此名风湿。此病伤于汗出当风，或久伤取冷所致也。

风湿脉浮，肢体痛重，不可转侧，额上微汗，不欲去被，或身微肿。

湿　温

两胫逆冷，胸腹满，多汗，头目痛苦，妄言，其脉阳濡而弱，阴小而急，不可发汗，治在太阴。见《活人书》。

温　毒

冬时触冒疹毒，至春始发，肌肉发斑，瘾疹如锦纹，或咳嗽心闷，但呕清汁。见《活人书》。

暍

太阳中热者，暍是也。其人汗出恶寒，身热而渴也。

太阳中暍者，身热疼重，而脉微弱，此亦夏月伤冷水，水行皮中所致也。

太阳中暍者，发热，恶寒，身重而疼痛，其脉弦细芤迟，小便已，洒洒然毛耸，手足逆冷，小有劳，身即热，口开，前板齿燥。若发汗，则恶寒甚；加温针，则发热甚；数下之，则淋甚。

阴　毒

手足厥冷，背强，脐腹筑痛，咽痛，短气，呕吐，下利，身如被杖。或冷汗烦渴，或甲指面色青黑，烦躁而渴，脉沉细欲绝，而一息七至。宜灸气海、丹田三二百壮，或葱熨脐中。气海在脐下一寸五分，丹田在脐下二寸。

阳 毒

发躁狂走，妄言，面赤，咽痛，身斑斑若锦纹；或下利赤黄，脉洪实滑促；或舌卷焦黑，鼻中如烟煤。宜用布渍冷水，搭于胸上，蒸热数换。《活人书》法。

温 病

冬时受寒，脏于肌肤，至春而发。

热 病

寒气至夏而发，俱与伤寒相似。

两 感

太阳与少阴，阳明与太阴，少阳与厥阴。

风 温

其人素伤于风，因复伤热，其脉尺寸俱浮，头疼身热，常自汗出，体重而喘，四肢不收，嘿嘿①但欲眠，发汗则谵语烦躁，状若惊痫。

温 疫

一岁之中，男女老少之疾相似，其状不一。

---

① 嘿嘿：默默。

脚 气

头疼身热，肢体痛，大便秘，呕逆，脚屈弱。

多 眠

有风温症，有少阴症，有小柴胡证，有狐惑症。

狐 惑

此症治法详《金匮》。

状如伤寒，或伤寒后变症，默默欲眠，目不能闭，不欲饮食，面目乍白乍赤乍黑。虫食其喉为惑，其声嗄①；蚀其肛为狐，其咽干。烂见五脏则死，当视其唇：上唇有疮，虫食其脏；下唇有疮。虫食其肛。多因下利而得，湿蟨之病亦相似。

百 合

此症详《金匮》，治法亦备。

此亦伤寒变症，百脉一宗，悉致其病。百脉一宗，乃肺病也，故《金匮》用百合治之。其状欲食，复不能食；默默欲卧，复不能卧；欲行，复不能行；饮食或有美时，或有恶闻食臭时；如寒无寒，如热无热，小便赤，药入口即吐，如有神灵者。

---

① 嗄（shà 煞）：声音嘶哑。

刺 法

古圣人治病之法①，针灸为先，《灵》《素》所论，皆为针灸而设。即治伤寒，亦皆用针刺，热病篇所载是也。至仲景，专以汤剂治伤寒，尤为变化神妙，然亦有汤剂所必不能愈，而必用刺者，仲景亦不能舍此而为治。后人岂可不知！故另考明诸穴，以附于后。

尸 厥

少阴脉不至，肾气微，少精血，奔气促迫，上入胸膈，宗气反聚，血结心下，阳气退下，热归阴股，与阴相动，令身不仁，此为尸厥，当刺期门、巨阙。见平脉法。

期门二穴，在第二肋端，不容穴傍，各一寸五分，上直两乳，足太阴、厥阴、阴维之会。举臂取之，刺入四分，灸五壮，肝募也。

巨阙一穴，在鸠尾下一寸，任脉气所发。刺入六分，留七呼，灸五壮。心募也。

伤寒，腹满谵语，寸口脉浮而紧，此肝乘脾也，名曰纵，刺期门。纵者，克其所胜，放纵不收也。

伤寒发热，啬啬恶寒，大渴，欲饮水，其腹必满，自汗出，小便利，其病欲解，此肝乘肺也，名曰横，刺期门。横者，犯其所不胜，横逆犯上也。刺期门，皆所以泄肝之盛气。

---

① 古圣人治病之法：该段当为徐氏解释性文字。

期门穴见前。

太阳与少阳并病，头颈强痛，或眩冒，时如结胸，心下痞硬者，当刺大椎第一间，肺俞、肝俞，慎不可发汗；发汗则谵语，脉弦，五六日谵语不止，刺期门。

大椎一穴，在第一椎陷者中，三阳督脉之会。刺入五分，灸九壮。

肺俞二穴，在第三椎下两旁，各一寸五分。刺入三分，留七呼，灸三壮。

肝俞二穴，在第九椎下两傍，各一寸五分。刺三分，留六呼，灸三壮。

太阳少阴并病，心下硬，颈项强而眩者，当刺大椎、肺俞、肝俞，慎勿下之。

阳明病，下血谵语者，此为热入血室，但头汗出者，刺期门，随其热而泻之，濈然汗出者愈。此男子热入血室之症，妇人亦有之，见小柴胡条下。

凡治温病，可刺五十九穴。

《内经》热俞五十九，头上五行，行五者，以越诸阳之热逆也。大杼、膺俞、缺盆、背俞，此八者，以泻胸中之热也。气冲、三里、巨虚、上下廉，此八者，以泻胃中之热也。云门、髃①骨、委中、髓空，此八者，以泻四支之热也。五脏俞旁五，此十者，以泻五脏之热也。凡此五十九穴者，皆热之左右也。

---

① 髃：原作"髃"。据《素问·水热穴论》改。《说文·骨部》："髃，肩前也。"

总 书 目

医　经

内经博议

内经提要

内经精要

医经津渡

素灵微蕴

难经直解

内经评文灵枢

内经评文素问

内经素问校证

灵素节要浅注

素问灵枢类纂约注

清儒《内经》校记五种

勿听子俗解八十一难经

黄帝内经素问详注直讲全集

基础理论

运气商

运气易览

医学寻源

医学阶梯

医学辨正

病机纂要

脏腑性鉴

校注病机赋

内经运气病释

松菊堂医学溯源

脏腑证治图说人镜经

脏腑图说症治合璧

伤寒金匮

伤寒考

伤寒大白

伤寒分经

伤寒正宗

伤寒寻源

伤寒折衷

伤寒经注

伤寒指归

伤寒指掌

伤寒选录

伤寒绪论

伤寒源流

伤寒撮要

伤寒缵论

医宗承启

桑韩笔语

伤寒正医录

伤寒全生集

伤寒论证辨

伤寒论纲目

伤寒论直解

I

本　草

秘珍济阴

黄氏女科

女科万金方

彤园妇人科

女科百效全书

叶氏女科证治

妇科秘兰全书

宋氏女科撮要

茅氏女科秘方

节斋公胎产医案

秘传内府经验女科

儿　科

婴儿论

幼科折衷

幼科指归

全幼心鉴

保婴全方

保婴撮要

活幼口议

活幼心书

小儿病源方论

幼科医学指南

痘疹活幼心法

新刻幼科百效全书

补要袖珍小儿方论

儿科推拿摘要辨症指南

外　科

大河外科

外科真诠

枕藏外科

外科明隐集

外科集验方

外证医案汇编

外科百效全书

外科活人定本

外科秘授著要

疮疡经验全书

外科心法真验指掌

片石居疡科治法辑要

伤　科

正骨范

接骨全书

跌打大全

全身骨图考正

伤科方书六种

眼　科

目经大成

目科捷径

眼科启明

眼科要旨

眼科阐微

眼科集成

眼科纂要

银海指南

明目神验方

银海精微补